U0552643

国家社会科学基金西部项目（18XMZ003；12XMZ107）

中国图们江地区经济社会发展之路

The Road to
Economic and Social Development
in the Tumen River Region of China

沈万根 著

中国社会科学出版社

图书在版编目（CIP）数据

中国图们江地区经济社会发展之路/沈万根著．—北京：中国社会科学出版社，2023.5
ISBN 978-7-5227-2127-9

Ⅰ.①中… Ⅱ.①沈… Ⅲ.①东北亚经济圈—区域经济发展—研究 Ⅳ.①F114.46

中国国家版本馆 CIP 数据核字（2023）第 112796 号

出 版 人	赵剑英
责任编辑	谢欣露
责任校对	周晓东
责任印制	王 超
出　版	中国社会科学出版社
社　址	北京鼓楼西大街甲 158 号
邮　编	100720
网　址	http://www.csspw.cn
发 行 部	010-84083685
门 市 部	010-84029450
经　销	新华书店及其他书店
印　刷	北京明恒达印务有限公司
装　订	廊坊市广阳区广增装订厂
版　次	2023 年 5 月第 1 版
印　次	2023 年 5 月第 1 次印刷
开　本	710×1000 1/16
印　张	21.25
插　页	2
字　数	348 千字
定　价	118.00 元

凡购买中国社会科学出版社图书，如有质量问题请与本社营销中心联系调换
电话：010-84083683
版权所有　侵权必究

前　　言

　　20世纪90年代初，联合国开发计划署（UNDP）向全世界公布国际合作开发图们江地区的宏伟计划（TRADP），1992年中、俄、朝、韩、蒙五国共同启动图们江域合作开发项目，1996年《中华人民共和国国民经济和社会发展"九五"计划和2010年远景目标纲要》中明确提出："搞好图们江地区开放开发"目标，2009年国务院批复《中国图们江区域合作开发规划纲要——以长吉图为开发开放先导区》国家战略，以及国务院办公厅发布《关于支持中国图们江区域（珲春）国际合作示范区建设的若干意见》（〔2012〕19号），中国图们江区域合作机制不断健全，合作方式不断创新，规模不断扩大，经济社会持续发展取得显著成效，为提升我国边疆民族地区经济社会发展水平，促进民族团结和边疆稳定起到了积极的促进作用。中国图们江地区处于大图们江流域，并且位于东北亚的核心位置，具有极其重要的区域战略地位。党的二十大明确指出："构建优势互补、高质量发展的区域经济布局和国土空间体系。"为此，中国图们江地区经济社会高质量发展成为了学界研究的现实热点问题。

　　作为本地区的研究者，笔者持续关注中国图们江地区的发展，开始参与国家社会科学基金项目和主持省部级各类课题，对中国图们江地区外向型经济问题进行了系统的研究，并在《东北亚论坛》《东北亚研究》《经济纵横》《学术交流》《东疆学刊》等核心期刊上发表了关于中国图们江地区外商直接投资、对外贸易、对外劳务合作等问题的系列研究成果20余篇。进入21世纪，党的十六届五中全会提出社会主义新农村建设要求以后，笔者将研究领域进一步拓宽到中国图们江地区农村问题，承担有关农村脱贫问题的国家社会科学基金项目2项和有关中国图们江地区经济社会问题的省部级研究课题10余项，针对中国图们江地区农村经济社会发展开展了大量的田野调研，收集了丰富的第一手资料，找到了中国图们江地区经济社会发展的痛点，提出了行之有效的发展对策建议，这些观点以及支撑的数据资料是当时历史条件下中国图们江地区经济社会真实情况的反映，是站在历史的视角阐述中国图们江地区经济社会发展历程、存在问题及其解决对策。本书尽量保留原有的基础性历史数据，保持研究成果的原生态价值和文献应用价值。本书主要阐述中国图们江地区经济社会发展总体变化情况；中国图们江地区农业农村发展；中国图们江地区农村贫困治理；中国图们江地区对外贸易发展；中国图们江地区外商直接投资；中国图们江地区对外劳务合作；中国图们江地区旅游产业发展；中国图们江地区乡村振兴实践等方面的内容。希望在深入学习贯彻党的二十大精神的时代背景下，要健全区域协调发展体制，继续深入研究中国图们江地区经济社会高质量发展的研究者和实际工作者所提供的具有历史参考价值的理论与应用研究成果。

本书出版得到了延边大学一流学科项目组领导的支持与帮助，在此，笔者表示衷心的感谢。同时，笔者所培养的金永海、曾令俊、马冀群、周文博、赵宝星、李思男、栗娜、张博等硕士和博士研究生积极参与中国图们江地区经济社会发展问题的实地调查研究工作，在这里也对他们表示谢意！最后，由于时间和水平有限，本书难免有疏漏或不当之处，请同行专家学者和广大读者进行批评指正。

沈万根

2022 年 12 月

目　录

第一篇　中国图们江地区经济社会发展总论

中国图们江地区经济社会发展报告（2019） ………………… 3
中国图们江地区经济社会发展报告（2020） ………………… 15
中国图们江地区经济社会发展报告（2021） ………………… 24
中国图们江地区经济社会发展报告（2022） ………………… 35

第二篇　中国图们江地区农业农村经济发展

中国图们江地区农业现代化发展水平评价及展望 …………… 47
中国图们江地区农业供给侧结构性改革的实践 ……………… 56
中国图们江地区现代农业建设面临的问题及对策 …………… 66
中国图们江地区农业机械化发展现状及对策
　　——以延吉市朝阳川镇勤劳村为例 ……………………… 72
中国图们江地区农村发展面临的困难及解决途径
　　——基于城乡发展一体化背景 …………………………… 79
中国图们江地区农村发展问题及其对策 ……………………… 89

第三篇　中国图们江地区农村社会贫困研究

中国图们江地区农村贫困问题的成因分析 …………………… 99
中国图们江地区农村贫困问题及其治理对策 ………………… 107
中国图们江地区边境农村贫困人口特征分析 ………………… 116
中国图们江地区农村贫困人口问题及精准脱贫 ……………… 124
中国图们江地区边境贫困村休闲农业发展路径 ……………… 135

第四篇　中国图们江地区对外贸易发展

中国图们江地区外向型经济发展中的问题及对策 …………… 151
加入 WTO 对中国图们江地区对外经贸的影响及对策 ………… 157
论中国图们江地区发展对外经济贸易的优势 ………………… 167
中国图们江地区对韩国贸易发展对策 …………………………… 173
论中国图们江地区与日本的经贸关系 …………………………… 184

第五篇　中国图们江地区外商直接投资

"入世"对中国图们江地区利用外资的影响及对策 …………… 193
中国图们江地区扩大外商直接投资规模的对策 ………………… 203
中国图们江地区外商投资面临的困难及新路径 ………………… 215
中国图们江地区对外招商引资现状与政策 ……………………… 228

第六篇　中国图们江地区对外劳务合作

中国图们江地区对外劳务合作的现状及发展前景 ……………… 245
中国图们江地区对外劳务合作中的问题及对策 ………………… 250

第七篇　中国图们江地区旅游产业发展

中国图们江地区发展旅游产业的问题及对策 …………………… 263
中国图们江地区边境旅游面临的困难及对策 …………………… 269
中国图们江地区文化旅游产业与生态农业融合
——以安图县万宝镇为例 ……………………………………… 276

第八篇　中国图们江地区乡村振兴实践

中国图们江地区乡村振兴重点破解问题及路径设计 …………… 287
中国图们江地区乡村实用人才队伍建设的思路 ………………… 297
中国图们江地区培育新型职业农民的实践路径 ………………… 306
中国图们江地区乡村振兴实践路径选择 ………………………… 318

参考文献 ……………………………………………………………… 326

第一篇 中国图们江地区经济社会发展总论

中国图们江地区经济社会发展报告（2019）

党的十八大以来，中国图们江地区①在国家政策的大力扶持下，地区经济稳步提升。我国仍处于重要发展战略机遇期，中国图们江地区也面临着发展的重要战略机遇期。近年来，中国图们江地区周边展现出发展新动态，中国图们江地区要在这百年未有之大变局中，把握时代机遇，针对地区不平衡不充分发展的现实困境探索破解路径，实现地区经济社会稳定发展。

一 中国图们江地区经济社会发展概况

（一）中国图们江地区整体经济实力有待提升

2018年，中国图们江地区生产总值按当年价格计算为708.17亿元，人均生产总值为3.35万元。从地区生产总值增长速度来看（见图1），2012—2018年，中国图们江地区GDP规模呈现逐年增加趋势，但是地区生产总值增长速度逐年减少。2017年，中国图们江地区生产总值增长速度虽稍有回升，但2018年降至2.7%，为2012年以来最低增长速度。一方面，由于GDP规模的不断增加，中国图们江地区生产总值增长速度相对减慢；另一方面，国内外各种环境因素的变化也导致中国图们江地区生产总值增长速度减慢。

（二）"三二一"产业结构形成，第三产业贡献率大幅提升

从产业结构来看（见图2），2012—2017年，第二产业始终占据较大比重。2016年，第二产业与第三产业比重大致持平；2017年，第二产业

---

① 中国图们江地区，是指吉林省延边朝鲜族自治州（以下简称延边州），包括延吉市、图们市、珲春市、龙井市、和龙市、敦化市、安图县和汪清县8个县市。

所占比重为历年最低，占31.8%。第一产业的比重则逐年递减；第三产业的比重逐年增加，并在2017年创新高，占61.4%。2017年，中国图们江地区产业结构为6.8∶31.8∶61.4，第三产业所占比重上升，第二产业所占比重下降，形成"三二一"的产业结构格局。随着2015年中国图们江地区高铁开通，中国图们江地区旅游业迎来发展新契机，由此推动本地区第三产业发展。

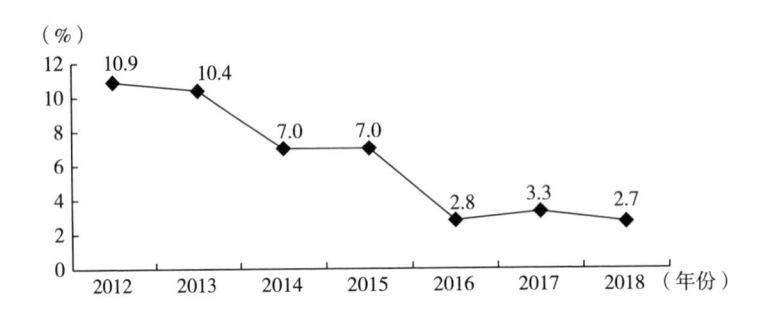

图1　2012—2018年中国图们江地区生产总值增长速度

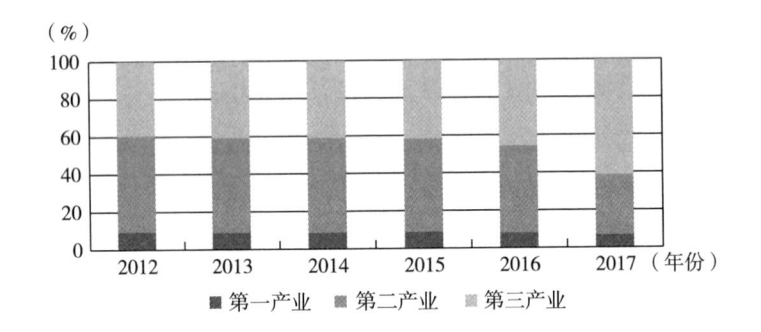

图2　2012—2017年中国图们江地区产业结构

资料来源：根据《延边统计年鉴（2018）》整理获得。

（三）中国图们江地区人口持续减少

2010—2018年，中国图们江地区人口呈现持续减少态势。2018年，中国图们江地区人口总数为208.66万人，相比2017年减少约1.48万人，减少0.7%。其中，城镇人口144.66万人，相对于2017年减少0.99万人，占69%。而农村人口64万人，相比2017年增加0.49万人，占31%

(见图3)。① 中国图们江地区的城镇与农村都存在人口流失的问题，农村人口流失幅度相对小于城镇人口流失幅度。

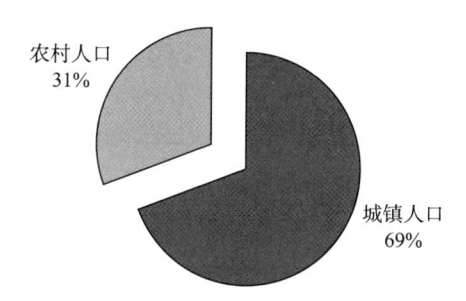

图3 2018年中国图们江地区城镇与乡村人口构成

资料来源：根据《延边朝鲜族自治州2018年国民经济和社会发展统计公报》整理获得。

从中国图们江地区人口的民族结构来看，2018年朝鲜族有74.92万人，占比为36%。相比2017年，汉族与朝鲜族分别减少0.7万人、0.8万人，减少0.6个和1.1个百分点；其他少数民族增加0.02万人，增长0.2个百分点。② 2010—2018年，从民族人口总体变化维度看，中国图们江地区汉族与朝鲜族人口仍然呈现下降趋势，而其他少数民族人口数有小幅度增加。总体上来看，中国图们江地区人口数量呈持续减少的趋势。

（四）中国图们江地区首次出现贸易逆差，外资为地区发展注入活力

2012—2015年，中国图们江地区出口额始终大于进口额，但在2016年，出现了进口额、出口额数量大致相近的局面，出口额仅以较小优势多于进口额，2017年中国图们江地区则出现首次贸易逆差。2018年，中国图们江地区全年进出口贸易总额为20多亿美元（见图4），折合人民币137.09亿元。其中进口额为77.94亿元，比上一年下降1.21%，占进出口贸易总额的56.85%。出口额为59.15亿元，比上一年下降8.8%，占进出口贸易总额的43.15%。2018年，中国图们江地区延续2017年的贸易逆差，其净进口额为18.79亿元。③ 中国图们江地区进出口总额相对于

---

① 延边州统计局编：《延边朝鲜族自治州2018年国民经济和社会发展统计公报》，2019年6月14日。
② 延边州统计局编：《延边统计年鉴（2018）》，中国国际图书出版社2018年版。
③ 延边州统计局编：《延边朝鲜族自治州2018年国民经济和社会发展统计公报》，2019年6月14日。

2017年减少6.59亿元,可见中美之间的贸易摩擦或多或少会对中国图们江地区经济发展产生一定的影响。

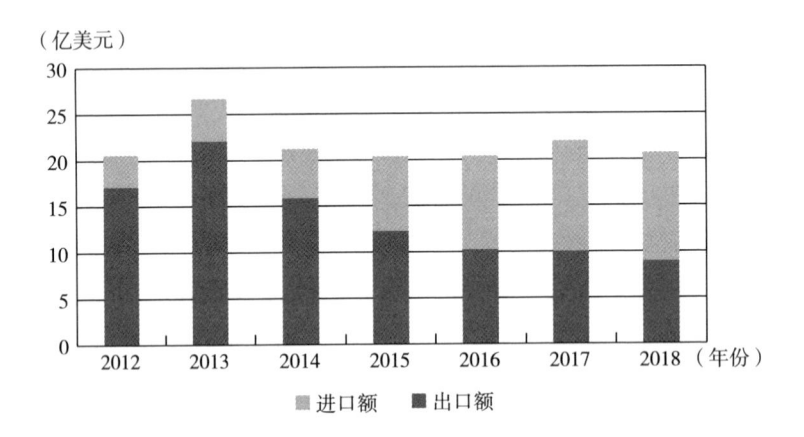

图4　2012—2018年中国图们江地区进出口贸易总量

资料来源:根据《延边统计年鉴(2018)》与《延边州2018年国民经济和社会发展统计公报》整理获得。

2017年,中国图们江地区的外商投资合同数达484个,涉及外资金额总计24.19亿美元。相对于2016年,虽合同数减少近100个,但合同外资金额增加近1亿美元。从中国图们江地区外商投资投入产业来看(见表1),外资主要集中于第二产业,尤其是制造业。其中,制造业合同数为200个,合同外资金额为14.04亿美元,分别占合同总数和合同外资金额的41.32%和58.04%。[①]

表1　　　　　2017年中国图们江地区部分行业外资情况

行业名称	合同数 个数(个)	合同数 比重(%)	合同外资金额 金额(亿美元)	合同外资金额 比重(%)
总计	484	100.00	24.19	100.00
农、林、牧、渔业	41	8.47	1.29	5.33
制造业	200	41.32	14.04	58.04

---

① 延边州统计局编:《延边统计年鉴(2018)》,中国国际图书出版社2018年版。

续表

行业名称	合同数 个数（个）	合同数 比重（%）	合同外资金额 金额（亿美元）	合同外资金额 比重（%）
信息服务业	40	8.26	0.28	1.16
住宿餐饮业	56	11.57	0.29	1.20
批发零售业	58	11.98	0.84	3.47
社会服务业	42	8.68	1.16	4.80

资料来源：根据《延边统计年鉴（2018）》整理获得。

中国图们江地区外商投资的来源国家与地区主要为东北亚地区。无论从合同数还是合同外资金额的角度来看，中国图们江地区最大的外资来源国是邻近的韩国，其外资合同数为325个（见表2），相对于2017年，减少67个；合同外资金额为11.38亿美元，相对于2017年，增加0.11亿美元，分别占合同总数与合同外资总金额的67.15%和47.04%。而日本和中国香港的合同数仅占韩国的12%和10.77%，合同外资金额分别为韩国的9.05%和78.47%。[1]

表2　　2017年中国图们江地区部分投资国家及地区外资投入情况

国别	合同数 数量（个）	合同数 比重（%）	合同外资金额 金额（亿美元）	合同外资金额 比重（%）
总计	484	100	24.19	100
韩国	325	67.15	11.38	47.04
日本	39	8.06	1.03	4.26
中国香港	35	7.23	8.93	36.92
美国	35	7.23	0.69	2.85
朝鲜	9	1.86	0.05	0.21
俄罗斯	12	2.48	0.58	2.40

资料来源：根据《延边统计年鉴（2018）》整理获得。

[1] 延边州统计局编：《延边统计年鉴（2018）》，中国国际图书出版社2018年版。

二 中国图们江地区经济社会发展新态势

（一）朝鲜持续释放积极信号

2018年新年伊始，板门店热线重开。同年，金正恩先后与文在寅、习近平、特朗普等国家元首会晤，此后又在越南河内与美国总统特朗普进行会面，虽未达成任何共识，但朝鲜释放出前所未有开放的信号。2018年9月，朝韩全天候联络处揭牌，为朝韩之间进一步对话提供渠道。2019年6月，习近平主席抵达朝鲜进行国事访问，这是中国国家领导人时隔14年再次访问朝鲜。在此前2018年3月至2019年1月期间，金正恩曾四次到访中国。可见，朝鲜最高领导人正以积极的姿态拥抱世界。朝鲜的积极姿态，一方面能够进一步促进其自身发展，提升其国民经济水平，提高其国民生活质量；另一方面为中国图们江地区发展提供稳定的地缘环境，为中国图们江地区经济社会发展带来新的契机。若朝鲜进一步开放，中国图们江地区可借助与朝鲜毗邻的区位优势，促进自身产业结构优化升级，促进完善基础设施，消化自身过剩产能和淘汰落后产能，转变发展动能，进一步实现地区经济实力整体提升。与此同时，中国图们江地区农村仍然是地区发展的短板。因此，新契机的到来，有利于进一步促进农村实现产业布局调整，实现农村产业合理布局，产业结构优化，从而带动地区内农村经济的发展，全面建成小康社会，实现中国图们江地区乡村振兴。

（二）世界范围内单边主义与贸易保护主义抬头

当前世界正处于百年未有之大变局，世界多极化、经济全球化、文化多样化发展是历史大势所趋，也是未来发展的必然趋势。2013年，英国首相卡梅伦提出进行脱欧公投，并于2016年6月23日在英国举行公投，最终脱欧阵营锁定了胜利，此后2017年英国议会授权首相特蕾莎·梅开启脱欧程序。在美国特朗普政府自执政以来频繁"退群"，并且大范围制造贸易摩擦，挑起贸易争端，这是世界范围内单边主义与贸易保护主义抬头的具体表现之一。历史终将证明，特朗普政府的逆全球化行为是不符合时代发展与历史规律的，终将是失败的。2017年3月，特朗普签署文件对中国启动"301调查"，事件持续数月；2018年7月，中美贸易摩擦加剧，这不仅对中美两国的进出口贸易产生系统性的影响，而且对全世界都会产生一定的影响。2019年G20大阪峰会期间，习近平主席与特朗普总统进行会晤，并针对中美贸易摩擦达成初步共识，中国图们江地区作为中国的一部分，不可避免地会受到中美贸易摩擦波及，因此单边主义、贸易保护主义是中国图们江地区发展面临的一大挑战，但机遇与挑战并存，中国图们江地区要善于调动地区乃至国内外积极因素，将挑战变成发展的机遇。

（三）"一带一路"倡议新机遇

2017年7月，习近平主席在莫斯科正式提出共同打造"冰上丝绸之路"的概念。2018年9月5日，中远海运"天恩号"货轮历经33天的海上航行，抵达法国西北部港口城市鲁昂。这是"天恩号"货轮首次通过"冰上丝绸之路"取道北极访问欧洲。至此，"冰上丝绸之路"与此前的"一带一路"即"丝绸之路经济带"与"21世纪海上丝绸之路"一道擘画出立体的贯通世界的"一带一路"发展格局。一方面，"冰上丝绸之路"的建设，有利于中俄两国共同开发北极航道，同时由于"冰上丝绸之路"取道北极，节省由北美、东亚到欧洲的大量成本，为区域发展甚至世界发展提供新机遇。另一方面，中国图们江地区临近"冰上丝绸之路"的东亚地区的起点，有利于通过"冰上丝绸之路"融入世界发展格局之中，通过"冰上丝绸之路"使中国图们江地区发展走进"一带一路"发展的"闭合回路"之中，实现中国图们江地区经济发展与时俱进。与此同时，中欧班列的运行使得中欧之间距离进一步缩短，中欧班列为中欧之间加强贸易合作提供坚实的基础保障，也为中国图们江地区借助中欧班列走向欧洲、走向世界提供可能。

（四）5G时代即将到来，第四次工业革命蓬勃发展

第四次工业革命时代已经悄然到来。第四次工业革命主要是以人工智能、大数据、清洁能源、量子信息技术、虚拟现实以及生物技术为主，中国实现从4G到5G的跨越，互联网逐步进入5G时代，这是中国图们江地区经济社会发展的时代背景。我国第四次工业革命代表性技术，即人工智能、大数据、清洁能源技术的深入研发，为中国图们江地区发展提供了坚实的技术支持，有利于中国图们江地区破除不平衡、不充分的发展难题。虽然5G技术实现全覆盖尚需时日，但随着5G技术的纵深发展，一方面，通过新技术的应用实现技术革新，进而支撑并推动地区高质量发展，摆脱发展困境，使中国图们江地区经济总量达到全国平均水平；另一方面，随着5G技术的应用，大数据、云计算等手段在中国图们江地区经济社会发展中的应用程度更深、范围更广。

三 中国图们江地区经济社会发展存在的问题

（一）中国图们江地区经济实力有限，周边国家区域经济体量偏小

2018年，中国图们江地区实现生产总值比上年增长2.7%。分产业看，第一产业增加值增长2.2%；第二产业增加值增长3.7%，其中工业增加值增长3.5%；第三产业增加值增长1.7%。[①] 同时，中国图们江地区丰富的资源禀赋并没能够被充分开发出来，未能转化为经济效益。中国图们江地区具有充足的森林资源，其森林覆盖率达80.9%。矿产种类丰富，有85种矿产，其中已探明55种。还具有野生经济植物1460余种，其中药用植物种类800余种，约占总数的54.80%；野生动物550余种，其中经济动物250余种，约占全部种类的45.45%。[②] 中国图们江地区的地势地貌呈现"八山一水半草半分田"的格局，在一定程度上影响中国图们江地区农业规模化发展。中国图们江地区没有大型城市作为依托，难以形成强力的增长极，制约地区城市群发展。与此同时，中国图们江地区周边毗邻地区经济实力也相对薄弱，俄罗斯远东地区的纳霍德卡、斯拉夫杨卡等地以及朝鲜的先锋、清津、罗津等地区经济发展较为落后，因而，难以为中国图们江地区发展提供良好的周边经济环境，并且难以形成经济集群效应。近些年，朝鲜方面不断向世界释放出积极开放发展讯息，以及中俄之间不断增进政治互信，都成为影响中国图们江地区经济社会发展的关键因素。

（二）外资来源国、投资方式及领域有待均衡

2017年，中国图们江地区外资合同数为484个，合同外资总金额为24.19亿美元，其中韩国外资合同数为325个，合同外资金额为11.38亿

[①] 延边州统计局编：《延边朝鲜族自治州2018年国民经济和社会发展统计公报》，2019年6月14日。

[②] 延边州统计局编：《延边统计年鉴（2018）》，中国国际图书出版社2018年版。

美元，分别占总数的 67.15% 和 47.04%。① 与此同时，韩国占外资合同数以及合同外资金额的大部分，外商独资为主要的投资方式。虽然通过技术转移在一定程度上能够推进地区经济发展，但并未在根本上实现地区科学技术提升。此外，外资来源国相对集中，加大了中国图们江地区外资利用的风险。若韩国外资突然撤资，对中国图们江地区经济会造成沉重的打击。同时，中国图们江地区第二产业中的制造业吸引外资最多，2017 年制造业签订外资合同 200 个，涉及外资金额 14.05 亿美元，分别占总数的 41.32% 和 58.08%。② 相对于上一年，有所下降，但外资过于集中在制造业。一方面，第二产业中外资过于集中，不利于第二产业内部结构优化。另一方面，制造业外资领先于第一产业及第三产业内部的大部分产业，不利于中国图们江地区产业结构均衡发展。

（三）缺乏人才支撑是中国图们江地区发展瓶颈

人才的培育与引进，是中国图们江地区经济社会持续发展的重要支撑。其一，中国图们江地区的人才培育主要依靠地区教育，然而教育资源不足是中国图们江地区人才培育亟待解决的问题。一方面，教育硬件有待进一步加强，并在保证数量的基础上提升质量。中国图们江地区有高等学校 3 所、特殊教育机构 3 所。③ 另一方面，地方院校的教育资源错配。中国图们江地区的地方院校专业设置不能够及时满足社会发展需要，导致人才供给与现实人才需求之间不匹配。例如，当前中国图们江地区需要物流、能源、矿产等专业，地方院校虽然成立了相关的学科专业，但是这些专业建立较晚，师资力量有限，并且培养相关专业人才有培养周期，因此导致相关专业人才不能及时满足地区发展需求。其二，开展招才引智计划以及实施返乡创业相关政策，为实现中国图们江地区经济发展提供持续性动力。然而，人才引进政策体系中存在一定缺陷，导致出现部分人才流出。有部分高层次优秀人才被引进中国图们江地区，由于中国图们江地区并未建立有效的激励机制与保障机制，未能为其提供良好的平台与环境，其工资待遇以及日常生活未得到有力支持，直接导致人才的不断流出。

---

① 延边州统计局编：《延边统计年鉴（2018）》，中国国际图书出版社 2018 年版。
② 延边州统计局编：《延边统计年鉴（2018）》，中国国际图书出版社 2018 年版。
③ 延边州统计局编：《延边统计年鉴（2018）》，中国国际图书出版社 2018 年版。

四 中国图们江地区经济社会发展路径选择

（一）以中国图们江地区为枢纽构建区域命运共同体

中国图们江地区处于大图们江流域，并且位于东北亚的核心位置，具有极其重要的区域战略地位。因此要充分发挥自身优势，增强自身经济实力。第一，充分利用地区资源禀赋，合理科学地将其转化成经济效益。习近平总书记指出："产业是经济之本。"① 因此，中国图们江地区提升自身经济实力关键要依托于地区产业的发展。中国图们江地区属于边疆地区、民族地区、革命老区，因此在推动传统产业的改造升级时，要充分考虑自身的历史资源与人文资源，从而打造中国图们江地区产业发展的新模式、新业态。中华优秀传统文化是中华民族的"根"和"魂"。② 中国图们江地区拥有独特的少数民族优秀传统文化。在推进中国图们江地区三次产业融合发展的同时，应将文化元素融入产业发展的全过程，为中国图们江地区产业发展注入生命力，打造推动中国图们江地区经济发展新动能。第二，推进中国图们江自由贸易区建设的进程。随着中俄之间日益增进政治互信、朝鲜释放出积极开放的信号以及美国特朗普政府频繁的"退群"等逆全球化行为，在中国图们江地区建立中朝俄自由贸易区的可能性提升。以自由贸易区为平台，实现与"一带一路"建设的对接，构建图们江流域甚至东北亚地区命运共同体雏形，通过多边合作的形式带动中国图们江地区周边国家区域经济发展，形成稳定增长极，带动东北亚范围内国家及地区经济发展，推进东北亚区域经济一体化。

（二）积极引导外资均衡注入地区产业

中国图们江地区应积极以《中华人民共和国外商投资法》为依据，构建有利于保障外商投资的法律法规体系，营造良好的外商投资的营商环境。同时，中国图们江地区外商投资多集中于制造业，应当看到中国图们江地区的第一产业以及第三产业正在逐步形成具有中国图们江地区

---

① 习近平：《习近平谈治国理政》，外文出版社2017年版。
② 中共中央宣传部：《习近平总书记系列重要讲话读本》，人民出版社2016年版。

特色的新模式、新业态，在发展潜力方面使得第一产业及第三产业并不逊色于第二产业。促进中国图们江地区第一产业形成创意农业、休闲农业、订单农业等新业态，做出"全域旅游"的战略安排，通过第三产业中的旅游业盘活中国图们江地区的现有资源，形成新模式、新业态，促进产业投资回报率不断上升。引导外资均衡注入地区特色产业，[①]为中国图们江地区特色产业尤其是第一产业与第三产业提供资金保障，同时有利于进一步调整中国图们江地区的外资结构，规避外资相对集中所面临的风险。因此，中国图们江地区政府通过融资洽谈会等形式吸引多个国家和地区的外资，并通过采取税收优惠等政策，引导外资注入第一产业与第三产业，并且支持鼓励外资采取中外合作经营与中外合资经营的投资方式，鼓励进行重大项目合作落地，进而通过优化外商投资的产业结构与转变投资方式，进一步实现技术转移效应。通过技术转移实现中国图们江地区技术更新，为地区经济社会发展提供技术支撑，推动中国图们江地区经济实现跨越式发展。

（三）构建培育和引进人才长效机制

中国图们江地区发展首要是培育地区人才，培育人才是保障中国图们江地区持续健康发展的必由之路，然而培育人才需要一定的培养时间周期。因此，中国图们江地区发展必须采取引进人才的方式来满足各领域发展的需要。中国图们江地区培育和引进人才时，要借助5G技术应用于第四次工业革命的"东风"，利用互联网、人工智能、大数据等手段通过5G技术搭建新的发展平台。其一，充分挖掘中国图们江地区的教育资源，进一步形成中国图们江地区教育合力。延边大学应积极发挥其社会属性，注重培养高尖端人才，尤其是中国图们江地区发展过程中现实需要的专业型复合人才，并且对中国图们江地区经济发展规律进行研究。职业教育则针对中国图们江地区发展定位所需的专业型人才，提升专业型人才的业务能力，进一步实现专业型人才市场供求平衡，达到"市场出清"的状态。在挖掘中国图们江地区内部教育资源的同时，也要对国内外教育资源进行整合利用。借助5G与互联网技术，进一步实现网络远程教育。一方面，实现教育公平与均等化；另一方面，保障中国图们江

---

① 沈万根等：《中国图们江地区外商投资面临的困难及发展新路径》，《东疆学刊》2018年第1期。

地区培育人才时能够有较为优良的教育资源，促进人才培育进程。其二，构建人才引进政策体系，建立留住人才的有效机制，使人才能够"引得进来，留得下来"。同时，为引进人才搭建良好的工作平台，中国图们江地区政府可以通过举办座谈会的形式使各领域的人才相互交流，实现人才跨领域团队的形成，实现人才团队多元化发展。另外，要注重人才团队的梯队培养，实现专业型复合人才在实践中孵化，促进地区人才健康发展，为中国图们江地区经济发展注入新动力。

此外，加强道路基础设施建设是中国图们江地区融入世界、与世界共同发展的基础前提，虽然中国图们江地区道路基础设施已经基本实现区域内互连互通，但道路基础设施尚属于低端供给，从长远角度来看不能够满足中国图们江地区经济社会发展的需要。因此，要推进道路基础设施的供给侧改革，合理引导国内资金乃至外资注入道路等基础设施的建设，保障中国图们江地区经济社会健康、高质量发展。

中国图们江地区经济社会发展报告（2020）

在党的十九大报告中，习近平总书记明确指出我国社会主要矛盾已经转化为人民日益增长的美好生活需要同不平衡不充分之间发展的矛盾。中国图们江地区地处国家边疆地区，同时也是少数民族地区，属于我国发展不充分的地域板块。近年来，中国图们江地区积极推进自身发展，采取积极途径破解发展不充分难题，进而实现稳步发展。

一 中国图们江地区经济社会发展状况

（一）中国图们江地区经济稳中有进，但整体实力有待增强

2019年，中国图们江地区生产总值达到723.37亿元，相比2018年的708.17亿元，增长2.1%。其中，三次产业增加值分别为54.81亿元、248.36亿元和420.20亿元。相比2018年，第一、第二产业增加值均有所增加，分别增长2.9%和6.8%，贡献率分别为9.91%和101.56%。但第三产业略有小幅度下降，降幅约0.8%。① 中国图们江地区三次产业增加值分别占地区生产总值的7.6%、34.3%和58.1%，地区内逐步形成"三二一"的产业结构格局。第三产业在产业结构中占据较大比重是经济社会现代化发展的必然趋势，可见中国图们江地区产业结构逐渐优化，经济实力稳中有进。但与此同时，应当清醒地认识到，中国图们江地区整体经济实力有限。吉林省9个市（州）按照地区经济生产总值排序情况如表1所示，延边州位于第6名，占吉林省生产总值的6.18%，占较小比重，三次产业在省内排名分别为第8、第3和第3。由此可见，中国图

---

① 延边州统计局编：《延边朝鲜族自治州2019年国民经济和社会发展统计公报》，2020年4月27日。

们江地区第二、第三产业在吉林省范围内发展较好,但是在吉林省范围内来看第一产业发展情况则不容乐观,第一产业建设有待进一步加强。与此同时,中国图们江地区城镇、农村常住居民人均可支配收入分别为28158元和12520元,①虽然逐年增长,但在吉林省层面来看未达到平均水平,分别占吉林省城镇、农村常住居民人均可支配收入的87.2%和83.8%。由此可见,中国图们江地区应当积极挖掘自身发展潜力,提升中国图们江地区整体经济实力,提升人均可支配收入,实现高质量发展。

表1　　　　　　吉林省分市(州)地区生产总值及占比

区域	生产总值(亿元)	比重(%)	排名
全省	11707.36	100	—
长春市	5904.14	50.43	1
吉林市	1416.55	12.10	2
四平市	796.17	6.80	3
松原市	729.78	6.23	4
通化市	725.76	6.20	5
延边州	723.37	6.18	6
白山市	509.66	4.35	7
白城市	491.55	4.20	8
辽源市	410.38	3.51	9

资料来源:延边州统计局编:《延边统计年鉴(2020)》,中国统计出版社2020年版。

(二)旅游业蓬勃发展为中国图们江地区注入新动力

随着物质生活得到满足,人民开始逐步追求精神世界的充实与享受,因而旅游业迎来发展契机。中国图们江地区作为少数民族地区、边疆地区、革命老区,具有独特的区位优势以及特色的人文资源,中国图们江地区旅游业逐渐成为拉动地区其他产业发展的引擎。2018年,中国图们江地区政府出台《关于大力发展全域旅游推动旅游兴州的实施意见》,提出文化强州、旅游兴州的战略方针。2019年,中国图们江地区旅游业接待游客2751.38万人次,相较2018年增加318.76万人次,增长13.1%。

---

① 延边州统计局编:《延边统计年鉴(2020)》,中国统计出版社2020年版。

其中接待国内游客2694.80万人次，占接待游客总数的97.94%，可见国内游客是中国图们江地区旅游业的主要消费群体。旅游总收入的增加是中国图们江地区旅游业发展的直观体现，2019年中国图们江地区旅游总收入达到555.34亿元，较2018年增加82.31亿元，增加17.4%（见表2）。旅游业的发展不仅直接带动中国图们江地区经济收入增加、财政收入增加，并且还促进中国图们江地区民族优秀文化传承，实现其自身价值，创造经济价值。与此同时，中国图们江地区大力发展乡村旅游，带动农村贫困人口脱贫致富，以旅游促发展。

表2　　　　2018年和2019年中国图们江地区旅游业发展情况

项目	2018年	2019年	增量	2019年增长率（%）
总接待游客数（万人次）	2432.62	2751.38	318.76	13.1
接待国内游客数（万人次）	2377.44	2694.80	317.36	13.3
接待入境游客数（万人次）	55.18	56.58	1.40	2.5
旅游总收入（亿元）	473.03	555.34	82.31	17.4
国内旅游收入（亿元）	456.39	537.47	81.08	17.8
旅游外汇收入（亿美元）	2.52	2.65	0.13	5.2

资料来源：延边州统计局编：《延边统计年鉴（2020）》，中国统计出版社2020年版。

（三）人力资本外流是中国图们江地区人口变化长期趋势

生产要素由低收益地区流向高收益地区是生产要素流动的内在规律。因此，由于中国图们江地区经济实力有限，劳动力生产要素出现流出中国图们江地区、流入高收益地区的现象。中国图们江地区人口多年来呈现下降趋势，2019年中国图们江地区共有813343户、207.20万人，相比2018年减少0.7%，相比2010年减少5.4%。2019年，中国图们江地区城镇人口为143.77万人，乡村人口为63.43万人，相对于2018年城镇人口与乡村人口分别减少0.6%和0.9%，乡村人口减幅相对高于城镇人口。与此同时，2018年，中国图们江地区出生率与死亡率分别为7.0‰和7.6‰，自然增长率为-0.6‰。2019年，中国图们江地区出生率与死亡率分别为6.9‰和8.0‰，相比2018年出生率下降0.1个千分点，死亡率增加0.4个千分点，自然增长率为-1.1‰，为近五年自然增长率最低(见表3)。

表3　　　　　　　　中国图们江地区人口及自然增长率

项目	2010年	2015年	2018年	2019年
总人口(万人)	219.08	213.58	208.66	207.20
城镇人口(万人)	145.78	150.05	144.66	143.77
乡村人口(万人)	73.30	63.53	64.00	63.43
自然增长率(‰)	-0.4	-0.4	-0.6	-1.1
出生率(‰)	7.5	5.0	7.0	6.9
死亡率(‰)	7.9	5.4	7.6	8.0

资料来源:延边州统计局编:《延边统计年鉴(2020)》,中国统计出版社2020年版。

从民族人口结构来看,2019年中国图们江地区万人以上的民族有汉族、朝鲜族以及满族,其中汉族人口为124.43万人、朝鲜族为74.21万人、满族为7.34万人。2010年以来,汉族及朝鲜族人口逐年减少,满族人口逐年上升但增加人数有限。2019年相较2010年来看,汉族人口减少7万余人,朝鲜族减少近6万人。2019年相较2018年,汉族人口与朝鲜族人口分别减少0.6%与0.9%。不论从近期还是长期来看,朝鲜族人口的减少幅度始终大于汉族(见表4)。随着人力资本的流出以及自然增长率的逐年降低,中国图们江地区发展的关键生产要素即劳动力的供给出现瓶颈,导致中国图们江地区经济社会缺乏持续发展的内生动力。

表4　　　　　　　　中国图们江地区万人以上民族人口

项目	2010年 人口(万人)	2010年 比重(%)	2015年 人口(万人)	2015年 比重(%)	2018年 人口(万人)	2018年 比重(%)	2019年 人口(万人)	2019年 比重(%)
总人口	219.08	100	213.58	100	208.66	100	207.20	100
汉族	131.48	60.01	127.85	59.86	125.22	60.01	124.43	60.05
朝鲜族	80.11	36.57	77.35	36.22	74.92	35.91	74.21	35.82
满族	6.43	2.94	7.17	3.36	7.31	3.50	7.34	3.54

资料来源:延边州统计局编:《延边统计年鉴(2020)》,中国统计出版社2020年版。

(四) 进出口贸易整体向好发展

随着经济全球化深入发展，国家、地区之间的联系越来越密切，任何国家和地区的发展都不能摆脱世界经济的大环境、大背景。中国图们江地区拥有良好的区位优势，有利于推进开放型经济建设。2019年，中国图们江地区进出口额达149.68亿元，相较2018年增长9.4%。其中，进口额为75.70亿元，相对于2018年下降2.6%；出口额73.98亿元，较2018年增长25.1%。进出口逆差为1.72亿元，相对于2018年缩小贸易逆差17.06亿元。[①] 从贸易类别角度来看，中国图们江地区主要从事一般贸易与加工贸易。其中一般贸易进出口额为73.64亿元，占进出口总额的49.20%，加工贸易进出口额为33.03亿元，占进出口总额的22.07%，二者占进出口总额的71.27%。从贸易国别角度来看，按照进出口额由多到少排列，前三名分别为俄罗斯、韩国和智利，三者占据进出口总额的50.67%。其中对俄罗斯的进出口额为44.78亿元，占进出口总额的29.92%。但其相对于2018年有所下降，下降近7.6个百分点。对韩国进出口额为19.09亿元，占进出口总额的12.75%，相对于2018年增长7个百分点。对智利的进出口额为11.95亿元，占进出口总额的8.0%，相对于2018年有较大幅度增加，增长了1.9倍。[②] 中国图们江地区对外经济发展总体向好，进出口额的逐年增加，拉动中国图们江地区经济稳步发展。

二　中国图们江地区经济社会发展面临困境

(一) 自身经济实力有限，缺乏大城市依托

2019年，中国图们江地区实现生产总值723.37亿元，相对于2018年增长2.2%。在吉林省范围内，中国图们江地区生产总值在吉林省9个市（州）中位于第6，尚未达到吉林省生产总值的中位水平。同时，吉林省各地区平均生产总值为1302.98亿元，中国图们江地区也尚未达到吉林省平均水平。中国图们江地区森林覆盖率在80%以上，具有充足的森林

---

① 延边州统计局编：《延边统计年鉴（2020）》，中国统计出版社2020年版。
② 延边州统计局编：《延边朝鲜族自治州2019年国民经济和社会发展统计公报》，2020年4月27日。

资源。中国图们江地区具有丰富的矿产资源，地区内共有矿藏85种，其中已探明55种，占全部矿藏的64.71%。中国图们江地区内的长白林海孕育了1460余种野生经济植物、250余种经济动物，[①] 为中国图们江地区经济发展奠定了坚实的资源基础。但中国图们江地区的自然资源并没能够被充分开发出来，未能转化为自然资本。与此同时，中国图们江地区基本地理格局是"八山一水半草半分田"，在一定程度上影响中国图们江地区经济发展尤其是农业机械化、规模化发展。由于中国东北地区在全国范围内仍属于发展不充分的地区板块，因此中国图们江地区较难依靠周边大城市作为增长极进行自身发展。中国图们江地区位于国家边疆地区，其毗邻的国家主要是俄罗斯与朝鲜，主要接壤的地区是俄罗斯远东地区的纳霍德卡等地以及朝鲜的南阳、先锋、罗津等地区，这些地区中也并未有较强经济实力的地区。因此，中国图们江地区周边的国际经济环境并不乐观。同时，新冠疫情在世界范围内蔓延，对国与国之间经济合作产生一定影响与冲击。加之中国图们江地区、国内周边城市和周边国家接壤地区经济实力有限，致使中国图们江地区无法以大城市为依托推进发展。中国图们江地区自身资源禀赋开发利用有限，使得中国图们江地区经济社会可持续、高质量发展后劲不足。

（二）不确定性因素产生经济冲击

2020年初，新冠疫情肆虐中国大地，全国范围内出现疫情。疫情对中国图们江地区经济发展产生冲击。中国图们江地区2020年第一季度地区生产总值为159.32亿元，同比下降2.2%。其中，第一产业增加值为7.29亿元，下降7.1%；第二产业增加值为46.70亿元，增长2.2%；第三产业增加值为105.33亿元，下降4.0%。[②] 第一季度，中国图们江地区规模以上工业增加值方面，木制品加工业下降25.1%，医药工业下降16.3%，装备制造业下降10.3%，能源矿产业下降4.4%。中国图们江地区采取文化强州、旅游兴州的地区发展战略，但受疫情影响地区游客数量急剧下降，旅游业发展受到严重阻碍，同时餐饮业、娱乐业等产业受到影响。与此同时，中国图们江地区消费品市场也受到明显冲击。2020年第一季度，中国图们江地区社会消费品零售总额同比下降29.3%，其

---

① 延边州统计局编：《延边统计年鉴（2018）》，中国国际图书出版社2018年版。
② 延边州统计局编：《2020年第一季度延边州经济运行综述》，2020年。

中城镇零售额下降29.9%，乡村零售额下降23.7%。固定资产投资也出现明显下降趋势，尤其是房地产开发投资下降幅度较大。2020年第一季度，中国图们江地区民间投资增长3.8%，基础设施投资下降6.6%，房地产开发投资下降48.7%。疫情在世界范围内蔓延直接影响国际经贸合作，直观体现在中国图们江地区进出口总额缩减上。2020年第一季度，中国图们江地区进出口总额为29.02亿元，同比下降9.3%。其中，出口额12.48亿元，下降19.3%；进口额16.54亿元，增长0.1%。不确定性因素对中国图们江地区经济社会发展会带来严峻的挑战。因此，中国图们江地区要应势而变、顺势而为，摆脱不确定性因素带来的负面影响。

（三）中国图们江地区旅游业建设有待向纵深推进

中国图们江地区在文化强州、旅游兴州战略方针的指导下，大力推进中国图们江地区全域旅游，通过全域旅游带动相关产业发展。中国图们江地区旅游业主要是城市旅游与乡村旅游，旅游资源主要包括自然资源与人文资源。中国图们江地区旅游自然资源主要为长白山、六鼎山等地，文化资源主要为少数民族文化尤其是朝鲜族文化以及红色革命文化。资源虽然丰富，但存在些许问题有待解决。其一，中国图们江地区旅游业基础设施有待加强。在中国图们江地区旅行的国际游客主要来自俄罗斯、韩国、日本等国家，但部分旅游景点缺少标识，对游客出游产生一定不便。同时，部分设施标识仅有汉、韩双语，少数的标识有汉、英、韩三种语言，这不利于中国图们江地区推进全域旅游，也不利于中国图们江地区内部旅行自由化与便利化发展。其二，中国图们江地区旅游产品同质化较为严重，多数是中国图们江地区少数民族文化体验游，对红色革命文化挖掘程度有限，而且产品开发程度较低。少数民族文化体验游的旅游产品不够丰富，游客大多是品尝少数民族特色饮食，体验少数民族特色服饰等，并未深入了解少数民族历史与文化。部分民俗村提供的旅游项目中，少数民族特色活动较少，旅游产品中少数民族特色文化因素注入较少，使得游客体验感相对较差，最终导致重游率降低。与此同时，中国图们江地区内部旅游景点较为分散，出现各景点"各自为战"的局面，未实现景点间联动发展，中国图们江地区内旅游资源未实现有效整合。总体而言，中国图们江地区旅游业需系统、协调稳步推进，进而实现以旅游业为引擎拉动中国图们江地区经济发展。

三 中国图们江地区经济社会发展破题路径

（一）立足自身资源禀赋，顺势而为，增强经济实力

第一，合理开发自身资源禀赋推进中国图们江地区经济发展。中国图们江地区拥有良好的自然资源以及人文资源，因此要合理利用资源，使资源转变为资本进而实现经济效益。中国图们江地区是革命地区、民族地区、边疆地区，因而具有悠久的少数民族特色文化以及光荣的红色革命文化。中国图们江地区应当积极利用自身人文资源，使人文资源转化为经济价值，为中国图们江地区经济发展注入文化内涵，推进中国图们江地区高质量发展。第二，推进与长春、吉林等地联动发展。通过长春、吉林两地为中国图们江地区发展提供支持，以中国图们江地区为发展前沿，实现联动发展。与此同时，中国图们江地区利用东西对口协作，加强与东部帮扶地区的联系，促进东部帮扶地区管理经验、技术、资金等生产要素向中国图们江地区转移，实现溢出效应。第三，紧握"一带一路"发展契机打造开放型经济。2018年，习近平主席与俄罗斯总理梅德韦杰夫提出共建"冰上丝绸之路"。要适应新形势、把握新特点，推动由商品和要素流动型开放向规则等制度型开放转变。[1] 中国图们江地区应当把握住"一带一路"发展契机，实现以中国图们江地区为发展前沿，融入世界经济发展的大环境。

（二）不确定性因素增加下推进经济内循环发展

随着经济全球化程度的逐步加深，世界各国之间联系日益紧密。因而，在全球范围内流行新冠疫情的背景下，没有哪一个国家可以独善其身。不确定性因素增加对中国图们江地区对外贸易产生一定负面影响，中国图们江地区应当立足自身，推动经济内循环建设。一方面，中国图们江地区要积极参与国家经济内循环建设，做好自身功能定位，与省内乃至国内其他地区协调、联动发展，从而进一步克服对外贸易受挫产生的影响。另一方面，中国图们江地区要推进自身地区经济内循环建设，

---

[1] 中共中央宣传部：《习近平新时代中国特色社会主义思想学习纲要》，学习出版社、人民出版社2019年版。

实现内部生产要素自由流动。整合内部各县市经济发展资源，统筹规划发展项目，实现经济社会发展最大合力，推进中国图们江地区经济社会在疫情防控常态化背景下稳中有进，并以疫情防控常态化为契机优化中国图们江地区内部经济布局，促进经济社会高质量发展。

（三）加大中国图们江地区旅游业建设力度

第一，完善中国图们江地区旅游业基础设施建设。加强中国图们江地区旅游线路交通运输建设，保障游客出行顺畅。同时，加强旅游景区基础标识建设，大型景区使用中、英、韩、日等多种语言标识指示牌，为游客自由化、便利化出行奠定基础。同时，加强中国图们江地区旅游线路建设，使旅游线路覆盖中国图们江地区多处景点，促进景点联动发展，推动中国图们江地区旅游业高质量发展。第二，深度挖掘中国图们江地区自然资源与人文资源。一方面，挖掘自然资源，使自然资源转化为自然资本，进一步转化为经济效益。如大力发展林下经济，在保护自然资源的前提下发展绿色产业，实现中国图们江地区经济社会绿色发展。另一方面，开发中国图们江地区少数民族文化以及红色革命文化，打造少数民族文化游与红色革命文化游两条旅游线路。党的十九届四中全会明确指出，要完善文化和旅游融合发展体制机制。[1] 文化和旅游融合，不仅是要游客体验少数民族饮食、服饰等项目，还要使其了解少数民族饮食、服饰所蕴含的历史及文化内涵，增强游客的体验感与获得感。同时，加强对红色革命文化的挖掘，推进红色革命文化研学旅行。这不仅使红色革命文化得以发扬，还可使中国图们江地区旅游业得以内涵式发展。

总而言之，中国图们江地区应当积极推进经济内循环建设，不断增强自身经济实力。同时，不断完善中国图们江地区旅游业建设，将自然资源及人文资源融合到旅游业发展中，推进中国图们江地区全域旅游，以旅游业为引擎拉动其他相关产业发展，实现中国图们江地区经济社会稳步发展、高质量发展。

---

[1] 本书编写组编著：《党的十九届四中全会〈决定〉学习辅导百问》，学习出版社2019年版。

中国图们江地区经济社会发展报告（2021）

2021年，我国正式通过《中华人民共和国经济和社会发展第十四个五年规划和2035年远景目标纲要》（以下简称《"十四五"规划纲要》），并明确指出我国已转向高质量发展阶段。[①] 中国图们江地区是我国边疆地区、民族地区以及革命老区，由于区位以及历史发展原因，中国图们江地区经济实力相对其他地区较弱。因此，在"十四五"规划期间，中国图们江地区应顺势而上，把握发展机遇，推进中国图们江地区高质量发展，借此促进民族团结、推进中华民族共同体建设，并维系国家边疆安全稳定，实现长治久安。

一　中国图们江地区经济社会发展状况

（一）经济社会稳步发展

2020年，中国图们江地区实现生产总值726.86亿元，较2019年增长0.5%。中国图们江地区人均GDP为35296元，同比增长1.4%。从生产总值与增长速度来看，中国图们江地区生产总值逐年增加，但生产总值增长速度逐步放缓。如表1所示，2016—2020年，2016年为近五年增长率最高，为7.1%，2017年增长率大幅下降，下降了4.2个百分点，为2.9%。此后至2019年，中国图们江地区生产总值增长率在2%~3%，因受到新冠疫情影响，2020年中国图们江地区生产总值增长率仅为0.5%，成为近5年最低增长率。2016—2020年，中国图们江地区生产总值平均增长率为3.02%，2018—2020年中国图们江地区生产总值平均增长率

[①] 《中华人民共和国国民经济和社会发展第十四个五年规划和2035年远景目标》，人民出版社2021年版。

为1.77%。

表1　2016—2020年中国图们江地区生产总值、产业构成及增长率

年份	生产总值（亿元）	第一产业（%）	第二产业（%）	第三产业（%）	增长率（%）
2016	669.07	7.9	46.4	45.7	7.1
2017	688.33	6.8	31.8	61.4	2.9
2018	708.17	7.3	28.6	64.1	2.9
2019	722.56	7.6	34.3	58.1	2.0
2020	726.86	7.6	34.4	58.0	0.6

资料来源：根据《延边统计年鉴（2019）》与《延边统计年鉴（2021）》整理获得。

如表2所示，2020年，中国图们江地区城镇常住居民人均可支配收入达28872元，同比增加2.5%。2016—2020年，城镇常住居民人均可支配收入平均增长率为5.5%。但就2020年而言，吉林省城镇常住居民人均可支配收入为33396元，同比增长3.4%，[1] 全国城镇常住居民人均可支配收入为43834元，同比增长3.5%。[2] 农村常住居民人均可支配收入方面，2020年为13585元，同比增长8.5%。2016—2020年，农村常住居民人均可支配收入平均增长率为8.9%，中国图们江地区保持较高的增速。吉林省与全国农村常住居民人均可支配收入分别为16067元和17131元，分别同比增长7.6%和3.6%。中国图们江地区城镇与农村常住居民人均可支配收入均低于吉林省以及全国的平均水平，因此应当促进经济发展，提升人均可支配收入水平。

表2　2016—2020年中国图们江地区城镇与农村常住居民人均可支配收入及增长率

年份	城镇常住居民人均可支配收入（元）	增长率（%）	农村常住居民人均可支配收入（元）	增长率（%）
2016	23276	7.1	9675	7.9
2017	24766	6.4	10401	7.5

---

[1]《吉林省2020年国民经济和社会发展统计公报》，2021年4月15日。
[2]《中华人民共和国2020年国民经济和社会发展统计公报》，2021年2月27日。

续表

年份	城镇常住居民人均可支配收入（元）	增长率（%）	农村常住居民人均可支配收入（元）	增长率（%）
2018	26316	6.3	11129	7.0
2019	28158	7.0	12520	12.5
2020	28872	2.5	13585	8.5

资料来源：根据《延边统计年鉴（2019）》与《延边统计年鉴（2021）》整理获得。

（二）产业结构趋于合理

2020年，中国图们江地区第一、第二、第三产业增加值分别为66.27亿元、241.68亿元、418.90亿元，同比分别增长2.2%、0.5%、0.1%，三次产业占地区生产总值的比重分别为9.1%、33.3%和57.6%。如表1所示，2016—2020年三次产业增加值占地区生产总值的平均比重为7.7%、33.6%、58.7%，按比重由多到少排列可见，长期保持在"三二一"的动态局面。第二、第三产业增加值比重有所减少，第一产业增加值比重有所增加。

2020年，中国图们江地区农业稳步发展，粮食种植面积达36.15万公顷，其中，稻谷种植面积3.75万公顷，玉米种植面积20.01万公顷，豆类种植面积12.17万公顷。与2019年相比，前两者种植面积有所增加，分别增加0.09万公顷和2.16万公顷，后者则减少1.99万公顷。2020年，中国图们江地区粮食年总产量为171.01万吨，比2019年增产2.47万吨，同比增长约1.5%。2020年，中国图们江地区全部工业增加值为186.98亿元，比2019年增长1.5%，其中规模以上工业增加值增长2.5%。分门类行业看，除采矿业下降2.0%外，其他行业均有增长。2020年，中国图们江地区第三产业受到较大影响，批发和零售业、住宿和餐饮业等行业均有下降，其中住宿和餐饮业下降幅度最大。

由此可见，在疫情防控常态化背景下，推进中国图们江地区高质量发展，应当提升落实创新驱动战略，夯实第一产业发展基础，促进地区第二、第三产业动力优化升级，稳固中国图们江地区现有产业结构，为推进中国图们江地区经济社会发展注入内生动力。

（三）人口持续减少

中国图们江地区人口再生产能力相对较弱。由于受经济实力相对较弱等因素的影响，中国图们江地区呈现人力资本持续外流的态势。如表3

所示，2016—2020年，中国图们江地区人口自然增长率除2016年实现正增长外，其余年份自然增长率均为负值，年平均自然增长率为-2.3‰。2020年，中国图们江地区自然增长率为-6.2‰，为2016—2020年最低水平。中国图们江地区的净流失人口的计算公式为：

净流失人口=（上一年人口数-当年人口数）-自然增加人数

由表3可见，2016—2020年，中国图们江地区净流失总人口为65307人，平均每年净流失人口为13061人，中国图们江地区长期呈现人口流出的态势。

表3　　　2016—2020年中国图们江地区总人口及变化情况

年份	总人口（万人）	自然增加人数（人）	净流失人口数（人）	自然增长率（‰）	出生率（‰）	死亡率（‰）
2016	212.04	3168	18570	1.5	8.4	6.9
2017	210.14	-10623	8345	-5.0	7.9	12.9
2018	208.66	-1262	13523	-0.6	7.0	7.6
2019	207.20	-2331	12226	-1.1	6.9	8.0
2020	204.66	-12842	12643	-6.2	5.2	11.4

资料来源：根据《延边统计年鉴（2019）》与《延边统计年鉴（2021）》整理获得。

2020年，中国图们江地区总人口为204.66万人，较2019年减少2.54万人，同比减少1.2%，在2016年至2020年的人口减少率中排名最高。中国图们江地区户籍人口城镇化率有小幅度提升，城镇化率为69.5%，同比增长0.1%。我国"十四五"规划提出于2025年城镇化率达到65%，[1] 中国图们江地区在城镇化率指标方面已经达标。2016—2020年，中国图们江地区人口总计减少7.4万余人，年均人口减少率为0.9%。

从性别维度看（见表4），2020年男性人口减少1.4万人，女性人口减少约1.2万人，为2016—2020年最高值。总减少人口中，男性减少人口占较高比重。男性人口减少4.06万余人，占总减少人口的55.0%，年均男性人口减少率为1.0%；女性人口减少3.32万余人，占总减少人口的45.0%，年均女性人口减少率为0.8%。

---

[1]《中华人民共和国国民经济和社会发展第十四个五年规划和2035年远景目标》，人民出版社2021年版。

表4　　2016—2020年中国图们江地区按性别人口情况

年份	总人口（万人）	男性（万人）	减少率（%）	女性（万人）	减少率（%）
2016	212.04	105.33	1.0	106.71	0.5
2017	210.14	104.20	1.1	105.94	0.7
2018	208.66	103.40	0.8	105.26	0.6
2019	207.20	102.62	0.8	104.58	0.6
2020	204.66	101.27	1.3	103.39	1.1

资料来源：根据《延边统计年鉴（2019）》与《延边统计年鉴（2021）》整理获得。

从城乡维度看（见表5），城镇人口的减少量远高于乡村人口的减少量。2020年，城镇人口约142.2万人，占总人口的69.5%。相较2016年初，城镇人口在5年的时间里减少约4.44万人，占2016—2020年期间流失人口的60.16%。5年间，乡村人口流失约2.94万余人，占流失人口的39.84%。人口减少逐渐成为中国图们江地区的常态，但2020年城镇人口与乡村人口减少率均增加。

表5　　2016—2020年中国图们江地区城镇与乡村人口情况

年份	总人口（万人）	城镇人口（万人）	比重（%）	减少率（%）	乡村人口（万人）	比重（%）	减少率（%）
2016	212.04	146.60	69.1	2.3	65.44	30.9	-3.0
2017	210.14	145.64	69.3	0.7	64.50	30.7	1.4
2018	208.66	144.66	69.3	0.7	64.00	30.7	0.8
2019	207.20	143.77	69.4	0.6	63.43	30.6	0.9
2020	204.66	142.16	69.5	1.1	62.50	30.5	1.5

资料来源：根据《延边统计年鉴（2019）》与《延边统计年鉴（2021）》整理获得。

从民族结构角度看（见表6），2020年汉族、朝鲜族的人口均有减少，人口减少率处于相对较高水平，除汉族、朝鲜族以外，其他民族在人口总数上也有小幅度下降。2020年与2019年同期相比，中国图们江地区汉族人口减少1.35万人，减少率为1.08%；朝鲜族人口减少1.18万人，减少率为1.59%；其他民族共减少0.01万人，减少率为0.12%，分别占总减少人口的53.15%、46.46%和0.39%。综上所述，总体看来，中国图们江地区人口减少程度越发严重。

表6　　　　　　2016—2020年中国图们江地区民族人口情况

年份	总人口（万人）	汉族（万人）	比重（%）	朝鲜族（万人）	比重（%）	其他民族（万人）	比重（%）
2016	212.04	127.70	60.22	75.89	35.79	8.45	3.98
2017	210.14	125.92	59.92	75.72	36.03	8.49	4.04
2018	208.66	125.22	60.01	74.92	35.91	8.52	4.08
2019	207.20	124.43	60.05	74.21	35.82	8.56	4.13
2020	204.66	123.08	60.14	73.03	35.68	8.55	4.18

资料来源：根据《延边统计年鉴（2019）》与《延边统计年鉴（2021）》整理获得。

（四）进出口贸易有所回落与外商直接投资明显增加

2020年全世界都受到新冠疫情的影响，中国图们江地区进出口贸易不可避免地受到波及。2020年，中国图们江地区全年货物进出口总额为120.11亿元，比2019年减少29.57亿元，同比下降19.8%。其中，出口额62.28亿元，比上年减少11.7亿元，同比下降15.8%；进口额57.83亿元，同比减少17.87亿元，同比下降23.6%。随着进口额的大幅度下降，中国图们江地区进出口贸易转逆差为顺差，由2019年的进出口贸易逆差1.73亿元转变为2020年的顺差4.45亿元，增加6.18亿元。

中国图们江地区外商直接投资额实现较大幅度增长。2020年，中国图们江地区外商直接投资金额为353万美元，比2019年增加225万美元，比上年增长1.8倍。其中，外商直接投资集中于制造业与租赁和商务服务业，二者占全部外商直接投资的87.3%。其中制造业外商直接投资为157万美元，占44.5%，相较2019年增加124万美元，同比增长375.8%，比重提升18.7个百分点；租赁和商务服务业外商直接投资为151万美元，占42.8%，相较2019年增加112万美元，同比增长287.2%。

二　中国图们江地区经济社会发展面临困境

（一）自身经济实力较弱且增长速度缓慢

2020年，中国图们江地区生产总值为726.86亿元，按照各地区来看（见表7），在吉林省内处于中间水平，由2019年排名第6位上升至第4

位。但相较1300.82亿元的吉林省平均生产总值水平，仍具有一定的差距。同时，中国图们江地区生产总值增速放缓。2016年，中国图们江地区生产总值增长速度为7.1%，而2020年，中国图们江地区生产总值增长速度仅为0.5%，2016—2020年平均增长速度为3.67%，低于吉林省与国家同期的生产总值增长速度。同时，中国图们江地区临近的国家与地区经济实力也较为薄弱，致使中国图们江地区无法以大城市或中心城市为依托推进高质量发展。

表7　2019年与2020年吉林省分市（州）地区生产总值及比重

序号	2019年 市（州）	生产总值（亿元）	比重（%）	2020年 市（州）	生产总值（亿元）	比重（%）
1	长春市	5904.14	50.43	长春市	6638.03	54.96
2	吉林市	1416.55	12.10	吉林市	1452.60	12.03
3	四平市	796.17	6.80	松原市	752.88	6.23
4	松原市	729.78	6.23	延边州	726.86	6.02
5	通化市	725.76	6.20	通化市	531.70	4.40
6	延边州	723.37	6.18	四平市	526.60	4.36
7	白山市	509.66	4.35	白城市	510.18	4.22
8	白城市	491.55	4.20	白山市	509.42	4.22
9	辽源市	410.38	3.51	辽源市	429.90	3.56

资料来源：根据《延边统计年鉴（2019）》《延边统计年鉴（2020）》《延边统计年鉴（2021）》整理获得。

中国图们江地区作为民族地区、边疆地区、革命老区，具有较为优良的自然资源与人文资源，但自然资源与人文资源的开发程度有限，如中国图们江地区森林覆盖率在80%以上，但林业资源利用不充分，林下经济开发程度浅。同时，未能开发自然资源的多种功能，仅挖掘自然资源的经济价值，社会价值挖掘不足。中国图们江地区具有朝鲜族特色文化、边疆文化、红色革命文化等人文资源，以朝鲜族特色文化为例，多数选取朝鲜族特色文化当中的饮食文化、服饰文化等，其余特色文化挖掘程度有限。并且，已经开发的朝鲜族特色文化多数停留于体验阶段，未实现向纵深推进。总之，未能将自然资源与人文资源变成中国图们江地区发展的资本，不利于推进中国图们江地区高质量发展。

（二）疫情仍是影响经济社会发展的最大变量

旅游产业是中国图们江地区的支柱产业，而疫情对中国图们江地区旅游产业造成了严重影响。如 2020 年中国图们江地区接待国内外游客 791.07 万人次，比 2019 年减少 1960 余万人次，下降 71.2%。2020 年吉林省接待国内外游客 15342.23 万人次，比 2019 年下降 38.2%，中国图们江地区降幅高于吉林省平均水平。中国图们江地区接待国内游客 788.79 万人次，相较 2019 年减少 1906 余万人，下降 70.7%。吉林省接待国内游客 788.79 万人次，下降 70.7%，而 2020 年国内游客达 28.8 亿人次，比 2019 年下降 52.1%。2020 年，中国图们江地区接待入境游客 2.28 万人次，相较 2019 年减少 54 万人次，下降 95.9%。2020 年，吉林省接待入境游客中，接待外国游客 16.91 万人次，下降 86.0%；港澳台同胞 3.92 万人次，下降 74.7%。中国图们江地区与吉林省实现国内旅游收入 97.24 亿元与 2528.10 亿元，分别下降 81.9% 与 48.5%；旅游外汇收入分别为 0.83 亿元与 0.97 亿美元，下降 95.4% 与 84.2%。可见，疫情对中国图们江地区以及吉林省乃至全国的旅游业都产生了较大影响，部分环节收入出现断崖式下降。而疫情的影响不仅局限于旅游产业，而是对各行业都具有深刻影响。因此，在疫情防控常态化背景下，应当积极推进中国图们江地区产业结构优化，增强应对突发公共事件的能力，推进中国图们江地区高质量发展。

（三）人力资本仍是经济社会发展短板

生产要素由低收入地区流向高收入地区，符合经济发展规律。中国图们江地区经济实力相对较弱，是人力资本外流的重要原因。因此，中国图们江地区要通过增强自身实力以吸引人才，同时注重培育自身内生动力，即培育本地区人才方为中国图们江地区发展的长久之策，但中国图们江地区培育人才面临着较为困顿的局面。一方面，中国图们江地区内部教育机构尤其是高等院校与职业技术学校数量有限，仅有 1 所高等院校与 22 所中等职业技术学校。2020 年，中国图们江地区研究生教育、普通本专科招生 0.2 万人、0.8 万人，在校研究生与本科生分别有 0.5 万人、2.9 万人，毕业生有 0.1 万人、0.6 万人。中等职业教育招生 0.4 万人，在校生为 1.1 万人，毕业生为 0.3 万人。2020 年，高等院校与中等职业技术学校毕业生共计 1 万余人，但多数毕业生并未留在中国图们江地区从事相关工作。因此在地区人才培育过程中，高等院校与中等职业技术学校并未充分发挥应有的作用。同时，高等院校及中等职业技术学校专业建设有待与时俱进，应根据中国图们江地区经济社会发展需要推进学科、专业建设，推进所需学科专科教育、本科教育、研究生教育系统化培养。另一方面，由于中国图们江地区经济实力与区位因素的影响，引进人才后人才不易留住。并且，人才引进相关配套支持有限，出现一部分引进人才"再外流"现象，这不利于中国图们江地区的可持续、高质量发展。

三　中国图们江地区经济社会发展破题路径

（一）顺势而为增强自身实力

2021年是"十四五"规划的开局之年，中国图们江地区应当紧紧把握发展契机，推进中国图们江地区高质量发展。中国图们江地区既要立足区位，又要突破区位，进而切实提升自身实力。即不局限于仅与周边国家进行经贸合作，以区位优势为基础，积极参与"一带一路"建设与国内国际双循环建设。《"十四五"规划纲要》明确指出："参与北极务实合作，建设'冰上丝绸之路'。"[1] 中国图们江地区应当利用好自身处于图们江流域的重要区位优势，以珲春市为中国图们江地区推进海洋经济建设的先行者，与周边国家积极发展蓝色伙伴关系，参与并推动海洋命运共同体建设。中国图们江地区还应当深入挖掘自身所具有的自然资源与人文资源，尤其是挖掘自然资源与人文资源的教育功能，通过挖掘自然资源的教育功能，推动游客、学生走进自然、认识自然，并进一步形成保护自然、绿色发展的观念。《"十四五"规划纲要》明确指出："坚持以文塑旅、以旅彰文。"[2] 因此，人文资源的利用是将朝鲜族特色文化、红色革命文化以及边疆文化融入中国图们江地区经济社会发展中，打造具有中国图们江地区特色的文化体验。如打造民俗游、红色游、边疆游"三合一"的旅游路线，并针对朝鲜族特色文化中象帽、长鼓、长

---

[1] 《中华人民共和国国民经济和社会发展第十四个五年规划和2035年远景目标》，人民出版社2021年版。

[2] 《中华人民共和国国民经济和社会发展第十四个五年规划和2035年远景目标》，人民出版社2021年版。

白山等文化符号以及东北抗联密营等文化符号创建文创品牌,将文化注入经济社会发展中,为中国图们江地区经济社会发展注入动力,实现经济社会内涵式、高质量发展。

与此同时,深化东西部协作机制,促进中国图们江地区经济发展。在脱贫攻坚阶段,东部地区帮扶西部地区主要采取资金援助、提供就业岗位等形式。从长远来看,中国图们江地区应当利用好东西协作机制,通过项目合作的形式促使东部地区在本地区投资建厂。一方面,通过投资建厂促进东部地区产业结构进一步优化升级。另一方面,借此促进在中国图们江地区实现产业转移效应,实现农村剩余劳动力得以就地转化,实现农村剩余劳动力"离土不离乡",进而促进中国图们江地区劳动力回流,为中国图们江地区持续、高质量发展注入内生动力。

(二)纵深推进产业智慧化建设

在疫情防控常态化背景下,疫情的发展情况成为经济社会能否有序发展的重要影响因素。为减少疫情对中国图们江地区经济社会高质量发展的影响,应当深入推进产业智慧化建设。推进产业智慧化建设首要是进行基础设施建设,尤其是信息基础设施建设,为产业智慧化保驾护航。在此基础上,推进中国图们江地区智慧文旅、智慧社区、智慧教育、智慧医疗等建设,利用好互联网平台,推进中国图们江地区产业数字化发展。如利用好抖音、快手等短视频平台进行直播带货,销售中国图们江地区特色农产品。中国图们江地区可通过直播的形式开展"云旅游"与"云学习"。通过"云旅游"的形式带领云端的游客"云体验"中国图们江地区的景色风光、红色革命文化、朝鲜族特色节庆活动等观光项目,并利用抖音、快手等短视频打造关于中国图们江地区历史、朝鲜族历史与文化、红色革命历史与文化等系列短视频,使更多的人认识、了解朝鲜族文化与红色革命文化,在铸牢中华民族共同体意识的同时,推进中国图们江地区智慧文旅建设。同时,带领云端的学生在中国图们江地区内的红色革命遗址、红色博物馆等地开展"云学习",也能够组织地区内的农民通过云端平台针对农业技术、农产品加工、经营管理、法律法规等问题开展"云培训",推进中国图们江地区智慧教育建设。通过推进中国图们江地区产业数字化、智慧化发展,提升抵御疫情所致风险的能力,并形成中国图们江地区产业发展的新业态、新模式,推进中国图们江地区经济社会高质量发展。

（三）人才自我培育与招才引智并重

人才，是中国图们江地区实现持续发展的重要内在动力。但长期依靠引进人才，中国图们江地区的经济社会发展将如无本之木、无源之水。因此，中国图们江地区要采取"自我培育与引进人才同步推进"的人才策略。在人才培育方面，应当推进研究生教育、本专科生教育以及职业教育有机结合，实现人才培育最大合力。中国图们江地区高等院校与中等职业技术学校整合资源，进行密切协作，如高等学校主要侧重培养理论型人才、研究型人才，中等职业技术学校主要侧重培育操作型人才。同时，高等院校培养周期相对中等职业技术学校培养周期要长，因此中等职业技术学校应当及时根据中国图们江地区发展需要增加相关专业，为中国图们江地区发展及时提供所需专业人才。与此同时，在培育人才时，应当注意对其世界观、人生观、价值观的塑造，厚植人才扎根地方、服务地方的价值取向，进而实现中国图们江地区自身培育的人才能够留得下，并投身于中国图们江地区的建设。在人才引进方面，政府应积极为引进人才搭建合作平台，并支持引进人才组建团队；建立引进人才保障机制，从住房、医疗、子女教育等方面为人才在中国图们江地区后续发展提供保障。同时，要积极推进对引进人才的人文关怀，并逐步使其认识中国图们江地区、认同中国图们江地区，并对中国图们江地区产生归属感，使引进人才扎根中国图们江地区，为中国图们江地区高质量发展贡献力量。

总而言之，在"十四五"时期，中国图们江地区应当把握疫情防控常态化的大背景，积极参与"一带一路"建设与国内国际双循环建设，以及深化东西部协作促进中国图们江地区自身经济实力的提升，以推进产业智慧化、数字化发展，形成中国图们江地区经济发展新模式、新业态，并采取人才自我培育与招才引智并重的策略，为中国图们江地区发展注入内生动力，实现中国图们江地区经济社会可持续、高质量发展。

中国图们江地区经济社会发展报告（2022）

党的十九大报告中明确提出，我国已经从高速增长向高质量发展转变，高质量发展是"十四五"规划的关键词，而且高质量发展是全面的高质量发展，应当是我国全部人口、全部地域、全部领域、全部行业等的高质量发展，中国图们江地区经济社会高质量发展是我国高质量发展的题中应有之义。① 因此，中国图们江地区要立足自身实际，剖析存在的发展问题，并采取积极途径予以解决，以实现中国图们江地区高质量发展。

一 中国图们江地区经济社会发展现状

（一）中国图们江地区自身经济稳步增长

中国图们江地区积极应对新冠疫情反复所带来的经济下行的压力。2021年，中国图们江地区生产总值达801.17亿元，较2020年生产总值726.86亿元增加74.31亿元，比2020年增长10.2%。在中国图们江地区三次产业中，第一产业实现增加值68.55亿元，较2020年增加2.28亿元，增长3.4%；第二产业实现增加值297.07亿元，较2020年增加55.39亿元，增长22.9%；第三产业实现增加值435.55亿元，较2020年增加16.65亿元，增长4.0%。② 2021年，中国图们江地区三次产业的贡献率分别为8.5%、37.1%、54.4%，较2020年而言，第一产业贡献率下降0.6个百分点，第二产业贡献率增加3.8个百分点，第三产业贡献率下

---

① 本书编写组编著：《〈中共中央关于制定国民经济和社会发展第十四个五年规划和二〇三五年远景目标的建议〉辅导读本》，人民出版社2021年版。

② 根据《延边朝鲜族自治州2020年国民经济和社会发展统计公报》《延边朝鲜族自治州2021年国民经济和社会发展统计公报》整理。

降 3.2 个百分点。而第三产业出现下降主要是由于中国图们江地区新冠疫情暴发，第三产业发展受到较大影响，第三产业相关行业收入下降，进而贡献率下降。就人均国内生产总值而言，2021 年人均国内生产总值达 3.9 万元，较 2020 年增加 0.4 万元，同比增长 11.4%。① 中国图们江地区在新冠疫情反复的影响下，实现经济稳步增长，为推进中国图们江地区经济社会高质量发展夯实基础。

（二）推进巩固拓展脱贫攻坚成果同乡村振兴有效衔接

2020 年末，中国图们江地区贫困村全部出列，贫困人口全部脱贫摘帽，历史性地解决了绝对贫困。中国图们江地区为防止返贫、实现稳定脱贫，先后制定关于中国图们江地区乡村振兴战略推进的实施意见以及相关规划，为中国图们江地区乡村巩固拓展脱贫攻坚成果并与乡村振兴有效衔接提供政策支撑，全面推进中国图们江地区乡村"五大振兴"。中国图们江地区推进乡村产业振兴，种植业结构逐步优化，人参等道地中药材种植面积达 1.77 万公顷。中国图们江地区积极培育新型农业生产经营主体，拥有 341 家州级以上农业产业化重点龙头企业、4363 个家庭农场、7209 家农民专业合作社，规模经营土地面积达 24.5 万公顷，占中国图们江地区耕地面积的 64%。② 推进中国图们江地区乡村人才振兴，先后累计对 3648 人展开新型职业农民相关培训，并通过实施返乡创业工程，实现 1.5 万人返乡创业，为中国图们江地区乡村发展注入活力。推进中国图们江地区乡村文化振兴，积极开展文明村镇评比，累计创建 85 个省级以上文明村镇。推进中国图们江地区乡村生态振兴，深入开展村庄清洁行动，在农村人居环境整治三年行动中，垃圾处理、污水治理、厕所革命等重点任务全面完成，秸秆综合利用率和畜禽粪污综合利用率分别达到 78.2% 和 85.1%。推进中国图们江地区乡村组织振兴，组织选派、公开招聘 400 余名优秀人才到村任职，充实乡村基层治理与发展队伍。通过推进中国图们江地区"五大振兴"巩固脱贫攻坚成果，并实现与乡村振兴战略的有效衔接，在疫情防控常态化背景下推动中国图们江地区乡村经济社会实现高质量发展。

---

① 根据《延边朝鲜族自治州 2020 年国民经济和社会发展统计公报》《延边朝鲜族自治州 2021 年国民经济和社会发展统计公报》整理。

② 根据延边朝鲜族自治州政府材料整理。

（三）不确定性事件是影响高质量发展的重要因素

旅游业是中国图们江地区的支柱型产业，由于受到新冠疫情影响，旅游业遭受较大打击。而旅游业涉及的行业也较为丰富，疫情也会对其他行业发展产生直接或间接的影响。如2021年中国图们江地区接待国内外游客1467.70万人次，较2020年增加85.5%，但仍未达到新冠疫情前的水平。2019年国内外游客为2751.38万人，2021年国内外游客数量仅为2019年的53.34%。如2021年国外游客仅有0.08万人次，为2019年的0.1%。由于游客数量的下降，旅游收入降低，2021年旅游总收入为138.10亿元，较2020年有所增加，增加40.8%。但与2019年旅游总收入相比则是大幅度下降，减少417.24亿元，下降75%。[1] 由此可见，不确定性事件仍然是中国图们江地区经济社会高质量发展的重要影响因素。

（四）基本公共服务建设有序提升

中国图们江地区基本公共服务事业稳步推进。中国图们江地区推进教育事业发展，实现从学前教育到义务教育、本专科教育再到研究生教育各个环节的发展。2021年，中国图们江地区研究生教育、普通本专科、中等职业教育分别招生2085人、8183人、4165人，与2020年持平，为经济社会发展培养人才。[2] 中国图们江地区推进医疗卫生事业发展，为城乡居民的生命财产安全保驾护航。推进医疗卫生机构建设，为保障中国图们江地区城乡居民生命健康奠定基础。2021年，中国图们江地区共有2348个医疗卫生机构，其中有61个医院，其中22个公立医院，约占总医院数的36.07%。中国图们江地区现有2242个基层医疗卫生机构、72个乡镇卫生院、951个卫生室，实现中国图们江地区乡村医疗机构全覆盖。2021年，中国图们江地区拥有16249名卫生技术人员、6746名执业医师和执业助理医师、7085名注册护士，较2020年均出现小幅度升降，卫生技术人员下降0.61%，执业医师和执业助理医师人数下降0.21%，注册护士人数增加0.95%。2021年，中国图们江地区医疗卫生机构床位数为11175张，相较2020年增加177张，其中乡镇卫生院有1219张，较2020年有所减少，减少35张；医院有8730张，较2020年减少659张，

---

[1] 根据《延边朝鲜族自治州2020年国民经济和社会发展统计公报》《延边朝鲜族自治州2021年国民经济和社会发展统计公报》整理。

[2] 根据《延边朝鲜族自治州2020年国民经济和社会发展统计公报》《延边朝鲜族自治州2021年国民经济和社会发展统计公报》整理。

减少7.02%。2021年,中国图们江地区平均每万人拥有卫生技术人员数为80人,平均每万人拥有床位数为55张。每万人拥有卫生技术人员数与2020年持平,每万人拥有床位数较2020年有所增加,约增长1.85%。[①] 中国图们江地区医疗卫生、教育等公共服务事业稳步发展,在疫情防控常态化背景下为实现经济社会高质量发展提供了条件。

二 中国图们江地区高质量发展面临的难题

(一)中国图们江地区自身及周边地区经济实力有限

由于历史、区位等因素的影响,在全国范围内看,东北地区与中部、东部地区相比,经济实力相对落后,中国图们江地区在东北地区中经济实力也相对薄弱,这是中国图们江地区经济社会高质量发展所面临的结构性困境。中国图们江地区存在发展不平衡不充分的矛盾,因此应当借助高质量发展契机实现自身经济实力的提升,进而缩小与发达地区的差距。区位优势是中国图们江地区实现经济社会高质量发展的显著优势,但中国图们江地区周边国家、地区经济体量小、实力相对较弱,并未能够为中国图们江地区经济社会高质量发展营造良好的区域发展环境。如与中国图们江地区接壤的俄罗斯远东地区与朝鲜的边疆城市,其经济发展水平与中国图们江地区持平甚至落后于中国图们江地区。中国图们江地区周边整体经济实力有限,直接影响中国图们江地区对外合作与发展,以及畅通的内外联动的发展机制的建立,进而制约中国图们江地区经济社会实现高质量发展。

(二)生态资源与人文资源挖掘程度有限

中国图们江地区具有充足的生态资源与人文资源,但二者挖掘程度有限。这是中国图们江地区高质量发展面临的困境。中国图们江地区生态具有较强的自身特点,在生态功能方面,中国图们江地区生态有调节气候、防止水土流失、保护生物多样性等重要功能。"生态本身就是经济,保护生态就是发展生产力。"[②] 但由于历史与区位等特殊因素,中国

---

① 根据《延边朝鲜族自治州2020年国民经济和社会发展统计公报》《延边朝鲜族自治州2021年国民经济和社会发展统计公报》整理。
② 习近平:《论"三农"工作》,中央文献出版社2022年版。

图们江地区的生态文化及生态资源的开发利用程度不足。中国图们江地区往往拥有较为丰富的自然资源，如拥有充足的森林资源，森林覆盖率在80%以上。但生态资源的利用程度较低，并未使自然资源充分发挥经济价值。另外，中国图们江地区拥有丰富的少数民族特色文化、边疆文化等人文资源，同时中国图们江地区作为革命老区还孕育了红色革命文化。多种人文资源融入经济社会发展能够促进中国图们江地区尤其是经济内涵式发展。但多种文化资源挖掘程度不足，所形成的文化产品层次相对较低，在中国图们江地区经济社会高质量发展中并未充分发挥经济效益，更遑论社会效益与生态效益的实现。因此，中国图们江地区边疆民族生态资源与人文资源的利用程度有待提升。

（三）脱贫攻坚成果有待进一步巩固扩展

随着脱贫攻坚取得决定性胜利，中国图们江地区绝对贫困得到历史性解决。中国图们江地区相对其他地区而言，虽经历脱贫攻坚时期的长足发展，但自身经济实力还是相对薄弱，已脱贫人口发展的内生能力不强，部分已脱贫人口面临返贫的潜在风险。这是中国图们江地区高质量发展面临的阶段性难题。中国图们江地区乡村产业在脱贫攻坚期间得到较为充分的发展，但"技术、资金、人才、市场等支撑还不强"，[①] 乡村产业的规模与实力仍需提升。中国图们江地区乡村文化建设有序推进。虽然中国图们江地区拥有边疆文化、少数民族特色文化、红色革命文化等独特文化资源，但在乡村文化建设与乡村产业发展方面均未能充分发挥应有的作用，乡村产业所生产的文化产品含金量不高，文化在高质量发展中应当实现的效益尤其是经济效益未能充分实现。另外，中国图们江地区乡村居民生产生活理念有待革新，对生态环境重要价值的认识有待深化，绿色发展的生产生活方式的转变亟须推进，部分乡村需移风易俗。如中国图们江地区乡村"厕所革命"稳步推进，但改造后的厕所使用效率较低，未能切实改善乡村居民的生活环境与生活质量。因此，中国图们江地区应当进一步巩固拓展脱贫攻坚成果，为实现中国图们江地区乡村高质量发展奠定基础。

（四）人力资本大量外流制约高质量发展

人力资本外流是大多数乡村普遍面临的巨大挑战，中国图们江地区

---

① 习近平：《论"三农"工作》，中央文献出版社2022年版。

乡村人力资本外流尤为突出，并出现乡村人口老龄化、村庄空心化现象，使中国图们江地区经济社会高质量发展面临内生性困境。中国图们江地区人力资本的流动特点主要表现为从乡村流向城市，由国内"发展不充分"地区流向国内"发展充分"地区甚至流向国际劳务市场。这符合生产要素由低收入部门向高收入部门流动的发展规律，由此也使中国图们江地区尤其是乡村形成"人力资本外流—人口老龄化—经济发展缺乏内生动力、基本公共服务等资源逐步萎缩—人力资本回流难及再外流"的恶性循环。人力资本的长期外流直接导致中国图们江地区人才技术储备相对匮乏，产业劳动力缺少后续供应，研发能力与自主创新能力水平相对较低，乡村教育及医疗卫生等基本公共服务资源逐步萎缩，使中国图们江地区经济社会高质量发展缺乏强劲的内生动力。同时，中国图们江地区的乡村资源尤其是基本公共服务资源的萎缩，对乡村老年人群生命财产安全及生活质量产生一定的负面影响，不利于中国图们江地区经济社会高质量发展的整体推进。

三　中国图们江地区高质量发展的破题方略

（一）立足"三新"发掘自身特色

中国图们江地区经济社会高质量发展应当立足"三新"，即将新发展阶段作为发展依据、新发展理念作为发展指引、新发展格局作为任务目标。经济发展是中国图们江地区经济社会高质量发展的关键推动力量，而新发展理念是中国图们江地区经济社会高质量发展的"指挥棒"。因此，中国图们江地区应立足新发展阶段，要坚持将创新作为发展的第一动力，促进中国图们江地区协调发展，深化东西对口协作体制机制，推进东西部之间经济、文化、科技等多层次协作，逐步弥合东西部之间发展差距。推进中国图们江地区绿色发展，推进生态产业化与产业生态化发展，使中国图们江地区能够实现可持续发展。并积极推进中国图们江地区的开发开放，充分发挥中国图们江地区在对外开放中的桥头堡作用。积极融入国内国际"双循环"的新发展格局，并借助"一带一路"发展成果，推进中国图们江地区市场化建设，使之顺利对接国内、国际市场，实现中国图们江地区市场内外联动，为中国图们江地区经济社会高质量发展注入强劲动力。中国图们江地区应当充分发挥自身的区位优势、资源禀赋优势、少数民族特色文化优势及生态环境优势，将优势转化为经济发展的动力，以经济高质量发展引领中国图们江地区其他各领域的高质量发展，走具有中国图们江地区特点的高质量发展道路。

（二）推进生态文化产业建设

生态环境在中国图们江地区经济社会高质量发展过程中具有重要作用。由于区域、历史等因素，中国图们江地区生态资源开发程度相对较浅，在一定程度上使生态资源优势成为推动中国图们江地区经济社会高质量发展的后发优势。因此，应借助产业生态化与生态产业化双向互动，促进实现中国图们江地区经济社会高质量发展。但在双向互动中，生态产业化应当占据更为重要、更为主动的位置。产业生态化更多的是通过科技支撑，实现产业生产方式变革，即转向绿色发展、低碳发展，实现产业长期可持续发展。同时，在产业生态化发展的过程中，产业相关从业人员会受到潜移默化的影响，其生活方式逐步向绿色、低碳转变。而生态产业化可充分挖掘生态资源的三重效益，即经济效益、社会效益与生态效益。中国图们江地区应当积极推进生态文化产业发展，使中国图们江地区的"绿水青山"带来"金山银山"，推进中国图们江地区经济社会高质量发展。如长白山是中国图们江地区重要的生态资源与文化标识，探索在保护的基础上开发长白山生态资源，打造长白山生态"氧吧"。并深入挖掘长白山的森林文化、少数民族特色文化等文化意涵，将其融入生态"氧吧"的生态产业载体中，实现生态、文化、经济三者复合发展。借此，在疫情防控常态化背景下，促进中国图们江地区资源尤其是自然资源充分发挥三重效益，推进中国图们江地区生态高质量发展，进而实现中国图们江地区经济社会高质量发展。

（三）巩固拓展脱贫攻坚成果有效衔接乡村振兴

从城乡维度审视，乡村相对于城市处于发展不平衡、不充分的地位。因此，中国图们江地区要实现经济社会高质量发展，就要充分重视乡村经济社会的高质量发展，而乡村经济社会高质量发展关键在于生活在乡村的人能够实现高质量发展。当前，乡村经济社会高质量发展的基石是巩固拓展脱贫攻坚成果，为乡村全面振兴奠定基础。2022年中央一号文件指出:"坚决守住不发生规模性返贫的底线。"① 因此,中国图们江地区要针对低收入人群开展动态监测,对其所面临的潜在返贫风险进行评估,并及时采取相应措施解决返贫致贫因素,防止出现大规模返贫现象。同时,推进中国图们江地区农村三次产业融合发展,深挖中国图们江地区人文资源与自然资源,推进中国图们江地区文化产业尤其是文化旅游产业高质量发展。完善中国图们江地区乡村基本公共服务建设,推进中国图们江地区乡村居民移风易俗,通过接续扶智扶志的方式方法,对中国图们江地区的生产生活观念进行解构与重构,并对落后的风俗习惯逐步予以取缔,实现中国图们江地区移风易俗工作稳步推进,形成中国图们江地区良好的生产生活理念与环境,推进中国图们江地区经济社会高质量发展。

(四) 培育人才与引进人才相结合

人才是实现中国图们江地区经济社会高质量发展的重要内生动力。中国图们江地区总体经济实力相对中部、东部地区经济实力较弱,因此在引进人才、吸引人才方面,中国图们江地区常常处于相对劣势的地位。因此,要实现中国图们江地区经济社会高质量发展,就要解决内生动力即人尤其是人才的问题。中国图们江地区应当坚持"自我培育为主,外部引进为辅"的人才发展策略,利用中国图们江地区内部的高等院校与职业技术学校,及时调整专业设置与人才培养方案,采取定向培养等形式,开展具有针对性的人才培养工作,为实现中国图们江地区经济社会高质量发展输送人才,推进中国图们江地区产业信息化、数字化、智能化发展。同时,要完善人才培养及引进的激励机制,为人才提供发展平台、发展团队、住房医疗等基本保障,使培养与引进的人才能够"育得出、引得进、留得下"。另外,充分重视老年人群在人力资源维度上的价值,积极挖掘老年人力资源,推进"银龄计划"。为身体健康、具有丰富经验并有意愿继续创造价值的老年人群搭建平台,使其投身到地区教育、卫生医疗等领域,使老年人群能够持续发挥余热,② 促进中国图们江地区人力资源的充分利用,为中国图们江地区高质量发展提供坚实的人才

---

① 《中共中央 国务院关于做好二〇二二年全面推进乡村振兴重点工作的意见》,人民出版社2022年版。

② 黄守宏:《加快构建新发展格局 推动"十四五"时期高质量发展》,《行政管理改革》2021年第5期。

支撑。

　　总而言之，中国图们江地区要立足新发展阶段、树立新发展理念、构建新发展格局，不断增强自身经济实力。同时，深入推进中国图们江地区生态文化产业建设，推动中国图们江地区乡村巩固拓展脱贫攻坚成果，有效衔接乡村振兴，并秉承培育人才与引进人才相结合原则，实现中国图们江地区人才振兴，促进中国图们江地区经济社会高质量发展。

第二篇　中国图们江地区农业农村经济发展

中国图们江地区农业现代化发展水平评价及展望

1954年党的第一届全国人民代表大会提出的"四个现代化"和2012年党的十八大提出的新"四个现代化"均将农业现代化列入其中，可见农业现代化始终是党和国家经济社会建设的重点。对于农业现代化，不同国家的组织和学者有不同的解释。总的来说，农业现代化是一个由传统农业向现代农业渐进演变的动态过程，包含农业生产方式、经营管理水平、农业可持续发展、农民素质和生活水平等的现代化。[①] 中国图们江地区积极贯彻党和国家对于农业发展的要求，不断推进农业现代化建设，也取得了一定成就，但是仍存在一些亟待解决的问题。在分析中国图们江地区统计数据的基础上，对中国图们江地区的农业现代化发展水平进行了评价，探究了中国图们江地区的农业现代化发展中的困难，提出中国图们江地区农业现代化的未来发展重点。

一 中国图们江地区农业现代化发展水平评价

目前，我国对农业现代化还没有统一的评价指标体系。本文在借鉴诸多文献后，选择了3个一级指标和10个二级指标，并选取2010—2014年的数据来分析中国图们江地区的农业现代化发展水平。（见表1）

2015年中央印发了《关于加大改革创新力度加快农业现代化建设的若干意见》，提出要围绕建设现代农业，加快转变农业发展方式，走产出

[①] 本书编写组编著：《党的十八大报告辅导读本》，人民出版社2012年版。
吴大付、王锐、李勇超：《现代农业》，中国农业科学技术出版社2014年版。郭翔宇等主编：《农业经济管理前沿问题研究》，中国财政经济出版社2012年版。

高效、产品安全、资源节约、环境友好的现代农业发展道路。[①] 可以说，从农业生产水平、产出水平和可持续发展水平角度入手，可以较好地反映农业现代化的发展现状。目前中国图们江地区的农业现代化水平整体偏低，仍处于发展阶段或初级阶段，具体分析如下：

表1　　　　　中国图们江地区农业现代化水平的主要指标

一级指标	二级指标	单位	2010年	2011年	2012年	2013年	2014年
农业生产水平	机械化率	%	67.0	71.0	69.8	73.1	77.8
	单位耕地农机总动力	千瓦/公顷	3.86	4.45	4.78	5.10	5.68
	单位耕地用电量	万千瓦时/公顷	0.17	0.16	0.23	0.24	0.23
	有效灌溉率	%	22.2	23.2	22.9	17.8	16.8
农业产出水平	农业增长率	%	15.9	15.5	12.3	7.4	3.8
	土地生产率	万元/公顷	2.64	2.99	3.23	3.46	3.70
	农业劳均产值	万元/人	2.29	2.35	2.70	2.95	3.09
	农民人均纯收入	元/人	5416	6250	7350	7634	8466
农业可持续发展水平	森林覆盖率	%	80.40	80.50	80.70	80.80	80.80
	单位耕地化肥施用量	吨/公顷	0.36	0.40	0.42	0.43	0.46

资料来源：根据《延边统计年鉴（2015）》整理计算所得。

（一）农业生产水平

农业机械化率表示的是农业机械化生产面积占总耕地面积的比重，能够反映出农业机械化在农业生产中的普及率。农业机械化生产主要体现在机耕、机播和机收三个方面，故取机耕率、机播率和机收率的平均值作为农业机械化率。近五年来，中国图们江地区的农业机械化率整体上呈现上升趋势，2014年接近80%，已经达到较高水平。中国图们江地区的机耕率和机播率较高，都已接近90%。但机收率较低，尚不足60%，从而一定程度上影响了农业机械化率整体水平。

单位耕地农机总动力表示的是指单位面积耕地所投入的农机动力，能够体现出单位耕地的机械化应用水平。近五年来，中国图们江地区的

---

① 中共中央、国务院：《关于加大改革创新力度加快农业现代化建设的若干意见》，2015年2月1日。

单位耕地农机总动力不断提高。

单位耕地用电量表示的是单位耕地的电气化应用水平。电力是电子、电气设备及自动化技术应用等现代生产方式的主要能源之一，单位耕地用电量指标能够在一定程度上反映农业生产的现代化程度。近五年来，中国图们江地区的单位耕地用电量整体上是上升趋势，2014年较2013年稍有减少，为0.23万千瓦时/公顷，水平较低。

有效灌溉率表示的是耕地有效灌溉面积占总耕地面积的比重，能够反映农业的灌溉能力和水利化水平。中国图们江地区的有效灌溉率整体上较低，近五年呈现下降的趋势，2014年降至最低，为16.8%。

（二）农业产出水平

农业增长率是农业生产总值的年增长率，能够反映每年农业经济的增长速度。近五年来中国图们江地区的农业增长率在逐年下降，2012年后，出现了逐年大幅下降的现象。可见，中国图们江地区的农业发展速度变缓，农业发展出现动力不足的问题。

土地生产率是将农业生产总值分摊到耕地的单位产值，即单位耕地的产值，能够反映出耕地的平均产出水平。近五年来，中国图们江地区的土地生产率在逐年上升，2014年达到了3.7万元/公顷，产出水平一般。

农业劳均产值是将农业生产总值分摊到单位农业劳动力的产值，能够反映出农业劳动力的平均生产能力。中国图们江地区的农业劳均产值在近五年逐年提高，2014年达到了3.09万元/人。在中国图们江地区中，实际农业劳动力仅为农村户籍人口的62%左右。因此，按劳动力数计算，中国图们江地区的农业劳均产值较高。

农民人均纯收入主要反映农民的收入水平，在一定程度上能够反映农业现代化给农民带来福祉的水平。近五年来，中国图们江地区的农民人均纯收入在逐年增加，2014年达到8466元/人，但是与城镇居民收入相比，中国图们江地区农民收入较低，城乡收入差距较大。

（三）农业可持续发展水平

森林覆盖率能够体现出地区的生态情况，反映农业现代化发展过程中的生态环境保护情况，即可持续发展能力。从近五年数据看，中国图们江地区的森林覆盖率始终保持在80%左右，2013年和2014年达80.8%。可以说，中国图们江地区的农业现代化过程中较好地保护了生态环境。

单位耕地化肥施用量主要表现为每公顷耕地的化肥使用量，主要包括氮、磷、钾肥和复合肥。传统的农业生产主要使用化学肥料来提升土壤肥力，但是化肥施用过多会对土壤及其周边的水源和地下水造成污染，并影响土壤质量。可持续发展要求农业向生态化方向发展，在肥料施用上要更多地使用有机天然肥料。近五年来，中国图们江地区农业有机天然肥料施用量呈逐年上升趋势，2014年达到0.46吨/公顷。[①]

二 中国图们江地区农业现代化中面临的困难

受到自然和人文诸多因素的影响，中国图们江地区的农业现代化过程中还面临着如下一些困难和问题。

（一）大型农机普及受地形限制

中国图们江地区主要位于长白山区，以山地为主，耕地条件较好的河谷平原仅占地区的12%左右（见图1）。

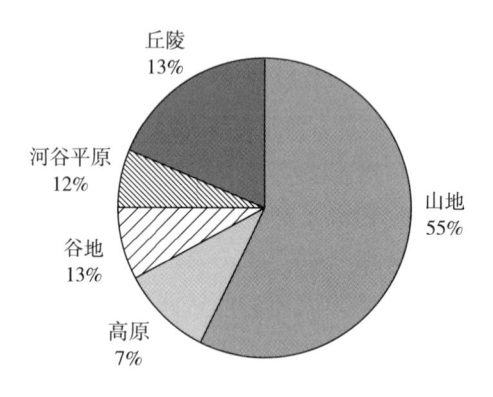

图1 中国图们江地区主要地形分布情况

中国图们江地区的机械化耕作率较高，但单位耕地农机总动力较低，可以推测，中国图们江地区的中小型农机应用较多。与中小型农机相比，

---

① 延边州统计局编：《延边统计年鉴（2015）》，中国国际图书出版社2015年版。

大型农机生产效率高，耗费人力少，其广泛应用能够极大地提高农业机械化水平和劳动生产率。但中国图们江地区山地丘陵较多，并与平原掺杂，大面积平原耕地不多，对大型农机的广泛应用有较大的限制。一方面，由于地形复杂，造成耕地分布分散，而在分散的小块耕地应用大型农业机械成本较高，农民自身无力支付，因而多使用小型机械、牲畜或人力。另一方面，一部分耕地分布在25°以上陡坡，因而大型农业机械难以进入。

（二）农业产业化滞后，实用人才不足

实现农业产业化，采用先进的、高水平的农业经营管理手段，是推进农业现代化进程的重要动力。目前，中国图们江地区农业产业化水平较低。在乡镇企业发展方面，2014年，中国图们江地区从事农业的乡镇企业数量和产值占全部乡镇企业数量和产值的比重均为3.9%，不仅数量少，而且效益水平不高，农业龙头企业屈指可数，可见中国图们江地区农业缺乏企业化经营模式，缺乏优秀乡镇企业的带动。在专业农场和专业合作社发展方面，主要表现为数量少和经营面积小。2014年，中国图们江地区新增专业农场201个，经营土地面积6.4万公顷，仅占总耕地面积的17.2%。专业化规模经营小，土地开发分散，难以实现优势生产资料的集中使用，不利于中国图们江地区农业的专业化发展。

农业现代化是一项需要人为推进的发展目标，因此需要强有力的人才支持。农业现代化的推进过程中，更多的是实务性的、技术性的工作，[1] 因此主要需要实用人才，特别是需要大量的农业机械和科技方面的人才。但中国图们江地区农业实用人才不足现象较为突出。一方面，中国图们江地区经济社会发展落后，经济收入低，发展机会少，造成大量的青壮年劳动力及人才流向韩国、日本等国和国内经济发达城市。而且，由于在大部分人心目中农业产业地位较低，从事农业的实用人才更是少之又少。[2] 因此，造成了中国图们江地区的农业各类人才不足。另一方面，中国图们江地区农村教育环境差，农民受教育程度低，农业从业者综合素质较低，难以较好地胜任现代农业经营管理以及农业机械和科技的使用。所以，由于中国图们江地区劳动力外流和农村劳动力素质偏低，

---

[1] 孙前进主编：《农村改革与农业现代化建设》，中国物资出版社2012年版。
[2] 杨林、秦宏主编：《现代农业视域下农村区域经济发展的路径选择》，中国海洋出版社2012年版。

中国图们江地区的农民普遍难以熟练掌握多种农业机械的操作和农业科技的应用，难以科学、灵活地进行农业规模化、专业化的经营和管理，从而不利于中国图们江地区农业现代化的发展。

（三）农业有效灌溉率低，抗旱涝灾害能力差

近年来，中国图们江地区不断推进农田水利基础设施建设，但是从统计数据来看，中国图们江地区农业水利设施不足现象依旧存在，农业有效灌溉面积较低。2014 年，中国图们江地区农业有效灌溉面积较 2013 年下降 8.4%，有效灌溉面积仅占耕地面积的 16.8%，有效灌溉率较低。而且，在一般情况下，有效灌溉面积数据的采集来源于灌溉工程或设备已经配备的，能够正常灌溉的耕地。[①] 所以，中国图们江地区的农业有效灌溉面积小，有效灌溉率低，也从侧面反映出了中国图们江地区的灌溉工程和设备配备不完善，农田水利设施建设不足或者效用低下，农业灌溉技术应用不足等问题。而且中国图们江地区一部分耕地分布在山地、丘陵地带，灌溉难度较大，这也是中国图们江地区农业有效灌溉面积小的一项因素。另外，中国图们江地区旱涝灾害多发，水利设施的滞后也会限制农业抵抗旱涝灾害的能力，从而阻碍中国图们江地区农业的稳定发展。

（四）肥料施用不合理，对生态环境有潜在威胁

肥料的施用能够提高土壤肥力，有利于农业的增产增收，如果肥料施用不科学，则会对生态环境造成潜在威胁。通过对统计数据的分析发现，中国图们江地区农业化肥施用量较高，施用结构不合理。2014 年，中国图们江地区平均每公顷耕地化肥施用量 0.46 吨，而目前我国化肥施用平均水平为 22 千克/亩，世界化肥施用平均水平为 8 千克/亩。[②] 将中国图们江地区的化肥施用量按"千克/亩"单位进行折算后为 30.6 千克/亩，要高于我国和世界的平均水平（见图 2）。

此外，从化肥种类来看，主要为氮、磷、钾肥和复合肥，其中氮肥和复合肥所占比重最高，而有机肥施用量并未体现，可见中国图们江地区农业生产中有机肥料施用较少。不合理的施肥方式长期应用，不仅会影响到农业增产，同时还会对土壤及其周边的水源和地下水造成污染，带来一系列生态环境问题。

---

① 延边州统计局编：《延边统计年鉴（2015）》，中国国际图书出版社 2015 年版。
② 农业部种植业管理司：《到 2020 年化肥使用量零增长行动方案》，2015 年 3 月 18 日。

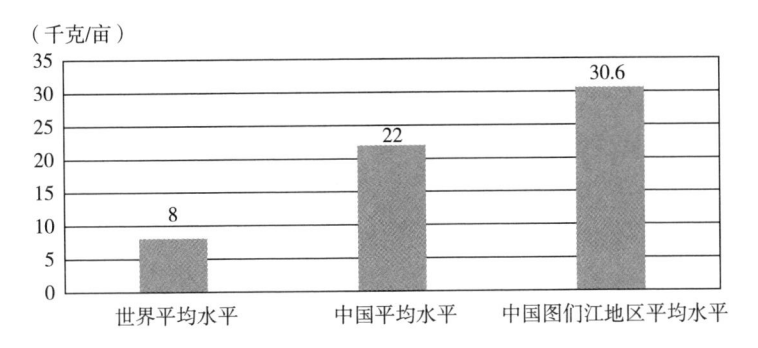

图 2　中国图们江地区化肥施用量与全国、世界平均水平比较

三　中国图们江地区农业现代化发展展望

国务院在《全国现代农业发展规划（2011—2015 年）》中提出，加快发展现代农业，既是转变经济发展方式、全面建设小康社会的重要内容，也是提高农业综合生产能力、增加农民收入、建设社会主义新农村的必然要求。[①] 为了进一步提高农业现代化发展水平，中国图们江地区未来要把握好以下几项重点。

（一）有针对性地开发休闲农业，提升小块耕地效益

针对部分地区耕地分散、坡度较大的情况，中国图们江地区可以发展小块休闲旅游农业，如开发采摘园、农家乐等。[②] 还可以开发"假日田园"形式的休闲农业，即将农村的小块土地出租给城市居民，让城市居民自由种植农作物、花卉等，在假日期间享受田园生活，而农民可以为其提供种植方法的指导和平日土地的照料，并收取一定额外费用。这样一来，不仅增加了农民收入，还将农业与服务业有效结合，提高了农业附加值，促进了农业发展方式的转变。

（二）吸纳实用人才，发展农机和科技服务合作社，提高农业生产水平

中国图们江地区农村实用人才不足，因此农业机械和科学技术难以

---

① 国务院办公厅：《全国现代农业发展规划（2011—2015 年）》，2012 年 2 月 13 日。
② 张伟国、赵乐：《延边州大力开发休闲旅游农业》，《吉林农业》2014 年第 16 期。

在农业生产中得到广泛地、熟练地应用,从而阻碍农业发展和农业现代化的进程。目前,中国图们江地区吸纳人才的能力依旧不足,而且现有的农村科技培训效果有限,难以保证农村实用人才的全覆盖。因此,中国图们江地区要大力扶持以乡镇为单位的大型农业机械服务和农业科技服务合作社,通过政府干部下乡服务、专业人才引进、农业生产能人聘请等方式,使实用人才、农业机械和农业技术向这类合作社集中,以设备租赁和有偿服务形式向各农村提供专业化的服务,从而解决农业生产中的实用人才、机械和科技投入不足问题。在向这类合作社支付的费用上,可以由农民个人、村集体和地方政府共同承担,对于贫困地区的农村,政府要给予其在这方面更多的补贴。

（三）大力培育农业乡镇企业和专业化集体经济,提高农业产业化水平

党的十八届三中全会提出,要鼓励和引导工商资本到农村发展适合企业化经营的现代种养业,向农业输入现代生产要素和经营模式。[①] 目前,中国图们江地区农业经营管理水平较低,农业现代化发展缺乏产业化带动。所以,中国图们江地区要鼓励农业乡镇企业的创办,并给予其大力的支持。中国图们江地区现有的农业乡镇企业要不断提升自身实力,及时应用先进的经营管理模式和先进的科学技术,开拓互联网营销模式,提高经济效益,提高农业的经营管理水平,争做地区龙头企业。同时,中国图们江地区还要鼓励和引导土地流转集中,发展家庭农场、专业农场、专业合作社等形式的集体经济,提高农业发展的规模化和专业化。特别是在地形条件好、耕地大面积连片的地区要重点发展集体经济,适当限制这类地区耕地的个体分散出租,对农民土地流转集中给予补贴,支持土地入股形式流转,增加农民流转土地的收益。[②]

（四）普及节水灌溉技术,改善施肥方式,促进农业可持续发展

中国图们江地区春夏季节干旱少雨,而且农业有效灌溉率普遍偏低,水利设施不完善,农业抗灾能力差。因此,不断加强农田水利设施建设,推广科学灌溉技术,提高农业有效灌溉面积十分必要。中国图们江地区在继续完善水利基础设施的同时,要特别针对中国图们江地区的山区地

---

① 新华社:《中国共产党第十八届中央委员会第三次全体会议公报》,2013年11月12日。
② 张晗:《关于民族地区农村土地流转的路径选择——基于对吉林省延边地区的考察》,《延边大学学报》2015年第4期。

形特点，加强小型农田水利设施建设，同时寻求延边大学、延边农科院等专业机构的支持，不断开发符合地区实际情况的山地灌溉技术和节水灌溉技术等，并及时将新的水利灌溉技术转化为生产力，应用到中国图们江地区的农业生产当中，从而促进农业经济发展和农业的现代化。

2015年2月17日，国家农业部印发了《到2020年化肥使用量零增长行动方案》，提出"增产施肥、经济施肥、环保施肥"理念，主张控制化肥施用，鼓励施用有机肥。[①] 近年来，中国图们江地区正不断推进测土配方施肥技术，根据现有2013年数据来看，中国图们江地区推广测土配方施肥面积28.6万公顷，占当年耕地面积的74.9%，平均每公顷少投入肥料10.5千克。中国图们江地区要继续普及测土配方施肥技术，实现普及率在90%以上，并控制传统氮、磷、钾化肥的施用，提高有机肥施用量。中国图们江地区还要结合东北地区土壤和气候条件，一方面，可以加大秸秆、根瘤菌、牲畜粪便等天然肥料的施用；另一方面，可以通过合理轮作、化肥机械深施技术等来提高土壤肥力。通过天然有机肥料的施用和施肥技术的改善，提高肥料施用的生态化水平，有利于农业的可持续发展。

农业现代化是一个长期的发展过程，中国图们江地区在积极贯彻国家各项农业政策，不断推进农业现代化建设的同时，需要不断发现其中的问题并有针对性地提出解决对策。基于中国图们江地区农业现代化过程中存在的问题，中国图们江地区要有针对性地开发休闲农业，发展农机和科技服务合作社，大力培育农业乡镇企业和专业化集体经济，普及节水灌溉技术，改善施肥方式，通过改善农业生产投入、提高农业发展能力和可持续发展水平，实现中国图们江地区农业现代化水平的不断提高。

---

① 农业部种植业管理司：《到2020年化肥使用量零增长行动方案》，2015年3月18日。

中国图们江地区农业供给侧结构性改革的实践

农业供给侧结构性改革旨在提高农业供给体系质量和效率，使农产品供给满足消费者需要，形成结构合理、保障有力的农产品有效供给。中国图们江地区位于吉林省东部边疆地区，大部分农村分布在较为偏远的山区和边境地区，农村经济发展的质量和效率偏低。供给侧结构性改革是国家"十三五"时期经济改革的主线，也是中国图们江地区深化农业改革和促进农业发展所必须遵循的方法和方向。因此，中国图们江地区在推进农业供给侧结构性改革的过程中要不断突破困境，提高改革效率，从而更好、更快地建立起优质、高效的农业供给体系。

一 中国图们江地区农业供给侧结构性改革的必要性

（一）全面深化经济体制改革的具体要求

"全面深化改革"是习近平总书记四个全面战略布局中的重要内容，也是党的十八届三中全会的主题。[1] 经济体制改革是全面深化改革的重点，党的十八届三中全会创新地提出市场在资源配置中起决定性作用，完善市场以促进经济发展更有效率、更加健康持续。深化经济体制改革就是要变革生产关系中不适合生产力发展的环节，农业供给侧结构性改革重在改善农业的供给和需求的关系，通过优化农业生产经营结构、提高要素投入水平，提高农业生产的质量和效率。因此，农业供给侧结构性改革是全面深化经济体制改革在农业领域的具体体现，中国图们江地

---

[1] 本书编写组编著：《党的十八届三中全会〈决定〉学习辅导百问》，党建读物出版社、学习出版社 2013 年版。

区大力推进农业供给侧结构性改革,能够使农业的生产关系与生产力更好匹配,激发出农业发展的动力与活力,带动农村经济快速发展。①

(二) 提高农业生产水平的必然选择

农业为人民提供生存所必需的食物,为其他生产部门提供原料,是国民经济的基础,农业生产水平直接关系到国家的社会稳定和经济发展能力。新中国成立以来,党和国家始终将农业作为改革和发展的重点,改善农业生产和流通机制体制,增加农业投入,改善农民生活,农业现代化水平不断提高,粮食安全基本得到保证。但是,与欧美发达国家的现代农业相比,中国的农业生产成本偏高,农业生产效率和农产品质量还比较低。而且,以中国东北地区为代表的粮食主产区种植结构不合理问题突出,例如玉米过度种植,造成玉米库存积压严重,且市场消纳困难,玉米去库存也因此成为中国农业供给侧结构性改革要解决的一项难题。中国图们江地区位于作为国家重要粮食主产区和商品粮基地的吉林省,虽然农业生产总值仅占地区经济总量的 7.6%②,但农业生产在地区经济中的地位不容小觑。然而,中国图们江地区农业生产依旧较为粗放,农业生产要素投入和农业生产经营结构都存在一定的问题。因此,推进农业供给侧结构性改革,重点开展农业"去库存、降成本、补短板",是当前中国图们江地区提高农业生产水平的必然选择。

(三) 消除农村贫困的有效途径

改革开放以来,中国实际上实行了不平衡发展战略,主要依靠东部地区的快速发展带动整个国家经济实现腾飞。但是在这一过程中,也拉大了东部与中西部、城市与农村的经济差距,而且落后地区的贫困问题也变得更加突出。实现全部贫困人口脱贫是全面建成小康社会的重要条件,然而截至 2017 年,中国还有 3046 万农村贫困人口,并主要集中在民族地区、边疆地区、革命老区、连片特困地区。中国图们江地区处于相对落后的边疆民族地区,下辖的 8 个县市中有 4 个是国家级贫困县,尚有农村建档立卡贫困人口 5.2 万人。农村贫困人口的大量存在不仅是严峻的社会问题,也是经济问题,严重制约着中国图们江地区农村经济的发展。彻底实现农村贫困人口脱贫的关键在于依托农业开展扶贫产业项目,提

---

① 孔祥智:《农业供给侧结构性改革的基本内涵与政策建议》,《改革》2016 年第 2 期。
② 延边州统计局编:《延边统计年鉴(2015)》,中国国际图书出版社 2015 年版。

高农村经济发展能力。推进农业供给侧结构性改革,能够激发出农业发展的新活力,盘活扶贫产业项目,有效带动更多的农村贫困人口实现脱贫致富。中国图们江地区可以通过供给侧结构性改革,依托初步发展起来的新型农业经营主体,打造有地域优势和民族特色的农业经营项目,扩大农民的增收渠道,有效实现贫困县摘帽和贫困人口脱贫。

二 中国图们江地区农业供给侧结构性改革的困境

(一)成本困境

第一,种养结构调整的成本。中国图们江地区的农林牧渔业及其他产值比例见表1。

表1 2011—2016年中国图们江地区的农林牧渔业及其他产值比例

年份	农林牧渔业(%)	种植业(%)	林业(%)	畜牧业(%)	渔业(%)	其他(%)
2011	100	67.7	17.9	12.2	1.3	0.9
2012	100	69.0	15.9	13.0	1.2	0.9
2013	100	69.7	14.8	13.2	1.3	1.0
2014	100	69.4	15.2	13.0	1.2	1.2
2015	100	72.0	12.1	13.3	1.3	1.3
2016	100	72.3	6.4	18.1	1.5	1.7

资料来源:根据《延边统计年鉴(2017)》数据整理。

表1显示,在中国图们江地区的农林牧渔业中,种植业产值占比超过了70%,2011年为742809万元,到2016年达到了941599万元。2016年,从种植业的播种面积来看,粮食作物的播种面积占总播种面积的91.5%,其中玉米播种面积最大,占粮食播种面积的55.7%。[1] 到2020年,从种植业的播种面积来看,粮食作物的播种面积占总播种面积的94.9%,其中玉米播种面积仍然最大,占粮食播种面积的55.4%。[2] 可

---

[1] 根据《延边统计年鉴(2017)》数据整理。
[2] 根据《延边统计年鉴(2021)》数据整理。

见，中国图们江地区的农业生产结构不均衡，要通过供给侧结构性改革优化农业结构，不仅要落实玉米"去库存"，控制玉米产量，而且要适度扩大经济作物以及林、牧、渔业规模，结合当地资源禀赋促进粮食作物、经济作物、饲草料三元种植结构协调发展。但是，要实现种养结构的转变需要付出更多新增的成本。一是新增生产资料的成本。由于种植不同作物所需要的农机具、化肥、农药等生产资料不同，如果农民重新种植新品种作物则又要购买新的农业生产资料。二是果蔬种植、牲畜养殖等本身的投入成本高。果蔬种植难以实现全面机械化，耗费精力大，而且中国图们江地区气候条件较差，果蔬种植还需要投入建设大棚的成本。此外，这些作物的市场价格波动大，加上成本高、利润低，因此大部分中小农户很难选择进行种植。畜牧业也是中国图们江地区适宜发展的一项产业，但是由于投入成本高、收益周期长，成规模的养殖户也较少。从 2011—2020 年的数据来看，中国图们江地区牲畜存栏数为 30—34 万头，而 2005—2010 年牲畜存栏数为 56—66 万头，[①] 近 10 年减少了约 50%。总之，以优化结构为目标进行农业种养结构调整需要引导部分农民进行经营项目的调整，但是这种转变带来的成本难免会让许多保守经营的农民望之却步。

第二，土地流转的成本。土地的集约经营是提高农业生产效率的有效途径，而这需要通过土地流转实现土地的规模经营。当前中国土地规模经营的主体主要是以专业大户、家庭农场、农民合作社、农业产业化龙头企业等为代表的新型农业经营主体。改革开放后，中国实施的家庭联产承包责任制将土地分散承包给了农民，如今新型农业经营主体需要从个体农户手中获取土地经营权来扩大土地经营规模，因此受农户个人意愿的影响程度较大。一方面，长期以来中国图们江地区个体农户普遍将土地分散流转给其他个体户，土地由于流转期限不同，因此很难集中统一流转到新型农业经营主体手中。另一方面，中国图们江地区新型农业经营主体若要通过土地流转扩大种植规模，除了承担种子、肥料、农具、人力等成本，还要向农民支付土地租金，而且土地质量越高，租金也越高，这无形中增加了生产成本。

第三，建设智慧农业的成本。智慧农业是国家"十三五"规划中农

---

① 根据《延边统计年鉴（2021）》数据整理。

业现代化建设的重点项目之一,要求重点加强"互联网+"现代农业建设,将互联网、物联网、大数据等技术广泛应用到农业生产之中,使农业向知识、技术密集型转变。[1] 建设智慧农业是现代农业发展的重要推动力,能够有效提高农业生产要素的质量,提高农业生产率,也是农业供给侧结构性改革的重要内容。目前,中国图们江地区虽然已经实现了近80%的农业机械化率,[2] 水稻、玉米的育芽、栽培技术,科学施肥技术,以及稻田养蟹、秸秆还田等农业可持续发展技术得到了大力推广,但农业还基本停留在传统技术应用阶段,高新科技应用很少。目前,智慧农业在中国尚处于起步阶段,虽然智慧农业科技服务公司逐渐兴起,但大部分偏远农村的网络设施还不够完善,而且在实际投入中进行软件使用、硬件设备铺设、网络费用、电力费用等全部费用昂贵。目前,中国图们江地区政府尚未出台相应的智慧农业建设补贴政策,加上农业经营本身利润低、风险高,大部分农户不会主动选择应用智慧农业的技术。

(二)观念困境

第一,经营观念消极保守。改革开放的实践证明,经济改革需要"敢闯"的精神。然而,中国图们江地区农村的大部分农民都安于现状,农业生产观念消极保守。一是固守传统生产观念。以中老年人为主的农业劳动者固守常年积累的经验,对科学种养方法和技术的接受较为被动,主动学习和应用的意愿低。而且,大部分农业劳动者文化水平很低,只有小学或初中学历,对最新政策和专业知识的理解困难。虽然政府会定期组织科技下乡等技术培训,但效果并不理想。二是贪图省力,普遍选择收益较为稳定的大田作物,经营水果蔬菜以及经济作物的意愿较低。大量的玉米种植就是典型的案例。因为种植玉米相对种植其他作物要方便许多,耕作和收割都可以通过机械完成,产量也较高。而且,许多农户种植粗放,在播种前不对种子进行科学的包衣作业,而是将除草剂、化肥和种子随意混合并撒入地中,因此播种不需要过多的劳作就可以等待收获。此外,如畜牧、养殖等经营项目虽然收益高,但是由于周期长、收益慢,而且需要定时喂养、配制饲料、防疫病等,耗费精力大,许多农户即使有条件也不愿经营。

---

[1] 段丹丹、段昌军、段宗妍:《新农村建设与农业机械化发展的战略思考——以皖西地区农机发展经验为例》,《安徽农业科学》2013年第12期。

[2] 根据《延边统计年鉴(2017)》数据整理。

例如，在中国图们江地区龙井市光昭村某农户家，即使有两个水塘，该农户也只是将其用作蓄水池，并没有经营渔业养殖的意愿。

第二，市场意识淡薄。市场经济的平稳运行在于供给和需求相平衡，因此生产者要以市场需求为导向进行生产。由于相应的市场指导较少，中国图们江地区大部分农户难以根据市场变化灵活调整经营项目。特别是许多种粮农户，过于依赖国家的粮食收储制度，不能根据市场需求及时做出调整，其中玉米库存积压的形成就是典型的案例。而且，2016年国家取消了玉米临时收储制度，实行市场定价收购，但部分农户依然期待国家再次实行玉米收储，坚持种植玉米，这也为调减玉米产量、推进玉米去库存带来了阻力。

（三）创新困境

第一，社会创新氛围不足。社会环境对人的影响十分重要，从创新活动较为活跃的主要城市的特点来看，其创新环境形成的重要原因包括高端产业聚集、人口流动频繁、大量的高等院校、发达的媒体等，然而这些正是中国图们江地区所欠缺的。中国图们江地区地处吉林省东部边疆地区，多山地，周边没有发达国家和城市，产业发展水平不高，流动人口少，信息交流滞后，高校科研能力弱，社会氛围整体偏向安逸和慢节奏，十分不利于创新要素的产生。[①] 特别是在中国图们江地区农村一带，社会环境更加封闭落后，长期在中国图们江地区农村生产生活的劳动者偏向稳定劳作，接受新事物慢，从而限制了农业基层创新，不仅使得农业劳动者主动创新能力不足，而且农业创新成果的应用效果也很差。

第二，农村地区的创新源不足。创新源是提出最初设想和产品原型，并开发至可用状态的主体。而在中国图们江地区农村，普通农民普遍受教育程度低、思想保守，能够发明新成果的人寥寥无几；各类新型农业经营主体主要经营农业的种养和加工，研发能力较弱；而高校、科研机构、科技服务企业等主要的创新源都集中在延吉市区，对其他县市偏远农村的辐射作用十分有限。因此，新的农业技术、经营管理模式等创新成果很难在中国图们江地区的农村地区催生并投入应用，而外部的大量新的农业科研成果受到经费、设施等限制，也难以及时引入和普及。

---

① 胡拥军：《农村劳动力流转对农业机械化的影响——基于全国省级面板数据的验证》，《中国经贸导刊》2013年第23期。

三 中国图们江地区推进农业供给侧结构性改革的路径

(一) 破除农业提质增效的成本制约

第一,以适度补贴降低农民的转向经营成本。为了优化农业结构,落实玉米去库存,调减玉米产量,目前中国图们江地区引导和鼓励农户进行玉米、大豆轮作,变水稻灌区旱田为水田,利用山坡种植蓝莓、山葡萄、黑果、榛子,经营饲草和畜牧业,大力发展特色产业。因此,中国图们江地区政府部门可以重点在敦化市、汪清县、安图县、珲春市、和龙市这5个被列入了"镰刀弯"玉米重点调减地区,对转向经营以上产业的农户在生产资料购买、农机具租赁、贷款利息和购置保险等方面进行适当的补贴,并免费为其提供技术指导。

第二,以全产业链经营相对降低规模经营成本。在中国现有土地制度下,为了保障农民的根本利益,通过各种形式进行土地流转都需要付出一定的成本,因此很难直接削减。但是,可以鼓励新型农业经营主体进行全产业链经营,提高经济效益,从而相对降低生产成本。实行全产业链经营就是要通过多项经营或企业合作实现农业的种养、加工和销售一体化,节约中间成本,提高农产品附加值,使农产品的供给与需求有效对接,从而提高农业生产的效率,增加经营效益。而且,中国图们江地区新型农业经营主体可以利用全产业链经营模式建立虚拟平台,为其他零散的农产品生产者、加工者和销售者提供机会,这样一来即使不通过土地流转扩大土地规模,也能够实现农业的规模经营。

第三,由政府主导智慧农业建设。智慧农业建设成本较高,目前中国图们江地区还需要政府来主导建设。中国图们江地区政府可以选择个别规模大、实力强的新型农业经营主体作为智慧农业应用试点,[1] 由政府出资建设农业物联网配套的设施,实现智能化、自动化的种植,发挥出智慧农业的示范作用,从而激发其他农业经营者建设智慧农业的意

---

[1] 刘孝国、韩星焕、田晶等:《吉林省农业机械化示范区模式与效益分析》,《中国农机化学报》2013年第5期。

愿，从而在种植大户、专业合作社和农场中逐渐普及，政府则可以给予一定的补贴。此外，中国图们江地区要利用"吉林延边国家农业科技园区"这一平台，鼓励本地兴办智慧农业科技服务公司，并积极吸引外来智慧农业科技服务公司入驻，为智慧农业在中国图们江地区普及打好基础。

（二）革新农业劳动者的生产观念

第一，加强市场信息的指导。大部分农户获取市场信息的能力弱，而且对市场信息的把握滞后，很容易因为误判供求信息而造成经济损失。因此，中国图们江地区政府相关部门和延边大学要密切合作，通过农产品市场的调研和价格动态检测等方式，掌握农产品市场需求情况，并进行数据分析和预测，并根据不同县市、不同乡镇的实际情况提出指导意见，下发到各个村组以供农户参考。同时，中国图们江地区乡镇干部和村干部要积极帮助种粮农户转变观念，摆脱依靠国家收粮政策的过度依赖，提高其市场意识，通过培育优质粮食来吸引商家收购，从而获得更高的收益。

第二，强化农民的生态意识。农业发展极大地依赖于自然环境，只有坚持人与自然和谐，促进经济效益和生态效益相统一，才能实现农业的持续健康发展。中国图们江地区大部分农民所固有的传统农业生产观念往往忽视了农业的生态效益，因此难以取得长远收益。因此，中国图们江地区要通过政府积极宣传、设立生态农业专项补贴和发挥有机水稻和果蔬等现有生态农业基地的示范和指导作用，支持更多的农户重视生态环境，并认识到生态农业能带来的经济效益，从而去主动开展绿色种养、循环农业和休闲农业。

第三，培养新型职业农民。国家"十三五"规划提出大力培养新型职业农民，旨在实现农业劳动力的专业化和职业化。通过培养新型职业农民，不仅能够使部分原有农户转变观念，而且能够为农业发展提供更多有新观念的新农民。中国图们江地区政府可以联合地方高校、农业科研机构，打造产学研一体化基地，定期对农业劳动者进行培训，使农户了解国内外农业动态以及最新的经验和技术。[①] 同时，中国图们江地区要

---

① 王翠霞：《浅谈农业机械化在新农村建设中的作用和发展对策》，《电子制作》2014年第1期。

大力发展农业职业技术教育，在本地现有的吉林职业技术学院、延边职业技术学院和延边大学珲春分校开设农业实用技术、经营管理等涉农专业，为农业生产注入更多的实用人才，以更新、更专业的农业观念助力农业供给侧结构性改革的实践。

（三）强化农业发展的创新动能

第一，积极营造社会创新氛围。受到区位条件和人文环境的限制，中国图们江地区难以自发形成浓厚的创新氛围，因此必须通过政府、高校和新兴产业来营造。首先，中国图们江地区政府要以延吉市为重点，围绕涉及科技、信息、文化等领域中的前沿内容，开展会展、宣讲以及创意征集大赛等活动。特别是要与国内知名的创新型企业建立长期联系，邀请其高管，特别是知名 CEO 前来参与，并支持其来投资。其次，作为中国图们江地区唯一综合类高校的延边大学要发挥出培养青年创新意识的作用，从而为社会输入创新型人才。最后，中国图们江地区要大力引进创新型企业，并鼓励本地知名企业承担创新孵化功能。这样一来，有利于中国图们江地区社会创新氛围日渐浓厚，并逐渐影响到农村的生产和生活，有利于农业乃至全行业供给侧结构性改革的顺利进行。

第二，大力扶持农村创新创业。农村创新创业能够将新的经营模式、思路和新的技术带入传统农业中。中国图们江地区要依托目前的返乡创业工程"万人计划"，吸引高层次创业人才，重点支持发展高效农业、特色农业、设施农业和休闲农业，对创新创业者在融资、保险、设施建设、税费减免等方面给予政策支持。特别是中国图们江地区要大力吸引海外务工朝鲜族人才返乡创业，不仅能够将外来的新经营理念和新项目带回农村，而且能够更好地带动当地朝鲜族村民。中国图们江地区农村创新创业的热潮有利于推进农村三次产业融合，进而实现优化农业结构，提高农业发展的质量和效率。

总之，农业供给侧结构性改革是全面深化改革背景下党和国家根据中国农业发展的现实问题而做出的科学决策，是"十三五"时期推进农业现代化的主要政策依据。中国图们江地区推进农业供给侧结构性改革，是全面深化经济体制改革的具体要求，是提高农业生产水平的必然选择，也是消除农村贫困的有效途径。但是，中国图们江地区推进农业供给侧结构性改革的过程并不是一帆风顺的，还面临着成本困境、观念困境和创新困境。因此，中国图们江地区还需要逐步破除农业提质增效发展的成本制约，革新农业劳动者的生产观念，强化农业发展的创新动能，从而减轻农业供给侧结构性改革的阻力，不断提高农业生产的质量和效率，更好地满足市场需求。

中国图们江地区现代农业建设面临的问题及对策

中国图们江地区近年来在国家支持下不断加强现代农业建设，在取得一定成就的同时，还面临着地形条件限制、农业水利设施不完善、农业产业化水平不高等问题。因此，提出中国图们江地区应大力发展休闲农业，建立大型农业机械和科技服务合作社，不断提高农业的现代化水平，完善农业水利设施，开发多种灌溉技术等建议。

一 中国图们江地区现代农业建设基本现状

第一，农业机械化。农业机械化是现代农业建设中的一个重要方面。近年来，在中央和地方政府的大力推动下，中国图们江地区的农业机械化水平不断提高，为现代农业的建成奠定了基础。近几年来，中国图们江地区农业机械总动力和机械化耕地面积呈现逐年增长趋势。2014年，中国图们江地区农业机械总动力达到了211万千瓦，比2013年增长8.2%。[①] 2015年为228万千瓦，2016年为225万千瓦，2017年为234万千瓦，2018年为253万千瓦，2019年为263万千瓦。到2020年，中国图们江地区农业机械总动力达到了291万千瓦，比2019年增长10.6%。[②] 中国图们江地区的农业机械耕作、机械播种、机械收割也逐年增长。其中，机械耕作和机械播种的普及率较快较高，2010年以后已超过了80%，2019年分别为82%和89.7%。相比之下机械收割普及率稍微慢一些，2010年仅43.1%，到2014年开始超过50%，达到了57.1%。2015年为63.1%，2017年为63.4%，到2018年超过50%，达到了73.5%，2019年

---

① 延边州统计局编：《延边统计年鉴（2015）》，中国国际图书出版社2015年版。
② 延边州统计局编：《延边统计年鉴（2021）》，中国统计出版社2021年版。

为 78.8%。①

第二，农业电气化。农业电气化是以电力为动力的农用技术装备、农村家用电器以及农业生产机械化和自动化广泛应用的基础。近几年来，中国图们江地区农村用电量除 2011 年和 2014 年出现减少以外，其他年份均有增长，但整体上看还是上升的趋势。2014 年，中国图们江地区农村用电量 85155 万千瓦时，平均每公顷耕地用电量 0.23 万千瓦时。2017 年，农村用电量 97297 万千瓦时，平均每公顷耕地用电量 0.25 万千瓦时。2019 年，农村用电量 124075 万千瓦时，平均每公顷耕地用电量 0.33 万千瓦时。②

第三，农业水利化。农业水利化是指农田水利设施在农业生产中的广泛应用，在这里主要以有效灌溉面积和有效灌溉率（有效灌溉面积/耕地面积）来衡量农业水利化的发展水平。近几年来，中国图们江地区农业有效灌溉面积及有效灌溉率呈现了先上升再下降的走势。2010—2012 年，中国图们江地区农业有效灌溉面积呈逐年上升趋势，2012 年有效灌溉面积最高，为 87370 公顷。2012 年后，中国图们江地区农业有效灌溉面积开始大幅下降，2014 年，中国图们江地区农业有效灌溉面积降至 62444 公顷，较 2013 年降幅达 8.4%。2017 年，中国图们江地区农业有效灌溉面积降至 61382 公顷，较 2016 年降为 1.7%。③ 而且，中国图们江地区农业有效灌溉率不高，2012 年最高水平仅为 22.9%，2014 年，中国图们江地区农业有效灌溉率为 16.8%，较 2013 年下降 1%。2015 年为 17.9%，2017 年为 15.8%，较 2012 年下降 7.1%。④

第四，农业产业化。近年来，中国图们江地区农村的乡镇企业、专业合作社等农业产业化经营主体不断发展，但是发展水平十分有限。2014 年，中国图们江地区农业乡镇企业有 1846 家，较 2013 年增加 16.7%，占中国图们江地区全部乡镇企业总数的 3.9%；农业乡镇企业产值 223460 万元，较 2013 年减少 7.4%，占全部乡镇企业总产值的 3.9%；新增专业农场 201 个，经营土地面积 6.4 万公顷，占总耕地面积的 17.2%。

---

① 根据《延边统计年鉴（2021）》整理得到。
② 根据《延边统计年鉴（2021）》整理得到。
③ 根据《延边统计年鉴（2018）》整理得到。
④ 根据《延边统计年鉴（2018）》整理得到。

第五，农业生态化。农业生态化可以从森林覆盖率和化肥施用量上进行考量。中国图们江地区位于偏远的山区，人口和城市密度低，自然植被较多，生态环境也较为脆弱。近年来，国家和地方政府对这些地区的生态保护十分重视，并限制林区的开发。所以，中国图们江地区的森林覆盖率普遍较高，农业生产中的植被保护情况较好。近15年来，中国图们江地区的森林覆盖率始终保持在80%左右，没有大幅度变化，2014年达到80.4%。按照科学发展观的发展要求，建设现代农业，要大力促进农业的生态化。中国图们江地区农业生产方式普遍较为粗放，化肥施用量相对偏高，农业生态化水平偏低。近几年来，中国图们江地区农业化肥施用量呈逐年上升趋势，到2017年开始减少。2014年，农业化肥施用量达到171046吨，较2013年增长4.4%，平均每公顷耕地化肥施用量0.46吨。施用的化肥主要以氮肥和复合肥为主，均占总化肥施用量的39%。2016年，农业化肥施用量达到175006吨，较2014年增长2.3%。2017年为170177吨，较2016年下降2.8%。到2020年农业化肥施用量为152724吨，较2017年下降10.3%。[①]

二 中国图们江地区现代农业建设面临的问题

中国图们江地区受到自然和人文条件中诸多限制因素影响，在建设现代农业过程中还面临着诸多问题。具体表现在以下几个方面。

（一）农业机械化受地形限制较大

中国图们江地区主要位于高原、山地或丘陵地带，地形条件复杂。其影响主要表现在：部分地区地形复杂，造成耕地分布分散。分散的小面积耕地应用大型农业机械成本较高，农民自身无力支付，因而多使用小型机械、牲畜或人力。部分地区还存在一定面积的25°以上陡坡耕地，农业机械难以进入。中国图们江地区位于长白山区，山地面积占54.8%，耕地条件较好的河谷平原仅占地区的12.3%，[②] 而且山地丘陵与平原掺杂，限制了大型农机的广泛应用。

[①] 根据《延边统计年鉴（2021）》整理得到。
[②] 延边州统计局编：《延边统计年鉴（2018）》，中国国际图书出版社2018年版。

(二) 农业水利设施不完善

近年来，中国图们江地区不断推进农田水利基础设施建设，但是农业水利设施不足现象依旧存在。2014年，中国图们江地区农业有效灌溉面积较2013年下降8.4%，有效灌溉面积仅占耕地面积的16.8%，有效灌溉率较低。2018年，中国图们江地区农业有效灌溉面积下降为15.8%，最高水平年份的2012年相比下降为7.1%。[1] 而且，在一般情况下，有效灌溉面积数据的采集来源于灌溉工程或设备已经配备的，能够正常灌溉的耕地。所以，中国图们江地区的农业有效灌溉面积小，有效灌溉率低，也从侧面反映出了其水利工程和灌溉设施不完善、覆盖率低或效用低下，以及农业灌溉技术落后等问题。

(三) 农业产业化水平不高，实用人才不足

由于生产要素的稀缺和市场狭小等原因，中国图们江地区的农业发展普遍存在企业化经营模式落后、缺乏优秀龙头企业带动等问题。而且专业合作社、专业农场等专业化大规模农业经营主体少，土地开发分散，难以实现优势生产资料的集中使用，不利于农业产业化的提升。2014年，中国图们江地区从事农业的乡镇企业数量和产值占全部乡镇企业数量和产值的比重均为3.9%，不仅数量少，而且效益水平不高，而且农业龙头企业屈指可数。另外，中国图们江地区专业农场数量少，经营土地面积小。2014年，经营土地面积6.4万公顷，占总耕地面积的17.2%。虽然较2013年有所增加，但是整体水平还是不高。中国图们江地区农业实用人才不足现象较为突出。一方面，中国图们江地区社会发展落后，经济收入低，发展机会少，造成大量的青壮年劳动力及人才流向国外和国内经济发达城市。而且，由于在大部分人心目中农业产业地位较低，从事农业的实用人才更是少之又少。[2] 另一方面，中国图们江地区农村教育环境差，农民受教育程度低，农业从业者综合素质较低，难以较好地胜任现代农业经营管理以及农业机械和科技的使用。在中国图们江地区的农村中朝鲜族年轻劳动力几乎都会到韩国、日本等地务工，从而造成人才和劳动力不足。外加农村劳动力素质偏低，所以农民普遍难以熟练掌握多种农业机械的操作和农业科技的应用，难以科学、灵活地进行农业规

---

[1] 延边州统计局编著：《延边统计年鉴（2019）》，延边大学出版社2019年版。

[2] 杨林、秦宏主编：《现代农业视域下农村区域经济发展的路径选择》，海洋出版社2012年版。

模化、专业化的经营和管理。

(四) 肥料施用不合理

中国图们江地区的农业生产方式相比发达地区较为粗放，农民的可持续发展观念较弱，施肥不科学，因此化肥施用量会较高，有机肥施用少，影响农业的生态化发展。2014年，中国图们江地区每公顷耕地化肥施用量为0.46吨，而目前我国化肥施用平均水平为22千克/亩，世界化肥施用平均水平为8千克/亩。[①] 将中国图们江地区的化肥施用量按"千克/亩"单位进行折算后为30.6千克/亩，要高于我国和世界的平均水平。长期应用不合理的施肥方式，不仅会影响到农业生产，还会对土壤和水源带来污染，带来一系列生态环境问题。

三　中国图们江地区现代农业建设对策建议

(一) 建立大型农业机械和科技服务合作社

针对山地丘陵地区耕地分散的情况，中国图们江地区可以发展小块休闲旅游农业，如开发采摘园、农家乐等。[②] 还可以开发"假日田园"形式的休闲农业，即将农村的小块土地出租给城市居民，让城市居民自由种植农作物、花卉等，在假日期间享受田园生活，而农民可以为其提供种植方法指导和工作日期间的土地的照料。将农业与服务业结合，提高了农业附加值，实现了农业发展方式的转变。中国图们江地区还要大力扶持以乡镇为单位的大型农机专业人才引进、农业生产能人聘请等方式，将实用人才、农业机械和农业技术向这类合作社集中，以设备租赁和有偿服务形式向各农村提供专业化的服务，从而解决农业生产技术落后和实用人才不足问题。在向这类合作社支付的费用上，可以由农民个人、村委会和地方政府共同承担，对于贫困地区的农村，政府要给予其在这方面更多的补贴。

(二) 完善农业水利设施，开发多种灌溉技术

中国图们江地区在继续完善农田水利基础设施的同时，要特别针对

---

① 农业部种植业管理司：《到2020年化肥零增长行动方案》，2015年3月18日。
② 张伟国、赵乐：《延边州大力开发休闲旅游农业》，《吉林农业》2014年第16期。

本地区的地形特点，加强小型农田水利设施建设，同时在寻求当地农业科技专业研究机构的支持下，不断开发符合地区实际情况的、适应不同地形和气候条件的灌溉技术和节水技术等，并及时将新的水利技术转化为生产力，从而有利于减轻水旱灾害对农业的破坏，并促进农业经济发展和农业的现代化。

（三）大力培育农村乡镇企业和集体经济

党的十八届三中全会提出，要鼓励和引导工商资本到农村发展适合企业化经营的现代种养业，向农业输入现代生产要素和经营模式。因此，中国图们江地区政府要鼓励和支持农村乡镇企业的创办和发展，农村现有的乡镇企业要及时应用先进的经营管理模式和先进的科学技术，开拓互联网营销模式，增强实力，争做地区龙头企业，从而对地区的农业起到带动作用。同时，中国图们江地区还要鼓励和引导土地流转集中，发展专业化的集体经济，提高农业发展的规模化和专业化。特别是在地形条件好、耕地大面积连片地区，要重点发展合作社、专业农场和家庭农场等形式的集体经济，适当限制这类地区耕地的个体分散出租，对农民土地流转集中给予补贴，并支持土地入股的形式，从而提高农民流转土地的收益。[①] 通过这种方式，提高单位耕地的产出效益，实现专业化生产和规模效应。

（四）普及有机肥料，发展生态农业

2015年，农业部印发了《到2020年化肥使用量零增长行动方案》，提出"增产施肥、经济施肥、环保施肥"理念，主张控制化肥施用，鼓励施用有机肥。所以，中国图们江地区要不断普及测土配方施肥技术，实现90%以上的普及率，并控制传统氮、磷、钾化肥的施用，提高有机肥施用量。还要结合不同地区的土壤和气候条件，加大秸秆、根瘤菌、沼肥、牲畜粪便、塘泥等天然肥料的施用，发展生态循环农业。并要通过合理轮作、化肥机械深施、水肥一体化等技术等来提高土壤肥力。

---

① 张晗：《关于民族地区农村土地流转的路径选择——基于对吉林省延边地区的考察》，《延边大学学报》2015年第4期。

中国图们江地区农业机械化发展现状及对策

——以延吉市朝阳川镇勤劳村为例

党的十八大提出坚持走中国特色新型工业化、信息化、城镇化、农业现代化道路,推动信息化和工业化深度融合、工业化和城镇化良性互动、城镇化和农业现代化相互协调,促进工业化、信息化、城镇化、农业现代化同步发展。[①] 农业机械化指的是,使用多种动力配置及其配套的农机工具装备农业生产,以实现现代化农业生产工具改进的过程。农业现代化离不开机械化,加快发展农业机械化的战略意义在于解放生产力,提高劳动生产率和农业效益,从延长农业产业链中获得更多的收益。我国社会已经进入工业化、城镇化和农村现代化快速发展时期,城乡共享现代文明,由城乡的二元经济体制转变为城乡一体化的经济体系基本形成。现代新农村建设以农村城镇化建设为基础,以农业现代化建设为手段,已成为全社会的共识。在这一大背景下,中国图们江地区如何从自身实际出发,利用国家城乡发展的机遇,制定战略措施,已成为摆在我们面前亟待解决的现实课题。为此,本文从中国图们江地区农业机械化发展现状和存在的问题着手,对中国图们江地区农业机械化发展问题深入研究。在此基础上,提出中国图们江地区农业机械化发展的对策建议。

一 中国图们江地区农业机械化发展现状

中国图们江地区位于吉林省东部、祖国东北边陲,东与俄罗斯滨海边疆区接壤,南与朝鲜咸镜北道、两江道隔江相望,西邻吉林市、白山

[①] 本书编写组:《党的十八届三中全会〈决定〉学习辅导百问》,党建读物出版社、学习出版社 2013 年版。

市，北邻黑龙江省，下辖6市2县，66个乡镇，1051个行政村，2490个自然屯。根据统计资料，2013年末中国图们江地区户籍总人口为215万人。其中，非农业人口146.1万人，占中国图们江地区总人口的68.0%；农业人口68.9万人，占中国图们江地区总人口的32.0%。中国图们江地区总面积为4.27万平方千米，地貌横跨山地、丘陵、盆地3个梯度，其中山地占54.8%，高原占6.4%，谷地占13.2%，丘陵占13.3%，河谷平原占12.3%。500米以下的占20%，500—1000米的占78%，1000米以上的占2%，森林覆盖率为80.7%，常年耕地仅占总面积的8.8%，基本上形成了"八山一水半草半分田"的分布状况。这在一定程度上限制了中国图们江地区农业机械化的发展。[①] 中国图们江地区的村民更加倾向于出国务工进而获取更高的收入，这样可以使土地集中到少数人手中进行农业机械化，可是也带走了年轻劳动力。因此，农业大型机械化仅仅局限于个别村落，其余农村大多为小型机械化，可以说种地的人家，家家都有小型机械设备。在一定程度上，个别村落先天条件不够，不能进行农业机械化。2013年在党的十八届三中全会正式提出土地流转制度后，农民可以拿着土地承包合同进行贷款，这也为中国图们江地区没有实现机械化的村庄提供了发展契机。为了进一步分析中国图们江地区农业机械化现状，以延吉市朝阳川镇勤劳村为例进行详细分析。吉林省延吉市朝阳川镇勤劳村，拥有在籍村民3000人左右，其中朝鲜族占57%，汉族占43%；拥有土地600公顷左右，人均土地约2000平方米，是中国图们江地区首批贫困村。如今该村大部分朝鲜族农民在韩国务工，占勤劳村朝鲜族人口的90%左右。勤劳村主要经济粮食作物是玉米和水稻，副产业是蔬菜类作物的种植。勤劳村现有3个专业农场，最大种植户的种植面积有60公顷，其中水稻田40公顷，玉米田20公顷，年收入60万元左右，每667平方米土地产量可达800千克。

为了更好地发展，中国图们江地区延吉市朝阳川镇勤劳村在农民们的共同愿望下成立了农机农民专业合作社。勤劳村是中国图们江地区第一个实现农业机械化的村庄。2008年勤劳村实现了水稻全程机械化。农业总产量达5200吨，总收入在900万—1000万元。勤劳村现在有大型的联合收割机36台，拖拉机116台，插秧机67台，其中有高速插秧机11

[①] 延边州统计局编：《延边统计年鉴（2015）》，中国国际图书出版社2015年版。

台。其中高速插秧机工作效率为1天4公顷，而老式插秧机仅1天0.067公顷。高速插秧机是由人对机器进行操作进行插秧，而老式插秧机则是利用人力来进行插秧，而且效率极低。[1] 勤劳村利用合作社的方式进行农产品生产、销售。农机走进农民自己的田地后，节省了生产成本，使得勤劳村农民的收入确实提高了，并且他们还将自己的机器出租。对其他村落进行有偿服务所产生的收入都上交到合作社，由合作社统一管理，最终在适当的时间进行分红。中国图们江地区延吉市朝阳川镇勤劳村是一个朝鲜族村，并且处于中国图们江地区，享受到了国家对少数民族地区的优惠政策，包括农业生产等各个方面的优惠政策，并且勤劳村还是东部水稻示范区中的一员。因此，勤劳村相对来说可以比其他村落享受到更多的政府优惠政策、经济扶持、技术扶持等。国家给予农村专项资金，用于对农村进行建设，农民自己拿多少，国家就给农民拿多少，这样使农民有更多的资金进行投资。

二　中国图们江地区农业机械化发展中存在的问题

中国图们江地区农业机械化发展取得了一定的成绩，但是与党的十八大和十八届三中全会提出的农业现代化和城乡发展一体化的目标相比，还有很多的差距。

（一）中国图们江地区农村年轻劳动力短缺

以中国图们江地区延吉市朝阳川镇勤劳村为例，该村60岁及以上人口占勤劳村总人口的50%。人口结构趋于老龄化，大部分年轻劳动力选择了出国务工，少部分劳动力涌入城市中。在粮食收割时期，有些村庄需要其他村庄劳动力或者雇用劳动力来进行收割，无形中增加了农民的支出，提高了农产品的生产成本，提高了该产品在市场的价格，降低了该产品在市场上的竞争力，使得产品难以销售从而获得利润。这是人口结构老龄化间接导致的。同时，勤劳村是朝鲜族村，村民大多都倾向于

---

[1] 元相哲、赵宝星、沈万根：《延边朝鲜族自治州农业机械化发展现状及对策——以延吉市勤劳村为例》，《农业与技术》2015年第3期。

出国务工，也是因为出国务工将土地转让给其他务农人员，为实现机械化提供了前提条件。任何事物都是双刃剑，出国劳务创造收入的同时也带走了村内的青壮年劳动力，使得村庄的人口结构发生了改变，并且很少有人回到农村，农村没有了新鲜血液的注入，使得农村无法更好地推进社会主义新农村建设。

（二）中国图们江地区处于半山地半平原地区，并且人均占有耕地少，限制了农业机械化发展

中国图们江地区多处于半山地半平原地区，平原面积少，一些小型的机械化设备可以使用，其中小型的机械化设备仅仅局限于拖拉机、小型插秧机等。大型农机设备无法使用，或使用机械设备的成本远远高于不使用机械设备的成本。人均占有耕地面积较少，例如勤劳村人均占有耕地面积 2000 平方米左右。没有足够的规模无法进行农业机械化的推广，可以想到如果仅仅只有一点点耕地就使用机械设备的话，那是得不偿失的。

（三）中国图们江地区农机市场开放程度不高，增加了农民生产农产品的成本

就勤劳村而言，该村是中国图们江地区第一个实现全面机械化的村庄，所以农机市场的状况对于勤劳村是至关重要的。如果农机市场对农民不是足够开放的话，农村在农机的维修、使用、更换等方面的支出会大大增加，使得农产品的生产成本大大增加，可能会使一些刚刚起步的机械化村停滞不前。这是极不利于中国图们江地区农村经济发展和农业现代化建设的，也是极不利于吉林省农业经济发展，以及我国未来农村农业发展的。[1] 因此，农机市场开放度不高会使中国图们江地区农民的收入日渐减少，直接导致贫困村镇数量增加，拉大了贫富之间差距，影响中国图们江地区城乡发展一体化进程。

（四）中国图们江地区农机合作社没有普及

当中国图们江地区延吉市附近的几个村都拥有合作社并且联合起来时，首先是便于管理，其次是使空间上分散的村落联合成一个集体。以勤劳村为例，勤劳村的农机合作社成立时间较长，但是附近的几个村庄

---

[1] 杨林、秦宏主编：《现代农业视域下农村区域经济发展的路径选择》，海洋出版社 2012 年版。

有的合作社没有经验，发展得不好，有的村庄甚至没有农机合作社。这时，勤劳村的农机合作社可帮助其他村庄的合作社建设起来，达到"先富带后富"的目的，只有联合起来，才能使经验在内部自由流动，使没有合作社的村庄建立起合作社，有合作社的村庄更好地发展。

（五）中国图们江地区农业产业链很短，农产品附加价值低

勤劳村只对农产品进行初加工，仅仅是进行简单的包装，这样无法提升产品的附加价值。想要使农产品在销售方面取得一定的价格，首先要有一个高品质的产品，其次对其进行相应的深加工处理，增加其附加价值，这样才能使农民获得更大的利润，从而帮助农民脱贫致富，缩短贫富之间差距，推进社会主义新农村建设。

三　中国图们江地区发展农业机械化的对策

（一）国家针对中国图们江地区农村加大补贴力度，使青壮年劳动力返乡建设农村

自1996年以来，农村劳动力的流转对农村发展起着正向激励的作用。因为走进城市或者出国务工的收入远高于在家务农所获取的收入，所以农民大多离开了土地走进城市，在一定程度上加大了城市的就业压力，并且改变了农村的人口结构。但是我们认为，国家应当加大对农村补贴的力度，使农民的生活水平有所提高，哪怕没有出国务工挣得多，但是也要与城市劳务持平，这样一来有一部分人一定会返回农村，继续进行耕种，可以提高土地的利用率，也可以在一定程度上提高产量。当青壮年返回农村时，他们也带回来了在城市中或者国外学到的经验，带回来了活力，理论结合实际，选择一条适合中国图们江地区村庄发展的道路，坚持走下去，一定会早日完成中国图们江地区社会主义农村建设。

（二）建立家庭专业农场

由于人均占有耕地面积少，想要实现农业机械化就要将土地集中，否则无法进行农业机械化。由于个人力量有限，所以一个村庄数个家庭可联合建立家庭专业农场。例如中国图们江地区珲春市敬信镇圈河村，7—8家联合建立专业农场，每家将自己家的机械设备贡献出来，最终在分红时按生产要素参加生产的比例分配利润。当建立家庭专业农场后，

土地集中到少数人手中，又因为中国图们江地区半山地半平原，其他劳动力可以"上山"进行特色农业发展，种植人参、木耳等产品。或者进入城市中，进入到第三产业，尤其是服务业。当第三产业蓬勃发展时，一定会有利于中国图们江地区新农村建设。①

（三）农机市场加大开放力度，国家给予补贴，减少农产品生产成本

农机市场对农民的开放程度不大，对农民的农机补贴不够全面，仅仅局限于购买机械设备方面。这种状况有时影响到农民做出正确的抉择，进而影响农村农机发展。国家不仅仅对购买农机设备进行补贴，还应形成一个农村农机化补贴体系，对后续的农机维修、农机保养、农机更新等方面都进行补贴。此外，许多金融机构不愿意将钱贷款给农民，这样使得中国图们江地区的农民没有足够的资金购买设备，政府应当出面为购买农机的农民提供绿色信贷。

（四）在农村建立农机合作社

通过合作社利用好少数民族地区与示范区的优势条件。勤劳村正是利用好了这一点，并且是我国东部水稻示范区的一员。党的十八大以来，中央政府提出了可以进行土地流转，这是对农村发展具有决定性意义的一个决策，当农民的土地可以进行流转了，使得农民可以进行的生产活动也多了，组建农机合作社，利用流转土地得到的资金进行农机化建设。

（五）延长农业产业链，通过增加附加值增加收入

在中国图们江地区实施发展多种经营，重点发展农产品加工业。可以将中国图们江地区几个大的合作社组成联盟进行合作，建立股份制公司，把村中的剩余劳动力集中起来，使劳动力得到充分使用，对农产品进行深加工，或以其为原材料制作一些有中国图们江地区朝鲜族特色的食品，增加其附加值。

总之，每个地区有适合该地区发展的道路，中国图们江地区要走的便是有自己特色的农业机械化道路。以像勤劳村一样有一定农业机械化经验的村为示范，进行先富带后富，带动其他周围几个村落发展农业机械化，将他们的技术传递到中国图们江地区其他需要脱贫致富的地区。许多村落因为先天的自然原因无法向国家申请农业专项资金，可以联合起来办农机农民合作社，向国家申请农业专项资金，用于发展农业机械

---

① 沈万根：《延边地区农村发展问题及其对策》，《东北亚研究》2015 年第 6 期。

化。中国图们江地区率先完成农业机械化的部分村落，为后来想要用农业机械化这条道路来脱贫致富的村落提供了宝贵财富。当中国图们江地区的许多村落已经实现了农业机械化生产后，几个村落之间可相互联合建立工厂，对其农产品进行初加工乃至于深加工，并将其加工的产品推向于国内市场甚至于国际市场。届时，中国图们江地区农业发展将会迎来新的高峰，中国图们江地区经济发展也会受到积极的，甚至较为深远的影响。如果中国图们江地区这种农业经济方式成功了，在一定程度上，对少数民族地区农业机械化也是有积极影响的。在一定程度上，也会推进我国的农业现代化建设，推进我国社会主义新农村的建设，有助于缩小贫富差距，打破城乡二元结构，实现城乡一体化，推进我国经济发展。

中国图们江地区农村发展面临的困难及解决途径

——基于城乡发展一体化背景

党的十八大报告提出："解决好'三农'问题是全党工作的重中之重，而城乡发展一体化是解决'三农'问题的根本途径。"[①] 可见，解决"三农"问题，促进农村发展，实现城乡发展一体化，是一项重要而艰巨的任务。在这一大背景下，中国图们江地区如何从自身实际出发，利用国家推进城乡发展一体化的机遇，制定战略措施，已成为亟待解决的现实问题。为此，本文全面分析了中国图们江地区农村发展取得的成就和面临的困难，并提出了中国图们江地区农村发展的对策建议。

一 中国图们江地区农村发展取得的成就

近年来，中国图们江地区党委和政府高度重视农村发展，使中国图们江地区农村在经济发展水平、基础设施建设、科技文化事业等方面均取得了卓越的成就。

（一）农村经济进一步发展，农村居民生活水平显著提高

2013 年，中国图们江地区农村农林牧渔生产总值达到 132.34 亿元，比 2012 年增长 4.2%；农村人均农林牧渔生产总值达到 1.85 万元，比 2012 年增长 8.8%。[②] 农村经济集体化水平有所提高，专业农场作为中国图们江地区农村集体经济的代表和产业化的延续，自 2011 年开始不断发展壮大，2013 年中国图们江地区新增专业农场 234 家，经营土地面积达

---

① 本书编写组编著：《党的十八大报告辅导读本》，人民出版社 2012 年版。
② 延边州统计局编：《延边统计年鉴（2014）》，中国国际图书出版社 2014 年版。

5.1万公顷,涉及土地流转农户2.2万户。① 同时,农村经济的产业化水平不断提高,乡镇企业进一步发展。2013年,中国图们江地区农村乡镇企业达到1833个,比2012年增加178个,乡镇企业总产值达到307.7亿元,比2012年增长21.8%,② 并拥有国家级龙头企业2个,省级龙头企业62个。随着中国图们江地区农村经济的发展,农村居民的生活水平也得到显著提高。2013年,中国图们江地区农村家庭总收入达到130.4亿元,增长11.6%;农村居民人均收入达到9675元,比2012年增长13.4%;农村居民消费水平达到12187元,比2012年增长21.3%。③ 同时,中国图们江地区农村居民家中彩色电视、电话和冰箱等家用电器基本得到普及,而且电脑的使用量也显著提高。

(二) 农村基础设施进一步完善,村容村貌进一步改善

2008年,中央一号文件《国务院关于切实加强农业基础建设,进一步促进农业发展农民增收的若干意见》就提出,要突出抓好农业基础设施建设,并逐步提高农村基本公共服务水平,继续改善农村人居环境。中国图们江地区积极落实中央政策文件,大力推动农村的基础设施建设。2013年,中国图们江地区新农村建设投入资金达3.06亿元,实施建设项目865个。完成泥草房改造1166户,新修道路284千米,新建边沟315千米,植树56万余株,安装路灯2450盏,实施农村安全饮水工程近400处,完成投资1.27亿元,解决了20.26万农村居民的饮水问题。④ 如今,中国图们江地区的村容村貌得到极大的改善,农村的住房基本变为整齐的新房,每家每户都安装了统一的金属栅栏,村内道路平整干净,道旁绿化程度较高,保洁设施完善,并在村道旁设置了垃圾分类箱,自来水在中国图们江地区农村基本实现了全覆盖。中国图们江地区农村公路建设不断加强,基本实现了村与村之间及农村与县城之间的道路畅通。

(三) 农村科技文化事业不断进步

2012年,中央一号文件《国务院关于加快推进农业科技创新持续增强农产品供给保障能力的若干意见》,提出依靠科技创新驱动,引领支持

---

① 延边州农委:《专业农场助推延边州粮食增产、农业增效、农民增收》,《吉林农业》2013年第12期。
② 根据《延边统计年鉴(2013)》和《延边统计年鉴(2014)》数据整理得出。
③ 延边州统计局编:《延边统计年鉴(2014)》,中国国际图书出版社2014年版。
④ 方秀元主编:《延边经济社会形势分析与预测》,延边人民出版社2014年版。

现代农业建设，提升农业技术推广能力，以及加强教育科技培训，全面造就新型农业农村人才队伍等内容。[①] 中国图们江地区农村注重科技的应用，近年来大力推广高光效栽培、水稻抗冷综合栽培、测土配方施肥等重点技术，并积极开展农村科技培训。2013年，举办各类培训班959期，开展专题讲座1410场次，完成培训32万人次。同时，不断加强农业技术推广，建设农业科技示范基地，并建立了"专家+农业技术人员+科技示范户（以专业农场为主）+辐射带动户"的技术服务模式。中国图们江地区农村还在延边农科院、吉林农业大学、延边大学等科研单位的帮助下，取得了3项农业科研成果。此外，中国图们江地区农村文化事业不断发展，各农村中均设立了农家书屋和文化活动室，有各类书籍、乐器、音像设备以及电脑等供农民使用。健身设施在中国图们江地区农村也得到了普及，一些农村还建设了门球场。这些设施的完善，为丰富农村居民文化生活创造了条件。

二 中国图们江地区农村发展面临的困难

虽然中国图们江地区农村有了很大的发展，但还是远远落后于城市地区，明显的城乡二元结构依然存在。目前，中国图们江地区农村在发展中还存在一些困难，难以实现跨越式发展，城乡发展一体化进程缓慢。

（一）农村劳动力外流现象突出，人力资源不足

目前，中国图们江地区农村劳动力大量外流，使得中国图们江地区农村人力资源不足十分明显。一方面，在大部分农村，特别是朝鲜族村屯大量青壮年劳动力为了追求更高的收入和生活水平选择外出务工，一部分人进入县城或大城市打工，而绝大部分人，特别是朝鲜族居民，则选择奔赴韩国、日本打工。由于大城市和国外的工资收入高，很少有人再回到农村进行生产和生活。有些出国务工的农村居民即使回国，由于变得富裕，也会选择在县城里生活。另一方面，由于朝鲜族本身注重教育，因此朝鲜族农村居民都会供孩子在城里上好的中学，并让孩子继续

[①] 孙前进主编：《农村改革与农业现代化建设》，中国物资出版社2012年版。

读大学。然而，许多朝鲜族青年从大学毕业后，几乎不会留在中国图们江地区工作，而是选择到北京、天津、上海等大城市的韩企工作，或者去韩国、日本打工。所以，中国图们江地区很难留住和吸引充足的劳动力和实用人才来支持农村建设，从而使农村的发展受到严重阻碍。

（二）山地较多，耕地分散，农村经济发展受阻

中国图们江地区有着"八山一水半草半分田"的地理特征，其中山地面积占54.8%，河谷平原仅占12.3%。[①] 中国图们江地区主要的河谷平原有大石头、细田、平岗、百草沟、珲春和鸠巢河平原，这些地区的耕地面积大，生产条件好，农业的机械化水平非常高，从而农村的经济发展水平也比较高。而除这些河谷平原以外的地区，山地丘陵较多，耕地被大大小小的山地丘陵所分割，造成了耕地分散。在这种条件下，很难实现农村经济的大规模机械化生产和产业化经营，从而使农村经济发展受到阻碍。一方面，有些耕地分布在山坡上，不适合大型机械进入，而且许多25°以上的陡坡耕地属于临时性耕地，农业生产情况不稳定。对于面积较小的耕地，使用机械化的耕种收割，会给农民带来很高的成本，从而降低利润。另一方面，要发展产业化经营，实现产业链经营，需要聘请经营管理人才、购置机械设备、建造厂房、雇佣工人等，前期投入较大。即使通过集资和贷款来实现，但中国图们江地区由于没有足够大的生产规模，也难以获得较大的利润。

（三）自然灾害频发，农村居民增收不稳定

自古以来，自然都是影响农村生产经营活动的一个不可抗拒的力量。自然灾害会对农村经济发展造成极大的影响，甚至造成农作物绝收，给农民的经济收入及农业经济带来巨大的影响。中国图们江地区大部分农村属于高寒山区，农业生产的自然条件较差，每年或多或少都会受到洪涝、干旱、大风、冰雹、低温冷害等自然灾害的影响，给农作物带来破坏，造成农作物的增收不稳定，从而使农村居民的基本收入也难以得到保障，甚至使一些农村居民陷入贫困。特别是每年春季的冷冻灾害以及大风、冰雹、干旱等，给正处于生长阶段的农作物带来一定的影响，从而影响到农作物的收获。同时，中国图们江地区由于冬季气温低，突如其来的暴雪天气也会对农业生产设施和农作物储存带来损失。如2013年

[①] 延边州统计局编：《延边统计年鉴（2014）》，中国国际图书出版社2014年版。

冬季的暴雪，导致中国图们江地区农村 136 栋蔬菜大棚和温室棚膜损坏、变形甚至倒塌，直接经济损失近 230 万元。

（四）农村居民素质不高

劳动力素质很大程度上会影响到经济发展水平，而劳动力对待劳动的思想观念会直接影响其参与劳动的积极性。目前，中国图们江地区农村居民的素质整体不高，科学文化素质落后。许多农村居民安于现状，在农业生产中表现得不积极，突出表现为"等、靠、要"的思想观念，他们不仅没能带来农业经济的发展，而且还使自己走向了贫困。造成这种现状的原因主要表现在：第一，受教育程度低。一方面，中国图们江地区城乡的教育资源不公平问题突出。优势的教学资源都集中在城市，在师资力量、教学水平、教学设备、校园环境等各方面，农村地区都处于劣势，使农村的学生在受教育上处于不平等的地位。而且由于受到城乡户籍制度和农村家庭收入水平的限制，农村学生进入城镇学校学习也很困难。另一方面，中国图们江地区大部分留在农村的居民对学习的热情度不高，仅仅是为了完成义务教育，因此在初中毕业后就开始务农或者进城务工。能够选择继续学习，进城读高中、职专或者大学的人，往往都不会再回到农村。第二，农村居民的自主学习能力差。中国图们江地区农村居民很少会主动学习农业生产和经营管理知识，有些农民甚至识字能力也很差，看书学习都有障碍。并且中国图们江地区本身处于边疆，而农村又多处于山区，信息闭塞，难以及时地接触到外界的新鲜事物。长此以往，农民对于高科技的农业生产工具、方法以及农村发展的优秀经验难以又快又好地接受，而且没有创造性思维，难以在中国图们江地区促进农村发展的实践中取得突破。第三，对农村居民的培训不全面，而且培训质量不高。一方面，培训主要集中在农业技术方面，缺少对农村居民在经营管理、思想政治和身心健康上的教育培训；[1] 另一方面，培训方式多以讲座、授课的理论教学模式进行，过于枯燥，农村居民难以理解，从而造成培训效果不好，参与度也不高。

---

[1] 白选杰、谢长伟等编著：《农村发展策论》，西南交通大学出版社 2010 年版。

三 中国图们江地区农村发展的对策建议

为了加快中国图们江地区城乡发展一体化,就要统筹城乡规划和建设,并重点克服农村发展中面临的困难,实现农村经济社会的持续健康发展,从而缩小城乡之间的差距。

(一) 创造吸引农村实用人才的优惠政策和工作生活条件

中国图们江地区各级政府和教育部门要积极鼓励本地劳动力回归农村,[①]并积极鼓励高校毕业生选择与农村、农业建设的相关工作。一方面,通过优惠政策鼓励出国和到大城市工作的中国图们江地区农村居民回归农村,从事农业生产经营,或者创办乡镇企业,给予其政策上的便利、生产资料投入补贴以及税收的减免。对于回归农村后对农村发展贡献较大的,可以给予其干部职务,并颁发荣誉奖项。另一方面,对于中国图们江地区本地的即将升入高等院校的高中毕业生,可以在自愿原则下与政府签订定向就业协议书,若选择毕业后在中国图们江地区从事与农村、农业相关工作的,可以全额补贴高校教育的学费。同时,中央和地方都要加大对在贫困农村担任教师和村干部的高校毕业生的转移支付力度,[②]提高其薪资待遇。除此之外,还可以通过在中国图们江地区农村招商引资,引入一些有实力的企业,不仅为农村发展创造条件和机遇,同时也为更多农村实用人才的进入创造工作条件。要强化对于中国图们江地区农村实用人才引进的资金保障,建立集政府、企业和社会力量于一体的奖励支持体系,并在必要时向国家申请人才引入专项资金,以保证中国图们江地区农村发展提供足够的实用人才支持。

(二) 推进村屯聚集,集中土地发展农村经济

中国图们江地区农村不仅耕地分散,而且村屯分布零散,一定程度上造成了土地资源得不到充分和有效的利用,阻碍了农村的经济发展水平。要尽快改变中国图们江地区村屯布局分散的现状,促使分散的村屯集中化,通过政策优惠引导、乡镇干部劝说、新居及工作安置等方式,

---

① 沈万根:《延边朝鲜族自治州农村贫困原因及脱贫对策》,《社会科学战线》2014年第9期。

② 徐勇编:《中国农村资政报告》,中国社会科学出版社2014年版。

引导分散的村屯进行动迁，并将规模小的村屯实行合并。建设中国图们江地区中心村，把几个行政村的居民聚集起来，让农民搬进楼房居住，这样能够极大地节省土地资源。而且完成动迁后，可以对原村屯所占土地进行开垦，变为新的耕地，这样就使新开垦的土地与原村屯周边的耕地连成一片，扩大区域内的耕地面积。在此基础上，由中国图们江地区政府鼓励和引导拥有这片土地的农民可以通过土地入股或者承包经营权流转等形式，发展多种形式的集体经济。不仅可以发展专业农场、专业合作社等，还可以打造种植、加工、销售一条龙的农产品产业工厂。这样不仅能够给失地农民带来土地流转收入或分红收入，而且还能够为失地农民创造新的并且收入更稳定的就业机会。为了实现中国图们江地区农村经济的深度发展，还要不断推进产业化经营，实现农产品的深加工，生产优质产品，打造品牌效应，引导鼓励乡镇企业申报中国驰名商标、吉林省著名商标和"三品一标"认证等，[①] 从而给中国图们江地区农村经济带来额外的品牌收益。中国图们江地区农村要发展规模化和产业化经营需要大量的资金支持，而要达到一定生产经营规模和水平，单纯地靠政府补贴和农民集资很难完成，这就需要金融支持。2013年7月，国务院就发布文件提出，要优化"三农"金融服务，创新服务方式，努力实现农村基础金融服务全覆盖。[②] 所以，要发挥中国图们江地区农村信用合作社、农商银行以及农业银行的主力作用和各大中型商业银行的支持作用。根据中国图们江地区内不同县市农村的发展特点，推出不同的农村融资优惠服务。对普通农民，可以提供低利息小额贷款；对于经济效益好的乡镇企业，可以给予贷款额度提高和利息优惠。

然而，并不是所有的土地都可以这样得到集中利用，可能会受到各种因素的影响，一些土地只能实行小块经营。在这种情况下，可以运用现代科学技术成果和现代管理手段发展生态农业，并经营采摘园或者养殖园。同时，若有足够的资金投入，可以建立中国图们江地区科技化大棚，通过物联网技术，农民即可以通过一部智能手机监测和控制大棚的温度、湿度等指标，依靠大棚创造的生长条件，在大棚内种植本地区稀缺的果蔬，从而获得较高的收益。

[①] 方秀元主编：《延边经济社会形势分析与预测》，延边人民出版社2014年版。
[②] 《国务院办公厅关于金融支持经济结构调整和转型升级的指导意见》（国办发〔2013〕67号），2013年。

（三）提高农村的抗灾能力和灾后恢复能力，推广农业保险服务

自然的力量难以抗拒，但是要保证农作物增收，实现农村的稳定发展，还是要提高对抗自然灾害的能力。首先，中国图们江地区气象部门要加强气象监测，不断更新气象预报技术，从而对自然灾害能够及时预报，并在第一时间将信息传递给各乡村。其次，中国图们江地区要进一步完善农田水利等基础设施建设，提高对洪涝、干旱等灾害的抵抗能力。再次，延边大学、延边农科院要与中国图们江地区农村建立密切的联系与合作，通过生物技术的应用，大力研发和推广抗低温冷害、抗病虫害和抗旱涝能力强的作物品种，用科技的力量来抗衡自然灾害。此外，中国图们江地区还要提高农村的灾后恢复能力，对农村居民宣传和推广各种作物的灾后恢复方法和技术，并加强在这方面的培训。

同时，还要完善针对中国图们江地区农业自然灾害的保险服务。一方面，要鼓励农民积极参保，不要为了节省参保费用而在灾害来临后蒙受巨大财产损失；另一方面，地方政府和农业部门要与保险公司在农业保险服务上进行合作，通过财政支出对农民投保提供一部分补贴，保险公司方面也要做出让利，从而让农民受益。

（四）推进城乡教育均等化，提高对农村居民培训的质量

中国图们江地区城乡教育资源分配不均衡，农村教育资源落后，是阻碍农民素质提高的重要因素。提高农村地区的教育资源水平，关系到中国图们江地区农村发展的未来。因此，首先，要改善中国图们江地区农村学校的硬件水平，更新桌椅板凳，普及多媒体教学设备，完善各种体育设施，建设塑胶操场等，建设现代化的校园。其次，要提高中国图们江地区农村学校的软实力，提高教学质量和水平。一方面，可以通过学校统一购买优质网络课程在教室播放，让学生们在课堂学习。另一方面，要加强县城学校对农村学校在师资上的支援，可以出台这样的政策：要进入县城学校就职的教师，要先到中国图们江地区农村学校从事1—2年的教学工作；已经在城市学校就职的教师，若想在薪资待遇和职位上有所提高，就需要有到农村学校任教1—2年的经历。在教育内容上，不仅要注重对中国图们江地区农村学生的科学文化教育，同时还要培养其勤劳上进、敢于创新的精神，并要教育他们热爱自己的家乡，引导他们在未来成为中国图们江地区农村的建设者。

除了注重农村青少年教育，还要提高对中国图们江地区农村居民培训的质量。首先,要扩大培训的范围,除了农业技术,还要加强经营管理、思想政治以及身心健康的教育,促进中国图们江地区农村居民的全方位发展,提高其思想积极性。要多向中国图们江地区农村居民介绍国内外最新的农业科技成果及农村发展模式,开阔他们的眼界,如可以让中国图们江地区农村居民学习韩国的"新村运动",为本村发展提供借鉴和启示。其次,要改善对中国图们江地区农村居民进行教育培训的方式,改变传统的理论讲授模式,代之以视频演示、实地操作、亲身体验和竞赛活动等形式,从而提高农村居民的参与度。针对那些极为消极落后的中国图们江地区农村居民,可以由村镇安排优秀的干部或者模范农民对其进行定期的一对一的帮扶,具体包括一对一的农业生产技能培训、文化课教育和思想教育,并可以通过向他们介绍本村或者本县市内其他村的致富案例来激发这些思想落后村民的积极性和创造性,鼓励其自主学习,不断提升自身的文化知识和技能水平。针对那些有劳动能力却"等、靠、要"的村民,一方面可以利用民族团结性,通过其他勤劳上进的村民来带动鼓励落后村民,从而逐渐改变其消极懒惰的恶习;另一方面,可以在政府支持下,由村委会执行一些关系到其低保收入的激励措施。

(五)借助国家"一带一路"倡议,推进农村经济开发开放

2013年9月和10月,习近平主席相继提出建设"新丝绸之路经济带"和"21世纪海上丝绸之路"的倡议,以此来加强中国与"一带一路"沿线国家的经济交流与合作。中国图们江地区要抓住国家推进"一带一路"倡议的契机,利用其东北亚门户口岸的优势,大力推进农村经济的开发开放,从而给中国图们江地区农村发展带来活力。中国图们江地区要将国家"一带一路"倡议与图们江区域开发、长吉图先导区以及中国图们江区域(珲春)国际合作示范区建设紧密结合,开展对外农业经济、农产品贸易和技术合作。[1] 由吉林省政府和中国图们江地区政府引导协调,推动与朝鲜、俄罗斯和韩国等周边国家在农村发展上的国际合作项目。鼓励中国图们江地区农村的龙头企业到境外投资农业、开发办厂。中国图们江地区农村还要依托长白山特色资源和优势,积极引进域外人才、资金、技术等要素,积极开发中国图们江地区农业特色资源,借助外力培育发展壮大自主品牌,提高优质特色农产品的国际竞争力和

---

[1] 方秀元主编:《延边经济社会形势分析与预测》,延边人民出版社2014年版。

市场占有率。

  总之，推进中国图们江地区农村发展和城乡发展一体化进程是一项长期的、艰巨的和复杂的工程，应该积极贯彻落实党的十八大和十八届三中全会精神，给予高度的关注和重视。中国图们江地区城乡发展一体化还面临着诸多困难，所以中国图们江地区在加快突破城乡二元结构的同时，还要进一步加快解决中国图们江地区农村发展中存在的困难，积极创造吸引农村实用人才的优惠政策和工作生活条件，推进村屯聚集，集中土地发展农村经济，并不断提高农村的抗灾能力和灾后恢复能力，推进城乡教育均等化，提高对农村居民培训的质量。同时，要利用国家推进"一带一路"倡议的契机，推进中国图们江地区农村经济的开发开放。只有这样，才能在中国图们江地区城乡发展一体化进程中，促进中国图们江地区农村的持续健康发展。

中国图们江地区农村发展问题及其对策

党的十八届三中全会进一步提出：必须健全体制机制，形成以工促农、以城带乡、工农互惠、城乡一体的新型工农城乡关系，让广大农民平等参与现代化进程、共同分享现代化成果。要加快构建新型农业经营体系，赋予农民更多财产权利，推进城乡要素平等交换和公共资源均衡配置，完善城镇化健康发展体制。可见，解决"三农"问题，促进农村发展，实现城乡一体化是一项重要而艰巨的任务。在这一大背景下，中国图们江地区如何从自身实际出发，利用国家城乡发展一体化的机遇，制定战略措施，已成为有待解决的现实问题。为此，本文从中国图们江地区农村发展取得的成就和面临的问题着手，提出中国图们江地区农村发展的对策建议。

一 中国图们江地区农村发展主要成就

（一）农业结构调整更加合理

中国图们江地区农村充分发挥自然资源与区位优势，初步形成了具有中国图们江地区特色的中药材、食用菌、烟叶、大米、畜牧业、果蔬业、长白山野生食物产业、经济动物产业八大主导优势产业。这八大产业产值占整个农业产值的90%以上。农村经济总收入中种植业和第二、第三产业收入所占比例分别从1979年的68%、24%调整到2012年的57%和36%，种植业总产值是1978年的12倍多。2010年粮食产量首次突破100万吨大关，2013年达到130多万吨，创历史新高。[①] 畜牧业保持发展势头。2013年，中国图们江地区生猪、牛、家禽数分别有80多万头、50

[①] 根据《延边统计年鉴（2014）》数据整理。

多万头、1000多万只，畜牧业实现产值15多亿元，占农业总产值的13%。休闲农业年接待150多万人次，年创营业收入1.5多亿元。

（二）农业产业化不断发展，农产品质量日益提高

2013年，中国图们江地区农业产业化龙头企业总数达到260户，带动农户13万户，销售收入实现230多亿元，农产品加工业销售收入实现440多亿元。其中，国家级龙头企业2个，省级龙头企业62个。目前，中国图们江地区的绿色大米、药材、人参、黑木耳、水果等产业都形成了各具特色的标志性品牌，其中有延边丹华山珍食品有限公司的"丹华牌"黑木耳产品和珲春华瑞参业生物工程有限公司的"金立华"品牌人参系列产品两个"中国驰名商标"品牌；具有中国图们江地区特色的八大优势支柱产业的产值超过60亿元，对中国图们江地区第一产业贡献率在90%以上；专业农场作为农业产业化的延续自2011年开始不断发展壮大，2013年中国图们江地区专业农场总数为685家，经营土地面积达5万多公顷，涉及土地流转农户2万多户。[①]

（三）科教兴农成果更加明显

2012年，中央一号文件《国务院关于加快推进农业科技创新 持续增强农产品供给保障能力的若干意见》，提出依靠科技创新驱动，引领支持现代农业建设，提升农业技术推广能力，以及加强教育科技培训，全面造就新型农业农村人才队伍等内容。中国图们江地区积极贯彻中央精神，到2012年，农业科技成果推广应用率接近90%，主要农作物的良种覆盖率接近100%，科技在农业经济增长中的贡献率达到55%。同时，中国图们江地区大力实施农业科技进村入户工程，有超过5万的农民接受农村劳动力转移阳光工程培训，培训就业率在80%以上。中国图们江地区农机装备总量、科技水平、作业能力明显提升，拖拉机保有量发展到8万台，农机总动力达182.58万千瓦，机耕面积32万多公顷，机械播种29万多公顷，机械化程度超过70%。

（四）新农村建设更加扎实，基础设施建设更加完善

2008年中央一号文件《国务院关于切实加强农业基础建设，进一步促进农业发展农民增收的若干意见》就提出，要突出抓好农业基础设施建设，狠抓小型农田水利建设，抓紧实施病险水库除险加固等；同时逐

---

① 吉林省人民政府《2013年延边州经济运行综述》，2014年2月18日。

步提高农村基本公共服务水平,继续改善农村人居环境。目前,中国图们江地区有省、州、县(市)新农村建设试点镇14个,试点村163个,其中有8个镇、34个村是省级试点村镇。中国图们江地区继续推进了农村安全饮水、农村危房改造、林区棚户区改造三大民生工程建设。建设农村安全饮水工程386处,解决了20万农村人口和农村学校师生的饮水安全问题;完成农村危房改造1.5万多户;新建和维修改造2千多户。同时,水利基础设施建设进一步加强。中国图们江地区以主要江河险工险段为重点,推进了布河、嘎呀河、牡丹江、珲春河等主要江河治理,农田水利基本建设投资1.66亿元,修建拦河坝31座,完成渠道防渗966千米、渠系建筑物544座;林业重点实施了巩固退耕还林成果及防护林等工程。

二 中国图们江地区农村发展面临的问题

(一)城乡二元结构依然明显

党的十八届三中全会提出,城乡二元结构是制约城乡发展一体化的主要障碍。[①] 城乡二元经济结构一般是指以社会化生产为主要特点的城市经济和以小农生产为主要特点的农村经济并存的经济结构。城乡二元结构具体表现在以下方面:一是在户籍制度方面。在二元户籍制度下,中国图们江地区大量进城务工农民,虽然已经不再从事农业,大部分时间也不在农村居住,但并不能真正获得市民身份,无法在城市安家落户和融入城市,无法在就业、子女教育、医疗、社会保障、住房等公共服务领域享受同城镇居民相同的待遇,合法权益不能得到充分保护。二是在农村建设投入方面。全社会对中国图们江地区农村各次产业、各种行业的投入强度明显低于城镇,差距呈持续拉大趋势。就全社会固定资产投资来看,城镇投资是农村投资的好几倍。三是在土地征收方面。城市国有土地可以直接上市交易,农村集体土地不能直接上市交易。国家征收农村集体土地,不是按照土地的市场交易价格补偿,而是按照土地的原

---

① 本书编写组编著:《党的十八届三中全会〈决定〉学习辅导百问》,党建读物出版社、学习出版社2013年版。

有用途收益补偿，补偿标准明显偏低。近些年，随着农村征地规模的不断扩大，中国图们江地区农民土地财产权益受损。这些耕地基本是按土地的原有用途收益补偿，农民土地财产损失较大，一定程度上导致中国图们江地区农村建设资金匮乏。

（二）城乡基础设施投入不均，农村基础设施投入不足

长期以来，大量公共资源和财政资金投向城市，而中国图们江地区农村基础设施主要由农民自主解决。由于国家资金投入不足，农民又无力投入，农村基础设施水平较差。例如，中国图们江地区农村饮水安全率不到60%，农村砖混结构住房只占70%，并且很大部分没有配套的基础设施。中国图们江地区城乡公共资源分配不公、城乡教育发展不均衡等问题仍比较突出，城乡居民享受教育资源无论从数量还是质量上，均存在很大差距；各类综合、专业大型医疗机构均集中在城市，农村三级医疗机构的医务人员、设备配置无法满足需求，虽然新型农村合作医疗制度不断完善，但总体上看病难、看病贵问题没有得到有效解决；新型农村社会养老保险虽然实现全覆盖，但保障水平仍然较低。

（三）城乡发展一体化载体建设滞后，农村产业化水平不高

城乡发展一体化的载体是产业。由于中国图们江地区属于边疆农村闭塞落后区域，人们的旧思维方式、老工作方法、"等、靠、要"的思想观念无法适应千变万化的新形势、日新月异的新要求。中国图们江地区的农村产业化还存在诸多问题。一是特色产品开发不足，一些地区忽视特色农产品的开发，虽然有一些设施农业，但基本停留在示范阶段，推广价值较小。二是龙头企业发展滞后，一些地区农产品加工企业规模小，农业产业链没有形成，农产品附加值有待提升。三是特色产业和产业集群没有形成，一些地区产业规划缺乏长远设计，没能形成集聚，导致竞争力不强。四是中国图们江地区农业经营体系还呈现出集约化不足、专业化不深、组织化不高、社会化不广的现状，现代农业经营体系建设滞后。另外，农村产业化需要城市的支撑，然而中国图们江地区还处于工业化初期向中期跨越的阶段，工业发展比较滞后，工业反哺农业的能力不强，城市带动农村的动力不足。

（四）城乡居民收入差距悬殊，农村居民收入水平低

近几年来，中国图们江地区城镇居民收入年均增长15%，而农民纯收入年均增长8.6%。因此，多数年份城市居民收入增长速度快于农民收入增长速度，城乡收入差距逐年拉大。如果加上城镇居民在教育、住房、医疗以及公共用品的消费，以及兼职收入等，城乡居民间的收入差距会变得更大。收入差距导致消费水平和消费结构出现剪刀差。因此，中国图们江地区城乡居民消费水平差距依然明显。据统计，2013 年，中国图们江地区城镇居民人均可支配收入 25811 元，农村居民人均纯收入 9675 元，前者是后者的 2.7 倍。中国图们江地区农村居民恩格尔系数为 80%，高于城镇居民 20 个百分点。由此可见，整体上中国图们江地区城乡居民收入差距较大，农村居民生活水平远不及城镇居民。

三 中国图们江地区农村发展的对策展望

（一）推进农村城镇化和机制体制创新，冲破城乡二元结构

要实现城乡建设的统一规划、实施和资金投入，建设一批功能齐全的中心镇，建成农村小城镇，① 从而推进农村城镇化进程。并且要在中国图们江地区县城、中心镇、中心村规划建设一批高水平的新社区，引导农村人口向城镇集中、生活居住向小区集中，不断改善农民群众居住条件，提高农民群众生活质量。中国图们江地区城镇部分地区可以通过引入新的工业现代化企业，提高新型工业化水平，提高其对农村经济的辐射带动作用。通过基础设施建设和城市功能完善，提高城镇对农村转移劳动力的承载能力。中国图们江地区要冲破城乡二元结构，要鼓励农户采取多种形式流转土地承包经营权，引导农户将分散经营的土地向专业合作组织、种植大户集中，建立健全土地流转长效机制，鼓励和引导专业农场、专业合作社等经济形式的发展。要冲破传统二元体制的制度制约，提高资源配置效率和公平性，实现劳动力、资金和土地等要素的科学配置，逐步构建随居民就业迁徙的城乡统一户籍管理制度、城乡一体的就业失业登记管理制度、城乡一体的就业服务制度和城乡一体的就业保障制度。

（二）进一步完善农村基础设施，加快社会事业发展

首先，要加强重点水利工程建设、大中型水库除险加固以及大中型

---

① 赵晶君：《我国农村经济发展存在的问题及对策研究》，《中国新技术新产品》2011 年第 14 期。

泵站改造、排灌沟渠河系维护工作，不断提高中国图们江地区农村的防洪抗旱抗灾能力；其次，要进一步完善农村路网和路况，改善农村交通状况，切实解决中国图们江地区农村出行和货物运输难的问题；再次，大力发展农村文化教育事业，提高农村人口素质。提高乡镇文化站和村文化室的利用效率，在经济落后县市或农村推行15年义务教育，减轻农村家庭教育负担，加强农村职业教育和农村中小学现代远程教育项目建设。同时，还要进一步发展农村医疗卫生和社会保障事业。发展农村卫生事业，提高县级医院、乡镇卫生院、村卫生室的数量和质量，努力解决农民看病难问题。还要不断扩大新农合和城镇居民医保覆盖范围，逐步提高报销比例，切实解决好群众看病贵的问题。逐步扩大农村居民养老保险试点范围，提高农民参保率，让广大农民群众实现老有所养、老有所依。

（三）进一步推动农村产业化，完善农村金融支持服务

中国图们江地区农村要不断推进产业化进程，不能将产业停留在初级农产品生产上，要大力发展农产品加工，提高产业附加值。所以，中国图们江地区农村要打造"种植—生产—加工—销售"一条龙的产业链，并且要积极寻找农业产业链在城乡间延伸的动力和路径，促进农业产业链在城乡之间不断延伸。鼓励和引导乡镇企业的发展，培育和扶持龙头企业，以龙头企业带动其他落后企业，以产业化示范村带动产业化落后村，相互帮扶和带动，促进中国图们江地区农村产业化整体的发展。还要凭借优质的产品，打造品牌效应，引导鼓励乡镇企业申报中国驰名商标、吉林省著名商标和"三品一标"认证等，从而给中国图们江地区农村经济带来额外的品牌收益。同时，2013年国务院办公厅发布的《关于金融支持经济结构调整和转型升级的指导意见》提出，优化"三农"金融服务，统筹发挥政策性金融、商业性金融和合作性金融的协同作用，发挥直接融资优势，推动加快农业现代化步伐。鼓励涉农金融机构在金融服务空白乡镇设立服务网点，创新服务方式，努力实现农村基础金融服务全覆盖。目前，中国图们江地区农村发展还面临着资金不足的困难，单纯依靠政府的资金投入是远远不够的，所以要开拓农村的自主融资通道，依靠金融机构，实现农民或乡镇企业自己解决资金问题。要发挥农信社、农商银行以及农业银行的主力作用和各大中型商业银行的支持作用。针对中国图们江地区内不同的农业经济的特点，推出不同的农业融资优惠服务。对普通农民，可以提供低利息小额贷款；对于经济效益好的龙头企业,可以给予贷款额度提高和利息优惠。

(四)重点发展特色生态农业,增加农民收入

按照生态学和经济学原理,生态农业是运用现代科学技术成果和现代管理手段,以及传统农业的有效经验建立起来的,能获得较高的经济效益、生态效益和社会效益的现代化高效农业。它要求把发展粮食与多种经济作物生产,发展大田种植与林、牧、副、渔业,发展大农业与第二、第三产业结合起来,利用传统农业精华和现代科技成果,通过人工设计生态工程协调发展与环境之间、资源利用与保护之间的矛盾,形成生态上与经济上两个良性循环,经济、生态、社会三大效益的统一。中国图们江地区农村要充分利用本地区生态优势和资源禀赋,以大量科技投入作为支撑,发展有地区特色的生态农业。充分发挥农业科研单位、院校和农业科技东北创新中心等科研机构的作用,将最新的科技成果及时应用于人参、黑木耳、大米、苹果梨、延边黄牛和长白山梅花鹿等中国图们江地区特色产业和林地经济开发的实践中,建设农业科技园区。与此同时,还要进一步普及生态农业新技术,在发展农村经济的同时,防治农村生态环境的污染,并积极推进循环经济,实现中国图们江地区农村的可持续发展。同时,生态农业作为一种现代化的农业发展形式,会为农业和农民带来更大的经济效益。所以要鼓励和支持中国图们江地区农村通过发展生态农业、循环经济等形式,提高农民的收入,并利用多种经营,发展与之相关的农业服务业,增加农业收入,提高农民生活水平,逐步缩小城乡收入差距。

总之,推进中国图们江地区农村发展和城乡一体化进程是一项长期的、艰巨的和复杂的工程,应该积极贯彻落实党的十八大和十八届三中全会精神,给予农村高度的关注和重视。虽然在中国图们江地区各级政府的努力下,农村经济社会有了较大发展,但还要清楚地看到其城乡一体化过程中的种种问题。所以,中国图们江地区还要不断推进农村城镇化和机制体制创新,冲破城乡二元结构;进一步完善中国图们江地区农村基础设施,加快社会事业发展;进一步推动农村产业化,完善农村金融支持服务;通过科技投入,重点发展特色生态农业,提高农民收入;利用图们江区域开发的契机,推进中国图们江地区农业的开发开放。这样,才能推进中国图们江地区城乡一体化进程,并在城乡一体化背景下,促进中国图们江地区农村的发展。

第三篇　中国图们江地区农村社会贫困研究

中国图们江地区农村贫困问题的成因分析[*]

中国图们江地区作为中国唯一的朝鲜族自治州,属于边疆地区,农业人口众多,朝鲜族人口占中国朝鲜族总数的 40.24%。分析研究中国图们江地区农村贫困问题是关系到边疆稳定、民族团结的重要问题。因此,本文以中国图们江地区为主,阐述中国图们江地区农村贫困现状,侧重于从社会角度分析中国图们江地区农村贫困的特征,结合实地调查,归纳总结出中国图们江地区农村贫困的现状和成因。

一 中国图们江地区农村贫困的现状

目前,中国图们江地区农村贫困人口存在身体素质差、养老困难、婚姻适龄青年结婚难等社会问题,这些社会问题也影响着中国图们江地区农村扶贫工作的开展和农村经济发展,分析这些现状也有助于剖析中国图们江地区农村贫困问题的成因。

(一)贫困人口的身体素质差,健康状况不容乐观

贫困使人们难以支付巨额的医药费用,因此当面临重大疾病时,许多人无法接受正规的治疗,严重影响了贫困人口的健康。在调查中我们发现,中国图们江地区农村贫困人口的健康问题不容乐观。微薄的收入、落后的医疗卫生设施和高额的医疗费用使贫困人口存在治病难问题。据统计,新农合在中国图们江地区农村地区的覆盖率已超过90%,但是没有达到吉林省新型农村合作医疗参合率的平均值,而且中国图们江地区对常规药物和治疗的报销比例达到75%。2013年,中国图们江地区共有各种卫生机构269个,专业卫生技术人员12672人,其中,执业医师

---

[*] 本文主要内容原载《社会科学战线》2014年第9期;《延边大学农学学报》2014年第3期。

4293人，注册护士5106人。卫生机构拥有病床10869张。平均每万人拥有卫生技术人员59人，拥有病床51张。村卫生室939个，医生1104人。[1] 中国图们江地区共有1051个行政村，平均每村拥有0.76个卫生室，0.9个医生。医疗卫生设施与医护人员的缺失使农村村民的疾病难以得到及时、有效的解决。加之一些重大疾病的药品和治疗的巨额费用难以报销，双重因素致使中国图们江地区农村贫困人口的健康状况令人担忧。我们对中国图们江地区的图们、珲春等地的农村贫困人口进行了抽样调查。在1850人的抽样调查总人数中，健康的人数为350人，占总人数的18.9%；残疾的人数为100人，占总人数的5.4%；患病的人数为1400人，占总人数的75.7%，可见，中国图们江地区农村贫困人口的身体健康状况不容乐观，患有一种以上的慢性疾病的比例也远远高于吉林省农村居民慢性病总患病率55.7%的水平。[2] 贫困问题与健康问题相互作用。疾病的发生是致贫的重要原因，而贫困又导致家庭缺乏收入来维持健康，这形成了一个恶性循环，使当地的贫困程度进一步加重。[3]

（二）老年人生活贫困问题，养老问题难解决

1992年中韩建交后，中国图们江地区大量村民利用语言、地缘优势出国打工，特别是绝大多数青壮劳动力都出国，不能陪在老人的身边。随着年龄的增加，农村老年人不可避免地成为社会的弱势群体，中国图们江地区农村老年人保障制度还未完善，且儿女大多不在身边，疾病较多，医药费用大，使许多老年人陷入养老难甚至贫困的境地。在吉林省60岁及以上老年人占总人口的16%，而在中国图们江地区农村劳动力的转移使得老年人在现有人口中的比例高达66%，在贫困人口中老年人的比例为70%以上，而这些农村贫困的老年人患病的概率为90%。农村老年人大多无收入来源或收入较低，主要依靠子女和国家救助维持生活和养老。在调查中发现，约67%的老年人子女不在身边，其中有23%的老年人收到了子女的定期汇款，有77%的老年人没有收到过子女的定期汇款。

---

[1] 延边州统计局编：《延边朝鲜族自治州2013年国民经济和社会发展统计公报》，2014年3月4日。
[2] 吉林省统计局编：《吉林省2013年国民经济和社会发展统计公报》，2014年3月21日。
[3] 于晓薇、石静、李菊英：《中国贫困人口健康问题研究述评》，《广西经济管理干部学院学报》2009年第3期。曾晨：《农村居民健康对我国农村人口相对贫困的影响——以我国中西部为例》，《农村经济》2010年第9期。

中国图们江地区超过90%的农村老年人选择在家中养老，但有近30%的老年人表示如果有钱支付养老费用，他们会选择在养老院养老。如今中国图们江地区农村老年人的养老面临着"在家无人，出外无钱"的尴尬局面。

（三）适龄男青年家庭贫困，结婚问题难

中国图们江地区农村许多人出国打工带来了一系列社会问题。其中，最大的问题便是没有出国的适龄男青年结婚难的问题。在中国图们江地区农村30—40岁的适龄男青年的"初婚难"和"离婚再婚难"的现象愈加突出。在中国图们江地区农村有90%以上的适龄女性外出务工（主要是前往韩国），而留在本地的适龄女性多为已婚或患有疾病、残疾。中国图们江地区农村贫困人口中的适龄男青年由于收入较低且无固定工作，自身或家中父母患有严重的疾病，丧失劳动能力，家庭生活困难导致结婚难。此外，在实地调查中我们还发现，在已经结婚的人口中，有超过1/5的受访男性表示与远在韩国打工的妻子由"假离婚"逐渐变为"真离婚"。约有超过半数的朝鲜族女性为前往韩国打工，与丈夫假离婚，但随着时间的推移，在几年之后双方渐渐失去联系，由"假离婚"变为"真离婚"。结婚难的现象直接影响了中国图们江地区农村社会经济的可持续发展，不利于中国图们江地区农村的脱贫致富。

二　中国图们江地区农村贫困问题的成因

（一）经济发展滞后，社会化服务体系不健全

中国图们江地区经济发展普遍落后，属于经济欠发达地区。中国图们江地区生产总值和财政收入均不足吉林省的10%，城乡居民人均纯收入不足吉林省城乡人口人均纯收入的90%。据统计，2013年吉林省地区生产总值为12981.46亿元，财政收入为1156.96亿元。而中国图们江地区国内生产总值为853亿元，财政收入为148.5亿元，分别只占吉林省的6.6%、12.8%。[①] 2013年，吉林、长春、白山、通化、辽源地区农民人均纯收入都超过万元。而中国图们江地区农民人均纯收入仅为8291元，

---

① 根据《吉林省2013年国民经济和社会发展统计公报》和《延边朝鲜族自治州2013年国民经济和社会发展统计公报》整理。

与吉林省农民人均纯收入 9621 元相比低 1330 元，这在吉林省属于低水平，居吉林省 9 个地区中的第 8 位。① 由于中国图们江地区农业生产环境差、缺乏工业基础，面粉、服装等生活资料需从外地输入，而中国图们江地区地理位置偏僻，交通不便，运输成本较高，造成物价水平偏高。此外，农民收入低、消费高直接导致农民储蓄较少，进而影响农民对自身技能和生产机械的投资，使农业生产效率始终得不到较大的提高，这最终又导致农民收入较低，贫困问题严重的恶性循环。②

农村社会化服务体系对农村脱贫致富有着重要的影响，不健全的农村社会化服务体系对脱贫工作中的融资、科技、经济效益和品牌效应都有消极影响。中国图们江地区农村在扶贫过程中只注重植入性扶贫，而忽视了培育型扶贫，缺少对市场营销、农场管理、资金管理、融资、保险等方面的培训与普及。从整体上讲，中国图们江地区农村仍然没有形成完善健全的社会化服务体系，主要是社会化服务组织规模小、服务能力有限，不能完全满足中国图们江地区农村的需求。这对中国图们江地区农村提高农业生产率、强化农村居民综合素质、解决养老等问题上都有消极的影响。③

（二）农业生产环境差，基础设施建设滞后

自然环境与地区经济有着紧密的关系、相互影响。一个地区的自然环境与资源，会对该地区的经济发展形成约束，同时影响地区经济的发展模式。中国图们江地区位于中国东北部边疆，地处长白山山区，地形复杂，山地占总面积的 54.8%，高原占 6.4%，谷地占 13.2%，河谷平原占 12.3%，丘陵占 13.3%，基本上是"八山一水半草半分田"。而中国图们江地区多数农村分布在周边山岭地带，地形复杂，耕地面积少且土层较薄，土壤贫瘠。中温带湿润季风气候使中国图们江地区春季干燥多风，夏季温热多雨，冬季寒冷漫长，年平均气温为 2—6 摄氏度，极端最低气温在零下 23—34 摄氏度，年日照时数为 2150—2480 小时，无霜期为 100—150 天，热量不足，降水变率大，不适合农作物的生长。季风气候还使得中国图们江地区成为洪涝、干旱和雪灾等自然灾害多发地区。这

---

① 根据《吉林省 9 个地区的国民经济和社会发展统计公报》整理。
② 任春丽、王余丁、赵邦宏：《农村贫困状况调查分析》，《经济论坛》2011 年第 4 期。
③ 芦伟：《河南农村贫困地区的贫困现状与对策》，《河南教育学院学报》2011 年第 3 期。
许营：《社会转型期西部地区农村贫困问题探析》，《重庆与世界》2013 年第 4 期。

些自然现状一定程度上对中国图们江地区农业发展造成了负面影响，农业产值不高，加剧了农村贫困。

党的十八大报告中提出：坚持把国家基础设施建设和社会事业发展重点放在农村，深入推进新农村建设和扶贫开发，全面改善农村生产生活条件。[①] 农村基础设施建设的滞后已对农村贫困问题产生了较大的影响。中国图们江地区的基础设施建设滞后，特别是农村和林区的基础设施相当落后，中国图们江地区农村有效灌溉面积不足全部播种面积的一半。中国图们江地区农村主要河流海兰江、图们江、鸭绿江等的灌溉区内水利设施落后，抗旱、防洪等减灾能力弱化，在自然灾害发生时无法对农田和村庄进行有效的保护，对农村粮食生产和人们的生命财产安全造成极大的危害。2010 年，中国图们江地区遭受了特大洪涝灾害，灾害对农村造成的损失极大，农村有 9.62 万人出现了返贫现象，农村贫困人口净增 7.1 万人，使农村贫困人口数量达到 26.6 万人。[②] 近年来，中国图们江地区农村自然灾害发生的频率不断升高，若没有对水利和灌溉设施进行大规模的维修和建设，自然灾害对贫困的影响将更为显著。

（三）贫困人口受教育程度低，缺乏市场意识

阿玛蒂亚·森认为贫困的实质是能力的缺乏。[③] 中国图们江地区农村人口的思想意识落后，缺乏创业致富能力。中国图们江地区农村有丰富的土地和木材资源，大米更是以绿色、优质闻名全国。若将这些资源整合开发，面向市场，大力发展专业化集体经济，不仅能提高农民收入，帮助当地居民脱贫致富，还能增强中国图们江地区的知名度，促进中国图们江地区农村经济的发展。在调查过程中得知，中国图们江地区农村承包土地发展大规模经济的家庭，大多是来自山东、河南等地区的外乡人，他们大多举家搬迁来到中国图们江地区，专门从事承包土地生产，并取得了丰厚收入。但当地没有出国的农户却空守着丰富的资源，没有向市场看齐，没能大力发展市场经济和产业化经济，依旧实行传统的一家一户精耕细作的小农经济，或将自家的土地承包出去，每年获得 200—300 斤大米的报酬（折合成人民币 1000 元左右）。中国图们江地区农村贫困问题依旧没有得到彻底解决，其中农民缺乏经济进取的精神，单纯依

---

① 本书编写组编著：《党的十八大报告学习辅导百问》，党建读物出版社 2012 年版。
② 沈万根：《延边地区农村贫困问题及其治理对策》，《延边大学学报》2011 年第 6 期。
③ 刘远亮：《阿玛蒂亚·森的贫困理论研究》，首都经济贸易大学 2013 年。

靠政府救助维持基本的生活，没有依靠自己努力发家致富的思想意识是中国图们江地区农村贫困问题难以解决的重要因素。[①]

从表 1 中可以看出，在总共 1850 人的抽样调查中，文盲有 50 人，占总数的 2.7%；小学文化程度的为 1314 人，占总数的 71.0%；初中文化程度的为 375 人，占总数的 20.3%；高中及以上学历者为 111 人，占 6.0%。小学学历占的比例最高，是最大的群体。其次是初中学历的人多。可以总结出，中国图们江地区农村人口受教育程度较低，不利于中国图们江地区农村经济发展和农业科技推广，阻碍中国图们江地区农村脱贫工作。

表 1　　　　　中国图们江地区农村贫困人口受教育程度

受教育程度	人数（人）	所占比例（%）
抽样总人数	1850	100
文盲人数	50	2.7
小学人数	1314	71.0
初中人数	375	20.3
高中及以上人数	111	6.0

资料来源：对汪清、龙井、和龙、图们、珲春等地的抽样调查结果。

（四）农村劳动力缺乏，人才外流严重

劳动力是生产资料之一，其自始至终都是一项极为重要的生产要素，对带动经济发展起着直接的推动作用。丰富的劳动力，特别是高素质的劳动力，将会提高人力资本水平，从而才能促进经济社会的快速发展。近年来，中国图们江地区农村地区大量劳动力外流。2012 年吉林省农村地区迁出人口为 7.78 万人，其中中国图们江地区迁出人口为 6.66 万人，人口机械增长率为 -1.9‰，[②] 大量劳动力外出务工或移居。外出务工者主要前往韩国或韩企较多的青岛等地，这些地区经济发达，生活水平较高，许多务工者为追求更好的生活而定居当地。中国图们江地区农村人口外流、人口负增长、劳动力减少的影响更加明显。

---

① 韩林芝、邓强：《我国农村贫困主要影响因子的灰色关联分析》，《中国人口·资源与环境》2009 年第 4 期。

② 根据《吉林省 2013 年国民经济和社会发展统计公报》和《延边朝鲜族自治州 2013 年国民经济和社会发展统计公报》整理。

表 2 2010—2020 年中国图们江地区农村人口状况

年份	农村人口（万人）	农村劳动力资源（万人）	农业从业人员（万人）
2010	73.29	41.97	35.77
2011	72.04	41.44	32.56
2012	69.87	40.53	31.04
2013	68.91	39.07	29.42
2014	69.58	39.30	30.32
2015	63.53	38.61	30.34
2016	65.44	38.09	28.72
2017	64.49	37.54	27.76

资料来源：根据《延边统计年鉴（2018）》数据整理得出。

从表 2 中可以看出，中国图们江地区农村人口的自然增长率极低，有些年农村人口自然增长率出现负增长。农村劳动力资源是指适龄农业劳动的人员，从 2011 年开始出现减少，2010—2017 年间共减少 4.43 万人。虽然农村劳动力资源没有明显的变化，但是农业从业人员却年年减少，从 2010 年的 35.77 万人减少到 2017 年的 27.76 万人，共减少 8.01 万人，年均减少 1.0 万人。可见，农业从业人员的减少不是受到农村劳动力资源减少的影响，而是受到中国图们江地区外出务工、人口外流的影响。而外出务工者中，初中及高中学历的劳动力占七成以上。同时，学生到外地读书、工作并定居也是中国图们江地区农村人才流失的重要原因。朝鲜族是重视教育的一个民族，中国图们江地区农村每年有朝鲜族学生前往外地读书接受高等教育，这些大学生中超过 95% 会在外地工作，只有极少数的人会回到家乡县城发展。劳动力的缺乏、人才的外流，使中国图们江地区农村的经济缺乏最基础的生产资料和消费市场，劳动力是最具创造力的生产资料，不管外部条件和政策再好，没有扶贫致富的主体，贫困问题都难以彻底解决。

三 中国图们江地区农村贫困问题的对策建议

中国图们江地区农村贫困问题及扶贫任务依旧十分艰巨，想要彻底解决该地区的贫困问题还需要很长的时间和政府的继续努力。结合对中国图们江地区的调查和分析，对解决中国图们江地区农村贫困问题，有以下几点建议。

第一，要政府高度重视。在当前情况下，解决中国图们江地区农村贫困问题，核心还在当地政府。当地政府必须积极贯彻"十二五"规划以及党在农村的各项政策，有效利用各项优惠政策，努力争取国家的扶贫开发项目，利用国家资金努力发展本地经济，为解决中国图们江地区农村贫困问题提供充足的资金支持。

第二，要大力发展集体经济。中国图们江地区农村自然资源丰富，发展集体经济，扩大耕种规模和机械的使用范围，不仅能够形成规模效益，提高农民收入，还能在农村劳动力缺乏的情况下有效解决农村贫困问题。

第三，要提高贫困人口自我发展能力。当地政府要积极对中国图们江地区农村居民进行教育和培训，提高农村贫困人口的基本素质，改变人们的思想观念，提高自我发展能力。

第四，要加强农村保障措施。调整低保和五保户申请条件，使低保和五保等保障政策的标准与实际生活中农村居民的贫困情况相适应，真正做到"好钢用在刀刃"上，使中国图们江地区农村贫困人口得到切实的保障。[①]

[①] 杨颖：《从中国农村贫困的特征分析看反贫困战略的调整》，《社会科学家》2012年第2期。孙法臣：《当前我国农村扶贫开发面临的几个问题》，《中国发展观察》2013年第3期。

中国图们江地区农村贫困问题及其治理对策[*]

自 1978 年以来，随着我国改革开放的深入，中国图们江地区的各级政府领导积极贯彻落实西部大开发优惠政策以及党在农村的各项政策，掌握信息，抢抓机遇，争取资金，落实项目，加大农业结构调整力度，加强农业产业化建设，积极参与社会主义新农村建设，在脱贫致富工作上取得了一定的成绩。但在中国图们江地区的 8 个县市中仍有 4 个国家级贫困县，仍有 26 万多人未脱贫。这不仅影响中国图们江地区推进社会主义新农村建设和构建社会主义和谐社会，而且影响中国图们江地区实施"十二五"规划。为此，本文从中国图们江地区农村贫困基本情况着手，对中国图们江地区农村贫困问题进行深入研究。在此基础上，提出中国图们江地区农村贫困问题的治理对策。

一 中国图们江地区农村贫困问题的基本情况

根据 2010 年《延边统计年鉴》，2009 年末，中国图们江地区共有 217.8 万人。其中，非农业人口为 144.6 万人，占中国图们江地区总人口的 66.4%；农业人口为 73.2 万人，占中国图们江地区总人口的 33.6%。[①] 根据国家统计局发布的贫困标准分析，2004 年中国图们江地区农村贫困人口为 32.66 万人，占中国图们江地区农业人口的 44.6%。为了解决严重的农村贫困问题，中国图们江地区采取各项措施，把农村贫困人口减少到最低点。例如，2005 年中国图们江地区农村贫困人口减少为 28.48 万人，2006 年减少为 23.2 万人，2007 年减少为 21.7 万人，2008 年减少

---

[*] 本文主要内容原载《延边大学学报》2011 年第 6 期。
[①] 根据《延边统计年鉴（2010）》整理。

为 17.7 万人，到 2009 年减少为 19.5 万人，占中国图们江地区农业人口的 26.6%。[①] 这些农村贫困人口的减少与中国图们江地区扶贫开发工作是分不开的。那么，中国图们江地区扶贫开发工作主要取得了哪些成绩呢？具体有以下几方面。

（一）实施了贫困地区整村推进工程

中国图们江地区采取了统一组织、分类指导、因村施策、整体推进的办法，对贫困村比较集中的地区，加大连片开发工作力度，实施贫困地区整村推进工程。各地各相关部门切实负起责任，完善工作举措，形成了政府主导、部门配合、群众参与的扶贫开发工作的格局。立足实际，解决制约贫困村发展的突出问题。选好扶贫项目，通过实施扶贫项目积极地改善农村贫困群体的生产条件和生活环境，完成脱贫致富任务。

（二）加大了各项资源整合投入力度

中国图们江地区发展和改革委员会负责落实以工代赈资金，中国图们江地区财政局落实新增财政扶贫资金，中国图们江地区民委负责落实民族发展资金和扶贫小额贴息贷款。农业、水利、交通、广电、民政、民委、教育、卫生等部门，充分发挥行业优势，在政策和资金上向农村贫困地区和整村推进的重点村倾斜。尤其是在农村泥草房改造工程、农村安全饮水工程、农村公路村村通工程等方面给予优先安排。[②] 积极开展党政机关定点扶贫和社会帮扶工作，采取多种形式，将人才、信息和项目等引导到农村贫困地区，形成大扶贫格局，为贫困人口实现脱贫致富创造条件。

（三）开展了农村贫困劳动力转移培训工作

以扶贫为宗旨，以提高农村贫困人口自我发展能力为目的，大力实施了以培训转移农村贫困劳动力为内容的"雨露计划"，开展了针对性和实用性强的职业教育、创业技能和实用技术培训，达到了"一次培训、长期受益，一人就业、全家脱贫"的目标。[③] 中国图们江地区各县市财政大量投入资金用于"阳光工程""雨露计划"培训项目。加强对参训贫困学员职业技能鉴定的组织与指导，认真落实农村贫困劳动力转移就业的各项政策，帮助贫困农民解决了在就业、创业中遇到的实际困难。

---

① 根据延边朝鲜族自治州扶贫办提供的有关数据整理。
② 延州发改字〔2010〕12 号，2010 年。
③ 延州发改字〔2010〕12 号，2010 年。

(四) 推进了农业产业化扶贫政策

根据中国图们江地区农村贫困地区的各种资源条件，为农村贫困家庭制订出有效的农业产业化发展计划，发展高效农业和特色农业，促进了农业粮食增收和农村畜牧业发展，提高了防灾避灾能力。积极安排扶贫到户贴息贷款扶持贫困家庭发展种植业和养殖业。积极推进农业产业化扶贫，[①] 引导龙头企业在贫困村建立农业生产基地，协调龙头企业与贫困农户建立合作机制，带动贫困农户增收。这些扶贫开发工作，农村的贫困状况明显缓解，许多地方已摘下了贫困村帽子，脱贫的速度不断加快，基本实现了"八七"扶贫攻坚的战略目标。但还有相当数量的中国图们江地区农村的农民刚刚进入温饱线，农民纯收入较低并且不稳定，一旦遇到自然灾害很容易返贫。例如，2010 年由于遭受了特大洪涝灾害，中国图们江地区农村有 9.62 万人出现了返贫现象，农村贫困人口净增 7.1 万人，农村贫困人口数量达到 26.6 万人。[②] 解决中国图们江地区农村贫困农民脱贫需要一个较长时期。目前，中国图们江地区的农村贫困农民主要分布在汪清、安图等扶贫开发重点县和珲春、图们等非重点县的民族地区和边疆地区，那里地处高寒边远地区、交通运输条件很差、信息不畅通，发展农业生产和提高农民纯收入水平的难度较大。因此，现阶段，中国图们江地区农村贫困问题依然十分严峻。

二 中国图们江地区农村贫困问题的原因

(一) 贫困人口素质较低，思想观念落后

由于中国图们江地区农村贫困地区特别是边境和山区的地理位置偏僻，交通不便，通信不畅，信息闭塞，阻碍了产品和信息的交流，无法产生很好的经济效益。同时，中国图们江地区农村贫困人口受教育年限短、素质较低，造成中国图们江地区贫困人口的思想观念落后，接受新事物、新技术的能力差，市场意识和竞争意识淡薄，"等、靠、要"思想严重，宁愿苦熬，不愿苦干，缺乏自觉改变落后、摆脱贫困的信心和决

[①] 延边朝鲜族自治州扶贫办：《统筹规划，开拓创新，全力做好开局年的扶贫开发工作》，2011 年。

[②] 根据延边朝鲜族自治州扶贫办有关数据整理。

心。我们在实际调查中发现,约有8%的农民学历在高中以上水平,有28%的农民达到初中水平,超过64%的农民的文化程度在小学以下,其中10%的农民是文盲。中国图们江地区农村贫困人口的文化素质较低是中国图们江地区农村贫困的重要原因之一。

(二) 基础设施薄弱,自我发展能力差

中国图们江地区的基础设施建设存在巨大的历史欠账,公路等交通设施很落后,目前有2个乡镇不通水泥路,有342个行政村不通硬面路。口岸通关等设施、水电等保障设施、农村和林区等基础设施都相当落后,如中国图们江地区有效灌溉面积仅为播种面积的24.2%。主要河流图们江、海兰河、布尔哈通河、牡丹江等灌区基础设施还没有规划实施,抗旱防涝减灾能力弱化。这些落后的基础设施,严重影响中国图们江地区农村贫困地区自我发展能力,束缚了中国图们江地区农村经济社会的发展。

(三) 自然灾害多,农业生产环境较差

中国图们江地区地处长白山区,临近日本海,无霜期短,有效积温低。自然灾害种类多,且发生频繁,是世界气象组织公认的灾害多发区。经常遭受旱、涝、风、雹、冷害的交替侵袭,低温冷害十分严重。[①] 加上中国图们江地区耕地总量少,山地多,土质薄,且零星分散,中国图们江地区粮食总产量徘徊在60万吨左右,是吉林省唯一粮食不能自给的地区,中国图们江地区农村贫困人口丰年温饱,灾年返贫,返贫率居高不下。因此,自然灾害是制约中国图们江地区农村贫困人口脱贫致富的第一因素。

(四) 农业生产水平低,农业产业化滞后

中国图们江地区农村贫困地区在农业生产方式较低、农业现代机械化水平非常低的情况下,农业生产依然依靠十分落后的农业生产劳动工具,即人力、畜力和手工工具。所以,中国图们江地区农村贫困地区农业是以单一粮食种植业为主体,以人口数量的增加和利用锄头、犁、耙等生产手段的体力劳动为主的生产。这样落后的生产方式所形成的单一经营和靠天吃饭是产生农村贫困和加剧农村贫困的重要原因。同时,中国图们江地区农村贫困地区的农业产业化起点较低、层次不高、现代农

---

① 刘坚主编:《新阶段扶贫开发的成就与挑战》,中国财政经济出版社2006年版。

业产业化辐射带动作用不大，农业竞争力和农业发展后劲不足，因此，中国图们江地区农业生产还不算现代意义上的"农业产业"。所以，农业生产水平落后，农业产业化水平低是影响中国图们江地区农村贫困人口脱贫致富的又一个因素。

（五）财政困难，难以拿出大量资金专项用于扶贫开发

中国图们江地区各县市财政收入水平低，其中汪清、安图、龙井、和龙4个国家级贫困县市的人均财政收入在200元以下，中国图们江地区各级财政难以拿出很多资金用于农村扶贫开发项目。① 另外，中国图们江地区社会发展负担重，各项扶贫配套资金筹集相当困难。扶贫开发资金的有限，直接影响了国家扶贫重点开发县市的农村贫困问题的解决。

三 解决中国图们江地区农村贫困问题的治理对策

（一）解放思想，更新观念，提高中国图们江地区贫困人口的基本素质

中国图们江地区各县市、各乡镇领导干部要克服搞扶贫开发就是伸手向上要钱的陈旧观念，要在上级必要的扶持下，组织和带领农村广大贫困群众大力发展农业经济，依靠自身的力量解决农村贫困问题。同时，要贯彻落实党在农业农村的有关方针政策，积极组织中国图们江地区农村贫困农民开展"参与式"扶贫开发，针对贫困产生的原因，积极探索脱贫致富途径，制定脱贫致富的有效机制，教育贫困农民克服懒惰和散漫的不良习惯以及"等、靠、要"思想，② 要发扬自力更生、艰苦奋斗的精神，并且要大力提高中国图们江地区贫困人口的基本素质，开展智力扶贫，强化义务教育。一方面，中国图们江地区对困难家庭的学龄儿童给予资助，让农村失学儿童重返校园，为农村学龄儿童和初中学生创造学习条件。另一方面，中国图们江地区教育农民与陈旧观念决裂，接受外来先进观念和新信息，鼓起致富的勇气，开拓脱贫致富的智慧，树立

---

① 根据延边朝鲜族自治州扶贫办的有关数据整理。
② 丁军、陈标平：《构建可持续扶贫模式，治理农村返贫顽疾》，《社会科学》2010年第1期。

市场意识、竞争意识,进而实现脱贫目标。

(二)继续组织开展科教扶贫,提高中国图们江地区自我发展能力

扶贫先扶"智",治穷先治"愚"。[①] 要加大中国图们江地区农村贫困地区教育科技扶贫投入,改善农村贫困地区办学的条件,扶持中国图们江地区农村贫困地区儿童完成九年制义务教育,普及中国图们江地区农村科学技术教育,搞好各种科学技术培训,扫除农村青壮年文盲和半文盲,提高农村贫困人口的科学种养水平和文化素质,培养农村贫困人口自我发展能力,增加中国图们江地区农副产品的科学技术含量。对此,一方面,要积极办好科学技术培训班。中国图们江地区政府有关涉农部门可以根据贫困村民不同的文化程度,在耕作技术、养殖加工、经商技巧等方面,办好各种科技培训班。请专家学者、技术人员、有经验的种养与加工专业户用深入浅出的道理讲课,向村民传授科技知识,并有针对性地在田间山头巡回现场、养殖与加工现场进行指导,使他们尽快掌握实用技术。[②] 另一方面,要抓好科学技术下乡工作。组织延边大学、中国图们江地区内科研院所和农业推广系统的专家学者到农村送科学技术,鼓励专家学者与贫困村民签订有关合同,使他们形成利益共同体,培养中国图们江地区农村科学技术示范户,发挥这些示范户的带头作用,让中国图们江地区贫困村民掌握农业实用技术,提高脱贫致富的本领。

(三)加强中国图们江地区贫困农村的基础设施建设,进一步改善农业生产条件和生态环境

要加强中国图们江地区贫困乡村的农田水利、交通、电力、通信、广播、电视等基础设施建设,[③] 进一步改善农村贫困地区的农业生产条件和生活环境,增强农村经济和农业发展后劲,不断提高各种抗灾的能力。因此,中国图们江地区要精心规划、认真设计,加大贫困村的交通建设、水利设施和电力设施等基础设施建设。同时,中国图们江地区要加强统筹发展规划,突出发展重点,实行农村山、林、水、田、路等综合治理,把中国图们江地区农村贫困地区的基础设施建设与农村小城镇建设、新农村新居工程建设有机地结合起来,最大限度地做到中国图们江

---

① 李文政:《我国农村贫困治理的现状与路径》,《沈阳农业大学学报》2009年第7期。
② 杨安娜:《我国农村贫困村贫困原因及脱贫对策》,《企业家天地》2009年第7期。
③ 丁继、于萨日娜:《中国农村贫困问题研究》,《宏观经济》2010年第11期。

地区农村资源的合理配置，减少各种资源浪费，并且要同中国图们江地区农村生态建设结合起来，加大中国图们江地区植树造林、种草和小河流域综合治理力度，控制水土严重流失，减少自然灾害，有效保护耕地，提高中国图们江地区农村贫困地区可持续发展能力。另外，中国图们江地区要对少数居住在缺乏生存条件的农村贫困群众实行移民开发。在一些地处偏远、人员稀少地区，办学、架电、修路、饮水等基础设施建设代价巨大，而且一些没有发展前途的贫困村庄，以及一些坐落在山脚下、河岸边，受到洪水和山体滑坡严重威胁的贫困村庄，在今后一段时期内都须搬迁，从而改善中国图们江地区贫困人群的生活条件和生存环境。

（四）进一步推进中国图们江地区农业产业化扶贫，带动农民稳定增加收入

贫困地区实施农业产业化不仅有利于以家庭为单位的小规模经营进入统一大市场，而且有利于贫困地区合理开发、利用贫困地区自然资源、保护贫困地区生态环境、优化贫困地区产业结构。[①] 因此，要加快农业产业化进程，使中国图们江地区农村贫困群众在产业化经营中增加收入，提高脱贫致富的能力。要依托中国图们江地区农村贫困地区的资源，重点培育和扶持农副产品深加工，为贫困农民提供服务和带动贫困农户发展商品生产的"龙头企业"。要因地制宜地扩大中国图们江地区农村生产规模，实行农业生产专业化、区域化生产布局，避免雷同或无序竞争，要根据产品建龙头，围绕龙头建基地，建立健全利益调控机制，切实让中国图们江地区贫困农民在农业现代产业化中得到更多实惠，增加农民的纯收入。要积极引导和鼓励具有市场开拓能力的农产品加工企业，到中国图们江地区农村贫困地区建立各种原料生产基地，形成"企业+农户""农民经济组织+农户"的现代农业产业化经营模式。[②] 要加快中国图们江地区农村经济结构调整，提高农村第二、第三产业比重，大力发展贫困农村特色产业、畜牧业和林业。所以，实施农业产业化是中国图们江地区实现贫困户解决温饱问题的模式之一，也是带动中国图们江地区贫困乡村农业走向现代化，缩小中国图们江地区农村贫富差距的现实

---

① 王俊文：《当代中国农村贫困与反贫困问题研究》，湖南师范大学出版社 2010 年版。
② 段应碧：《中国农村扶贫开发：回顾与展望》，《农业经济问题》2009 年第 11 期。

途径之一。

（五）动员中国图们江地区全社会力量参与扶贫开发

中国图们江地区是欠发达地区，各项扶贫配套资金全部依靠政府财政投入是不现实的，中国图们江地区应发挥社会各界力量，形成多元化救助和援助体制，把政府的"救"、企业的"援"与社会的"助"结合起来，形成有效合力。这样不仅有助于中国图们江地区农村贫困人口脱贫致富，而且有助于增强中华民族的凝聚力，发扬良好的社会风尚。为此，一要组织延边大学、科研院所与扶贫开发的汪清、安图、龙井、和龙 4 个国家级贫困县市开展结对帮扶。继续发动中国图们江地区各部门、各机关与重点贫困村建立结对扶贫点，加强对口扶贫，在政策、资金等方面给予大力的支持和帮助。二要非公有制经济和民间力量通过"幸福工程""光彩事业""文化扶贫""贫困农户自立工程"[①] 等多种形式的扶贫项目支持中国图们江地区农村贫困地区。特别是对能够带动千家万户增加农民收入的农副产品加工企业，能够把中国图们江地区农村贫困地区资源优势变为经济优势的开发型企业，能够安排中国图们江地区农村贫困地区富余劳动力就业的劳动密集型企业，能够帮助中国图们江地区农村贫困群众解决农副产品市场流通问题的企业等，[②] 中国图们江地区政府应给予政策上的支持，鼓励这些企业对农村贫困地区进行资金投入和经济扶贫开发。三要发动先富起来的中国图们江地区农民帮扶农村贫困群众，为中国图们江地区农村贫困农户提供种养资金和扶贫致富的各种技术，并长期开展公益性捐助活动，及时把中国图们江地区城市中更换下来的各种生活用品和其他物资转送到农村贫困地区的贫困户手中。[③]

总之，中国图们江地区农村返贫及扶贫开发的任务十分艰巨，这些工作并不是一个临时性的、阶段性的工作。中国图们江地区只有抓住许多有利条件，把握党对农村的各项优惠政策，中国图们江地区各级政府和社会各界众志成城、同心同德，提高贫困人口的基本素质，提高中国图们江地区自我发展能力，并加强中国图们江地区贫困地区的基础设施

[①] 韩广福：《中国扶贫开发基本经验国际化问题论析》，《社会科学战线》2009 年第 6 期。
[②] 王亚玲：《中国农村贫困与反贫困对策研究》，《国家行政学院学报》2009 年第 1 期。
[③] 土多旺久：《论西部民族地区全面建设小康社会的战略选择》，《西藏大学学报》（社会科学版）2008 年第 4 期。

建设，改善农业生产条件和生态环境，进一步推进中国图们江地区农业产业化扶贫，动员中国图们江地区全社会力量参与扶贫解困等，才能实现和谐中国图们江地区的目标，才能促进中国图们江地区新农村经济社会建设健康发展。

中国图们江地区边境农村贫困人口特征分析[*]

在中国图们江地区州委、州政府的正确领导下,经过中国图们江地区各族人民的共同努力,中国图们江地区新农村建设工作取得了显著成效的同时,认真贯彻党在农村的各项政策,积极争取各项扶贫基金,狠抓工作落实,农村扶贫开发工作取得了显著成绩。但是,中国图们江地区仍然存在着农村贫困人口问题,尤其边境农村贫困人口问题更加突出,这直接影响着中国图们江地区新农村建设"示范提升"工程和"美丽乡村"活动,也直接影响着中国图们江地区边境农村的社会稳定和经济快速发展。因此,本文以中国图们江地区边境农村为主,根据人口素质论、贫困恶性循环论等相关理论,从经济、教育、健康、年龄、生活、劳动力等方面分析中国图们江地区边境农村贫困人口的特征,为探索如何解决中国图们江地区边境农村贫困人口问题提供依据。

一 从经济方面看,收入水平低、资金不足

从经济学的角度出发,贫困就意味着缺少财富,缺少资本(或资金),就必然会出现劳动与资本相分离,劳动要素没有了资本,也就必然陷入贫困。[1] 经济收入水平低下将导致资本缺乏的进一步加剧。简单地说,经济收入低是贫困问题的最直观表现。据龙井、和龙、图们、珲春等边境农村贫困人口年经济收入的实际调查,2013 年中国图们江地区边境农村年经济收入在 3000 元以下(含 3000 元)的比例为 46.2%,将近一半;年经济收入在 3000 元至 8000 元之间的比例为 45.3%;而年经济收

---

* 本文主要内容原载《延边大学学报》2014 年第 6 期;《东北亚研究》2014 年第 3 期。
① 董玉芬:《西北地区贫困人口问题研究》,《人口学刊》2009 年第 2 期。

入在8000元以上的只占8.5%。因此,中国图们江地区边境农村的经济收入水平并不高,边境农村地区的农户也应是投资主体,但是这些农户经济收入低下,无法进行有效投资,农业生产规模难以扩大,在摆脱贫困问题上举步维艰。纳克斯在《不发达国家资本的形成》一书中指出,导致长期贫困的主要原因是经济中存在着许多不利影响,一环扣一环地"恶性循环",并不是因为其自身资源不足或缺乏先天条件。中国图们江地区边境农村普遍自然资源丰富,但仍然处于贫困的状态。中国图们江地区边境农村人均年经济收入水平低,这就意味着可储蓄的资本量少,低储蓄量无法形成充足的资本,导致农业生产率低下、产出大幅减少,最终使经济收入愈加低下,陷入"较低的收入—较低的购买力—较低的投资引诱—较低的资本形成—较低的生产率—较低的产出—较低的收入"的恶性循环。同时,年经济收入低下也导致购买力不高,同样陷入"较低的收入—较低的储蓄能力—较低的资本形成—较低的生产率—较低的产出—较低的收入"的恶性循环。[①] 这种恶性循环导致中国图们江地区边境农村资本积累不足,很难形成投资资本,连最基本的建设资金都无法自行筹措。

二 从教育方面看,受教育程度低、意识落后

人力资本是一种特定的资本,是指劳动者受到教育、培训、实践经验等要素投入,从而形成的知识与技能的积累,这种积累会为其所有者带来收益。个人人力资本存量的多少,与受教育程度关系密切相关。一般来说,一个人的受教育状况越好,个人人力资本存量越高;相应的技能水平越高,在劳动力市场上的竞争力就越强,也就越不容易陷入贫困。反之,则非常容易失业或者从事低收入的工作。

通常,对人口教育水平方面的考量主要表现在受教育程度上。龙井、和龙、图们、珲春等边境农村贫困人口受教育状况的实际调查显示,2013年,中国图们江地区边境农村贫困人口中约6%是高中及高中以上文化程度,约20%是初中文化程度,约70%是小学文化程度或者半文盲,

---

① 吕晨光:《发展中国家贫困问题研究》,《经济问题探索》2013年第12期。

其余约 4% 则是文盲。由于中国图们江地区边境农村贫困人口的受教育程度低，思想观念也十分落后。中国图们江地区边境农村过分依赖国家财政每年划拨的贫困补助，甚至根本没有脱贫的计划，村民参与脱贫活动的积极性也很差。加上扶贫项目在实施和管理中缺乏有效的监督，政府长期包办代替，中国图们江地区边境农村群众对政府组织实施的项目关注度不高。因此，缺乏对这些项目进行后续管理和维护的积极性，造成了扶贫行为的短期性和扶贫资源的浪费，脱贫实际情况令人担忧。大部分中国图们江地区边境农村村民的经商意识普遍薄弱，多数土地承包给外省农民，主要是内地的汉族。最主要的农村经济来源主要靠在国外打工、开饭店或其他餐饮娱乐服务业，因效益不高，仍无法完全脱贫。例如，2014 年 5 月，笔者在和龙市头道镇龙渊村实地调查发现，该村在 1982 年之前是富裕村，但在改革开放后，思想观念跟不上时代的步伐，已沦落为贫困村。

三 从健康方面看，患病率高、总体健康水平差

一般来说，个人的身体状况不仅会对其在劳动力市场上的竞争能力产生影响，更会影响其生活水平。哈比逊的人口素质论指出，影响贫困的各类素质中主要包括思想素质、文化素质和健康素质。其中，健康素质是最为基本的，也是最为关键的。可见，人口的健康水平与贫困是有莫大关系的。贫困人口由于可支配经济收入有限，营养成分摄入不均衡，甚至营养不良，身体免疫力低，对疾病和病毒的防御能力弱。贫困人口的恩格尔系数较高，投资于治疗和保健的资金少，也是患病率高、健康水平低的主要原因之一。[①] 因此，贫困问题与健康问题互为因果，疾病的发生是致贫的重要原因，而贫困又导致家庭缺乏经济收入来维持健康，逐渐形成一个恶性循环，使当地的贫困程度进一步加重。据龙井、和龙、图们、珲春等中国图们江地区边境农村贫困人口健康状况的实际调查，2013 年，中国图们江地区边境农村贫困人口的患病率高达 80%，只有少数的中国图们江地区边境农村贫困人口身体健康。所以，中国图们江地

---

① 王振军等：《基于食品消费的农村贫困线测定分析》，《人口与经济》2009 年第 1 期。

区边境农村贫困人口的健康问题不容乐观。微薄的收入、落后的医疗卫生设施和高额的医疗费用使中国图们江地区边境农村贫困人口在医疗健康道路上艰难跋涉。根据2014年的中国图们江地区统计年鉴,新农合在中国图们江地区农村的覆盖率已超过90%,对常规药物和治疗的报销比例达到75%。但2013年末,中国图们江地区共有各种卫生机构269个,专业卫生技术人员12672人,其中,执业医师4293人,注册护士5106人。卫生机构现有病床10869张。平均每万人拥有卫生技术人员59人,拥有病床51张。[①] 村卫生室939个,医务人员1104人。中国图们江地区平均每村拥有0.76个卫生室与0.9位医生。医疗卫生设施与医护人员的缺失使农村村民的疾病难以得到及时、有效的治疗。加上一些重大疾病的药品和治疗的巨额费用难以报销,双重因素致使中国图们江地区边境农村贫困人口的健康状况令人担忧。大多数农村贫困人口都患有慢性疾病和所需医疗费用较高的疾病。疾病也使得这些老弱病残群体贫困程度持续加重或导致已脱贫的人群返贫。因此,患病率高、总体身体素质差是中国图们江地区边境农村贫困的重要特征之一。

四 从年龄方面看,老年人贫困明显、脱贫难

一般来讲,当一个国家或地区60岁以上老年人口占人口总数的10%,或65岁以上老年人口占人口总数的7%时,该国家或地区就已进入老龄化社会。中国图们江地区60岁以上人口比例已接近14%,高于全国平均水平。人口老龄化程度已经超前于中国图们江地区经济社会的发展水平,在社会保障体系、社会福利制度不够健全的情况下,进入了老龄化社会。[②] 随着经济改革和对外经济的深入发展,中国图们江地区农村的青壮年绝大多数都离开家乡,前往北京、上海等国内的大城市和韩国、日本等海外谋求发展,年轻人外流现象严重,引起农村年龄结构发生很大的变化,导致中国图们江地区农村人口的老龄化现象严重。在龙井、和龙、图们、珲春等边境农村的实际调查显示,2013年中国图们江地区

---

① 延边统计局编:《延边朝鲜族自治州2013年国民经济和社会发展统计公报》,2014年9月26日。

② 延边州老年人协会:《关于加快我州养老服务业发展的建议》,2013年。

农村人口的老龄化程度很严重，60岁以上人口比例已超过40%，而中国图们江地区边境农村的比例更是超过了60%。老年人身体机能减弱，疾病增多，劳动能力逐步丧失，没有足够收入来源，成为陷入贫困的主要人群之一。虽然随着经济的高速发展及社会保障制度的逐步完善，各个年龄的收入水平和生活水平都在提高，但丧失或基本丧失劳动力的老年人与青壮年之间的差距还是客观存在的。这些老年人已不属于劳动力的构成群体，有些由于身体疾病或是残疾已经失去劳动能力，自身毫无经济来源，只能依靠子女或政府的给养来维持基本生活，部分子女的生活状态同样不尽如人意，能给予父母的物质和资金资助较少。而中国图们江地区边境农村社会保障制度及养老保险制度尚不健全，加之申请低保、五保户等补助的条件极为严苛，获得补助十分困难。有些农村贫困人口虽通过自己的劳动还能获得一些收入以保障基本生活，但也受到不同种类的疾病侵扰，仍生活在贫困之中，始终无法脱贫。

五　从生活方面看，住房条件一般、娱乐单一

住房是关乎民生的基础问题，是生活水平高低的重要体现，也是保证农村人口基本生存的重要内容。中国图们江地区边境农村住房条件的改善，对提高中国图们江地区边境农村地区农民生活水平、建设社会主义新农村、构建和谐社会都有着重要意义。若难以保障中国图们江地区边境农村地区农户的住房，那么相应的电器、通信等条件差的问题，会使中国图们江地区边境农村地区农户缺乏劳动积极性，并促使其背井离乡，寻求更好的生活环境。近年来，虽然通过社会主义新农村建设，中国图们江地区边境农村地区住房条件有了一定的改善，但是，其总体情况仍然不容乐观，部分农户依然面临着居住条件差的问题，这也是中国图们江地区边境农村地区贫困的直观特征之一。在龙井、和龙、图们、珲春等边境农村开展的贫困人口住房情况的实际调查显示，2013年中国图们江地区边境农村贫困人口草泥房的比例为19.3%，砖瓦房的比例为57.7%，并且，在调查中发现许多砖瓦房普遍已使用了10—30年，新房只占23%。可见，中国图们江地区边境农村住房条件较差。同时，中国图们江地区边境农村娱乐活动设施也较为欠缺，农户的娱乐活动较为单

一。农闲时期一般都是以打牌为主,虽然每个村都有村民活动站和门球场等设施,但是使用率不高。总体上,中国图们江地区边境农村休闲益智娱乐活动较单一,活动场所及活动条件不足。

六 从劳动力方面看,"村落空心化"现象严重、劳动力不足

"村落空心化"是一个由农村人口流动引起的农村整体经济社会功能综合退化的现象,中国图们江地区边境农村出现"村落空心化"问题有诸多因素。[1] 首先,中国图们江地区朝鲜族人口在享有政策生育空间的情况下自觉放弃多胎生育甚至是二胎生育,从而导致朝鲜族人口生育率不断下降,朝鲜族人口呈现负增长。其次,1992年,中国和韩国建交后,涉外婚姻增多,大批中国图们江地区朝鲜族女性人口流失,育龄妇女的流失是人口负增长的原因之一。再次,中国图们江地区边境农村地区大批的朝鲜族外出务工、经商,致使在村中留守的多为老年人。这些均是导致中国图们江地区边境农村出现村落"空心化"和人口"空洞化"的重要因素。中国图们江地区边境农村的"村落空心化"使得绝大部分中国图们江地区边境农村没有足够的劳动力从事生产活动来创造财富,大多数人出国后导致土地闲置,使原有的耕地荒废,土地资源浪费严重,基础设施和社会化服务日渐萎缩,从而进一步加剧了中国图们江地区边境农村的贫困。同时,"村落空心化"使得中国图们江地区边境农村难以形成市场,无法形成优势产业、支柱产业。劳动力的严重不足也导致中国图们江地区农村乡镇企业难以壮大、发展,农业生产成本大幅提高,影响农业经济效益的提升,不利于中国图们江地区边境贫困村脱贫致富。

通过上述对中国图们江地区边境农村贫困人口特征的分析,总结出中国图们江地区边境农村贫困人口脱贫应注重采取以下几点措施:第一,加大中国图们江地区边境农村基础设施投资力度,增强农村经济和农业发展的后劲,提高农村经济收入水平,积极为边境贫困村集体经济的发展创造条件,形成农村集体有效投资资本,扩大农业生产规模,摆脱边

---

[1] 陈浩天:《乡村"空心化"治理》,《理论月刊》2013年第7期。

境农村贫困问题。第二,加大对中国图们江地区边境农村"送文化、送知识、送观念"的扶贫力度,同时当地政府要积极对边境农村居民进行教育和各种农业知识培训,提高边境农村贫困人口的基本素质,改变贫困村民的思想观念,提高贫困村民自我发展的能力。第三,逐步健全中国图们江地区边境农村社会化服务体系,完善贫困农村地区的社会医疗保障制度,加大贫困农村地区的医疗卫生投入,减轻患病人员的医疗负担,对贫困农村低保制度进行改革,适当放宽申请低保等社会保障条件,防止其更深层次的贫困以及脱贫人群的返贫。第四,根据党中央"积极应对人口老龄化,加快建立社会养老服务体系和发展老年服务产业"的要求,[①] 加快建立和完善适合中国图们江地区边境农村的养老保险、城乡最低生活保障等城乡一体化的社会服务体系,提高社会保障水平,将农村贫困老年人全部纳入社会最低生活保障范围,提高边境农村"老弱病残"等丧失劳动力的老年人医疗报销的比例。逐步建立对贫困的老年家庭发放低收入生活津贴和家属津贴机制。[②] 还要将中国图们江地区边境农村的体弱多病等丧失劳动力的老年人转移到乡镇中心区或者县城里实行集中供养。第五,改善中国图们江地区边境村容、村貌,对少数居住条件恶劣的偏远自然屯实行移民开发,大力支持中国图们江地区农村产业化的发展,休闲、边境旅游及生态农业发展,及时地调整边境农村经济结构和农业种植结构,优化农村产业结构,大力发展边境朝鲜族特色产业,最终实现中国图们江地区边境农村贫困人口的脱贫致富。第六,利用中国经济腾飞的有利时期,加大宣传,使更多的朝鲜族居民意识到在中国国内也完全可以致富,改善中国图们江地区边境农村地区外部环境和内在条件,加强财政扶贫资金的管理,努力提高使用效益,建立健全扶贫资金投入和管理机制,促使更多的外出人员返乡创业,并对返乡搞专业农场的人进行宣传,化解"村落空心化"问题。

总之,对中国图们江地区边境农村贫困人口扶贫开发工作的长期性、艰巨性和复杂性,应给予高度关注和重视。只要根据中国图们江地区边境农村贫困人口基本特征,大力改善边境农村基础设施和发展贫困村集

[①] 本书编写组编著:《党的十八届三中全会〈决定〉学习辅导百问》,党建读物出版社、学习出版社 2013 年版。

[②] 张翔、周欣仪:《农村人口老龄化的影响与对策研究》,《安徽农业科学》2013 年第 19 期。

体经济，加快建立农村老年人生活服务体系，尽快出台出国劳务村民回归农村政策等行之有效的对策，才能稳定中国图们江地区边境农村社会的经济发展，才能实现中国图们江地区边境农村的脱贫致富，才能实现中国图们江地区"美丽乡村"的目标。

中国图们江地区农村贫困人口问题及精准脱贫*

近几年来，中国图们江地区认真贯彻落实民族区域自治、西部大开发、振兴东北老工业基地、长吉图开发开放战略等四大"国字号"政策以及党在农村的各项政策，积极争取各项扶贫资金，狠抓工作落实，中国图们江地区扶贫开发工作取得了显著成绩，脱贫的速度不断加快。然而，中国图们江地区这一朝鲜族人数聚居最多的区域在农村贫困上还存在许多亟待解决的问题。中国图们江地区 8 个市县中，经认定的国家级贫困县占了 4 个，其中朝鲜族贫困农户仍然属于最为贫困的群体之一。因此，对农村贫困问题的研究以及精准脱贫尤其是对中国图们江地区农村精准脱贫问题的研究显得更为重要而迫切。

一　中国图们江地区农村贫困人口的基本情况

中国图们江地区是典型的"老少边穷"地区。一是革命老区。抗日战争、解放战争、抗美援朝战争中，中国图们江地区有 10 多万人参战，牺牲近两万人，其中朝鲜族占 93%，"山山金达莱，村村烈士碑"是中国图们江地区革命历史的真实写照。中国图们江地区的 8 个县市均是国家在册的老区县。二是民族地区。1952 年建立的中国图们江地区，2012 年末总人口中朝鲜族人口为 79.8 万人，占总人口的 36.5%，所占比重与上年持平。[①] 该地区占中国朝鲜族人口的 43%，是东北三省唯一的少数民族自治州和中国最大的朝鲜族集居区。三是边疆地区。中国图们江地区地处祖国东北边疆中、朝、俄三国交界处，边境线总长 768.5 千米，其中中

---

* 本文主要内容原载《西南边疆民族研究》2015 年第 16 辑。
① 延边州统计局编：《延边朝鲜族自治州 2012 年国民经济和社会发展统计公报》，2013 年 3 月 20 日。

朝边境线522.5千米，中俄边境线246千米，中国图们江地区内有5个边境县市，18个边境乡镇，560个边境村屯。四是贫困地区。由于历史、自然等综合因素，中国图们江地区的经济和社会发展相对滞后，农村的贫困状况尤为突出，中国图们江地区有5个县（市）列入全省东部高寒特困片区，其中汪清、和龙、龙井、安图4个县市为国家扶贫开发工作重点县。

根据国家统计局发布的贫困标准分析，2009年中国图们江地区农村贫困人口为19.5万人，占农业人口的26.6%。但是，2010年由于遭受特大洪水灾害，出现返贫现象，使农村贫困人口增至23.5万人，其中18.09万人分布在汪清、安图、龙井、和龙4个国家扶贫开发重点县和珲春、图们等边疆民族地区，占中国图们江贫困人口总数的77%。2012年末，贫困人口降至20万人，占农业人口的28.6%。近年来，中国图们江地区州委和州政府高度重视扶贫开发工作，将扶贫开发整村推进工作列入主要民生实事，提出每年脱贫3万人的工作目标。积极做好整村推进工作，协调相关涉农部门，整合资金，集中投入到整村推进村。同时，大力开展科技扶贫和劳动力转移培训工作，努力提高贫困劳动力的科技素质和务工技能，从而提高了种养业效益和劳务收入。经过各方面的积极努力，2013年，中国图们江地区实现31634名农村贫困人口脱贫，但还有因灾返贫13262人，实现净脱贫18372人。按照吉林省农民人均纯收入2800元的扶贫标准，中国图们江地区还有18.17万农村贫困人口，占中国图们江地区农村人口总数的25.9%，[①] 贫困发生率远高于全国、全省平均水平，贫困人口主要分布在地处高寒边疆地区。

二　中国图们江地区农村贫困人口存在问题的原因

（一）中国图们江地区农村贫困地区生产环境差

生产环境是一个地区发展的基本要素之一。中国图们江地区地处长白山区，耕地总量少，仅有366469公顷，占中国图们江地区总面积的

---

① 根据延边州政府、州扶贫办材料整理。

8.8%，耕地土质差，多零星分散于山区之间，部分地区耕地坡度大于25°，总体上属于山多地少、难耕种的情况，这些地区的农业生产条件差，特别是朝鲜族贫困农民赖以生存的耕地资源贫瘠、土地可利用率低。此外，中国图们江地区自然灾害种类多，发生频繁，是世界气象组织公认的自然灾害多发地区，经常遭受洪涝、风、雹、冷害的交替侵袭。近20年来，降水量减少了46毫米，2000年以来，阶段性干旱和低温冷害每年均有发生，2013年入汛以来到8月20日，共发生13次洪涝灾害。自然灾害的频繁发生，导致经济损失和人员伤亡，使朝鲜族农户的多年积累在短时间内大量流失或被破坏，不但加剧了贫困，也使得朝鲜族非贫困农户陷入贫困。上述生产环境状况是制约中国图们江地区农村贫困人口脱贫致富的首要因素。

（二）中国图们江地区农村基础设施较差

中国图们江地区农村基础设施建设存在许多问题，中国图们江地区农村贫困人口生活条件较为恶劣。调查显示，虽然"村村通"工程基本覆盖中国图们江地区279个贫困村，但是贫困村内水泥路通达率仅61%，多为水泥路和泥土路交错存在，剩余还有没有完成的道路。目前，未硬化路面还有1531千米，60个行政村不通等级公路。所以，中国图们江地区农村道路等级低。中国图们江地区争取各项扶贫项目资金，大部分农村贫困人口都住上了30—40平方米砖瓦房，但仍有一部分住在泥草房。目前，中国图们江地区还有25000多户危房尚未改造。中国图们江地区贫困村用水普及率约为78%，还有一部分贫困人口因自来水管道老化、损坏而饮用井水，大约占农村总人口40%的村民没有解决安全饮水问题；燃气普及率仅为24%，贫困人口多使用柴草等作为炊事主要能源；生活垃圾和污水处理设施几乎没有。此外，地方财政困难，是中国图们江地区农村基础设施薄弱和扶贫投入存在间断的主要原因。中国图们江地区各县市地方财政收入水平普遍较低，税源结构不合理，其中汪清、安图、龙井、和龙4个国家级贫困县市的人均财政收入在200元以下，税收仅能维持政府的基本运转，拿不出多余资金用于支持贫困村国家配套工程项目的申请，以至于流失了许多好的扶贫项目和基础设施改善项目。较差的基础设施成为贫困村出国或出村务工劳动力人口不愿回归的重要因素之一。

（三）中国图们江地区农村贫困地区土地集中使用率低

农村村民为了一定目的，依据国家或者集体规划对农村土地进行调整、安排和整治的活动，即农村土地集中使用。通过合理组织农村土地利用，使农村土地利用方式、强度和结构适应特定农村经济快速发展时期的特定的目标，并符合土地长期可持续利用的目标，以提高农村土地利用效率和使用效率。农村土地集中使用可以从对象判别，划分为农村农用地集中使用和农村建设用地集中使用两种形式。中国图们江地区农村农用土地大多处于过于分散而混乱的状态，使得农村土地资源未能得到及时合理利用，并给农村农用地的管理及农村农业产业化发展带来诸多障碍和许多弊端，严重阻碍了中国图们江地区贫困村的经济可持续发展。调查显示，中国图们江地区贫困村内大量朝鲜族中青年劳动力选择出国务工，其遗留农村耕地、山林由于家中老人无力耕作养护，所以出租给外村农民，租期3—5年不等，土地分散、人数多且租期长短不一，土地收归集体所有需要较长时间，难度也相当大。这样一来，中国图们江地区贫困村土地无法集中使用，本村的农村产业化和集体经济发展都受到土地分散的颇多限制，有限且无法集中的农村土地资源直接导致了部分贫困村无法以农业合作社或专业农场形式开展贫困人口脱贫致富项目。

（四）中国图们江地区农村人口老龄化问题加剧

按照国际通行标准，当60岁及以上人口占总人口比例达到10%，或65岁以上人口占总人口比例达7%，该国家或地区便被认定为进入老龄化社会。2010年，第六次全国人口普查数据显示，中国60岁及以上人口为1.78亿人，占13.26%，其中65岁及以上人口为1.19亿人，占8.87%。[1] 中国社会科学院发布的《中国老龄事业发展报告2013蓝皮书》指出，截至2012年底，中国老年人口数量达到1.94亿，占总人口的14.3%；2013年，老年人口数量将突破2亿大关，老龄化水平达到14.8%。[2] 其中，有六成以上老年人口在农村。人口老龄化进程进一步加快。中国图们江地区同全国一样，已经进入了老龄化社会。尤其是中国图们江地区农村贫困地区老龄化问题更为严重。我们实地调查发现，中国图们江地区农村60岁以上的老年人口占50%以上，有些村落比例甚至在70%—80%。由

---

[1] 苏永刚等：《中国人口老龄化问题和健康养老模式分析》，《山东社会科学》2013年第4期。
[2] 张守营：《中国老年人口数量今年将超2亿》，《中国经济导报》2013年3月28日。

于中国图们江地区内所有朝鲜族村屯的绝大部分青年和中年人都外出打工以及大量边疆居民外迁，中国图们江地区农村剩下的多是儿童和老年人。这些空巢家庭老年人普遍年岁已高，丧失了劳动能力，无经济收入来源。有的老年人长期卧病在床，医药费支出高昂；有的老年人则子女本身生活都存在困难，无法尽到赡养义务，也导致老年人生活上的贫困。贫困问题严重影响了中国图们江地区的社会稳定。

（五）中国图们江地区农村中青年残疾人数量颇多

残疾本身意味着人力资本的降低，同时身体健全状况的缺失势必减少中国图们江地区农村人口获取教育或技能培训的机会，导致中国图们江地区农村残疾劳动者的文化素质能力低下。我们实地调查发现，中国图们江地区农村贫困家庭主要劳动力患有疾病是造成一个家庭陷入精神上无助、经济上贫困、生产上无援的主要原因。许多农村残疾人贫困家庭没有任何经济收入，有的年经济收入仅几百元，且主要来自政府社会的低保和救济，难以靠他们自身摆脱贫困。这就"因病致贫"和"因病返贫"已成为中国图们江地区农村贫困人口产生和存在的主要因素，直接严重影响中国图们江地区农村贫困人口脱贫致富的进程。

（六）人才外流导致贫困村劳动力严重缺乏

中国图们江地区农村大量劳动力外流，其中以朝鲜族人口为主。他们主要前往韩国、日本或韩企较多的北京、天津、青岛等地。同时，学生到外地读书也是中国图们江地区农村人才流失的重要原因。中国图们江地区农村教育条件差，优质教学资源不足，而且朝鲜族是一个重视教育的民族，中国图们江地区农村每年都有朝鲜族学生前往外地接受高等教育，这些大学生超过95%会在外地工作，只有极少数的人会回到家乡县城发展。劳动力的缺乏、人才的外流，使中国图们江地区农村的经济缺乏最基础的生产资料和消费市场，劳动力是最具创造力的生产资料，即使外部条件和政策再好，没有精准扶贫致富的主体，农村贫困问题难以彻底解决。

（七）贫困村农民文化水平低

我们通过对50多个村进行走访调查，发现中国图们江地区贫困村的留守农民基本上是文化水平较低的中老年人，还有部分智力障碍的青壮年人。其中文盲占2.7%；小学文化程度的人占71.0%；初中文化程度的人占20.3%；高中及以上学历的人占6.0%。小学学历的人占比最高，是最大的劳动力群体。其次是初中学历的人。可以总结出，留守在中国图们江地区的贫困人口基本上受教育程度较低，思想意识落后，缺乏灵活创新的市场意识，这就不利于其贫困村农业经济发展和农业科技推广，阻碍了中国图们江地区贫困村的整体脱贫。

三　中国图们江地区农村贫困人口精准脱贫路径选择

全面贯彻习近平总书记视察中国图们江地区农村时的重要讲话精神，认真落实时任吉林省委书记巴音朝鲁同志在中国图们江地区精准扶贫调研时的指示要求，坚决打赢新一轮脱贫攻坚战。为此，针对中国图们江地区8.6万农村贫困人口存在的原因，拟提出行之有效的精准脱贫的路径。

（一）大力改善农村生产生活条件，以项目促发展

党的十八大报告明确指出："深入推进新农村建设和扶贫开发，全面改善农村生产生活条件。"[1] 这就是集中体现了党对"三农"工作、扶贫开发工作的新理念、新思路。为此，要针对中国图们江地区农村农民农业生产基础设施较差状况，应该加大农村基础设施投资力度，特别是对大型水利灌溉区域、气象控制预警系统和农田林区土壤道路治理等项目进行重点研究和改善，增强中国图们江地区农村经济和农业发展后劲，不断提高中国图们江地区农村各种抗灾能力。生活方面，不断地提升中国图们江地区农村贫困人口生活质量，大力推动边疆地区村路升级工程，集中解决农村生活饮用水、农村炊事能源和农村污水处理等问题。改善中国图们江地区村容村貌，对少数居住在缺乏生存条件的偏远自然屯实行移民开发。与此同时，中国图们江地区政府党政领导干部要大力争取享受国家特困地区扶持政策，密切关注国家的政策信息，力求各种国家和省级资源要素向中国图们江地区农村扶贫开发倾斜，进一步增强中国图们江地区地方财政配套作用，加大对中国图们江地区贫困农村的资金投入，包括各项政策性资金的投入和财政转移支付。同时，要大力支持

---

[1]　本书编写组：《党的十八大报告学习辅导百问》，党建读物出版社、学习出版社2012年版。

中国图们江地区农村产业化的发展，休闲、旅游、生态农业发展，及时地调整农村经济结构和农业种植结构，优化农村产业结构，大力发展朝鲜族特色产业、延边黄牛等畜牧业、长白山脉及边疆山区林业。要切实做好中国图们江地区农业内部结构调整工作，着力解决当前中国图们江地区农业生产中存在的农业生产经营粗放、农产品品种不优、质量不佳、成本过高、效益低下等问题，最终实现中国图们江地区农村贫困人口的脱贫致富。

（二）大力发展贫困村集体经济，合理规划扶贫款项

党的十八届三中全会通过的《中共中央关于全面深化改革若干重大问题的决定》中明确指出："坚持农村土地集体所有权，依法维护农民土地承包经营权，发展壮大集体经济。"[1] 中国图们江地区各县市、乡镇两级政府领导干部应积极为中国图们江地区贫困村集体经济的发展创造条件，在制定各项政策和划拨各种款项时需要给予一定的倾斜。要针对中国图们江地区农村土地集中使用率低的问题，在保障农村贫困人口合法权益的前提下，制定出科学的、行之有效的土地回收计划和时间表并下达至村委会执行，鼓励土地经营权及时以转让、入股、转租等多种形式合理合法流转，将零散、有限的中国图们江地区贫困村土地资源能高效集中起来，让农村土地集中到农村实用人才、农业能人和龙头企业手中，也可考虑农业合作社、专业农场、大户农业等多种形式，[2] 把中国图们江地区农村贫困人口转变为农业产业工人或者农业企业股东，从而带动村民收入的增加。这样一来，不但能够实现中国图们江地区贫困村耕种机械化和农业产业化，为中国图们江地区边疆农户节省耕种成本，增加贫困农民经济收入，同时解放中国图们江地区农村劳动力，减少边疆农村市场经济波动，便于中国图们江地区政府对市场实施宏观调控和管理。此外，中国图们江地区贫困村村委会还应注意提高上级划拨的扶贫款项的使用效率，终止一些不必要的项目，专注于盘活本村经济。

（三）加快建立农村老年人生活服务体系，对老年人集中供养

党的十八届三中全会通过的《中共中央关于全面深化改革若干重大

---

[1] 本书编写组编著：《党的十八届三中全会〈决定〉学习辅导百问》，党建读物出版社、学习出版社2013年版。

[2] 乔永平：《农民专业合作组织发展与苏北地区反贫困研究》，《长春理工大学学报》2012年第1期。

问题的决定》中明确指出:"积极应对人口老龄化,加快建立社会养老服务体系和发展老年服务产业。"[1] 这是党中央针对日益严峻的人口老龄化形势所做出的重大战略部署。为此,首先要加快建立和完善适合中国图们江地区农村经济发展水平的农村养老保险、城乡最低生活保障等城乡一体的社会服务体系。同时,中国图们江地区乡镇政府应当以保障老年人基本生活需要为第一落脚点,切实改善中国图们江地区农村老年人贫困状况。必须要提高社会保障水平,要将农村贫困老年人全部纳入社会最低生活保障范围,提高农村"老弱病残"等丧失劳动力的老年人医疗报销的比例。逐步建立对贫困的老年人家庭发放低收入生活津贴和家属津贴的机制。其次要将中国图们江地区农村的体弱多病等丧失劳动力的老年人转移到乡镇中心区或者县城里实行集中供养。其支出费用来源可分为国家低保收入和扶贫项目款以及家属每月缴纳的费用。这么做有以下几点益处:一是无劳动力的"老弱病残"农村老年人集中到一处后,既有利于民政部门的救助措施直接落实,又有利于社区对集中供养房子的定期维护,方便了政府统一管理;二是针对"老弱病残"农村老年人的身体健康状况可采取配套护理,社区多处定点设置家庭医生护士工作站,力求24小时覆盖集中供养的老年人群体;三是为进城务工的村民提供了极大的探亲探访便利;四是减轻了贫困村的经济社会负担,可将用于基本保障的资金集中投入到扶贫开发中。

(四) 切实改善农村残疾人生活状况,提高社会保障水平

我国国务院办公厅印发的《农村残疾人扶贫开发纲要(2011—2020年)》中明确提出:加强扶贫开发与农村社会保障制度和基本公共服务政策有效衔接,解决残疾人温饱、稳定残疾人基本生活,扶持残疾人家庭发展生产、增加收入摆脱贫困,提高农村残疾人综合素质和能力,改善农村贫困残疾人生产生活状况。到2020年,稳定实现农村残疾人不愁吃、不愁穿,全面保障平等享受基本医疗、基本养老、教育、住房和康复服务。党的十八大报告明确指出:"健全残疾人社会保障和服务体系,切实保障残疾人权益。"[2] 我们积极贯彻落实中央各项方针政策,努力解决中国图们江地区农村贫困残疾人的吃穿问题,并且让农村贫困残疾人

---

[1] 本书编写组编著:《党的十八届三中全会〈决定〉学习辅导百问》,党建读物出版社、学习出版社2013年版。

[2] 本书编写组:《党的十八大报告学习辅导百问》,党建读物出版社、学习出版社2012年版。

不愁养老、医疗、住房、子女上学，能均等享有康复服务和各项公共服务。因此，要将中国图们江地区农村贫困残疾人和患有疾病智力障碍的弱势群体全部纳入农村社会最低生活保障范围和新型农村合作医疗；扩大农村残疾人等弱势群体的医疗报销比例范围，农村残疾人等弱势群体的基本医疗康复费用应该纳入新型农村合作医疗报销范围；出台农村残疾人等弱势群体新型农村合作医疗个人缴费乡镇政府代缴政策；尽快建立农村贫困残疾人等弱势群体的生活津贴和重度农村残疾人护理补贴制度，提高社会保障水平，切实改善农村残疾人等弱势群体的生活状况。[①] 同时，要对中国图们江地区农村贫困残疾人等弱势群体实行"整村赶平均""农机合作社"等行之有效的扶贫模式；通过"阳光工程"和"雨露计划"积极开展对农村贫困残疾人等弱势群体及其家庭成员的专项实用技术培训，对有能力的农村残疾人进行选拔培养为村级干部；引导扶持农村贫困残疾人等弱势群体及其家庭成员从事维修、商贸、手工艺加工、家庭服务等多种形式的就业创业项目。

（五）建立延边大学"精神扶贫"机制

可以安排延边大学组织讲师团队积极开展对农村居民的知识教育和农业技能培训，提高农村贫困人口的基本文化和技能素质，改变贫困人口的思想观念，提高贫困人口的自我发展能力。一是要重视对贫困村的教育。除了要加强农村青少年的文化教育外，还要由延边大学和乡镇联合组织，各村主任、书记积极配合，对贫困村内受教育程度低的村民，甚至是文盲进行文化教育，保证其具备最基本的读书识字能力。二是延边大学农学院要对贫困村进行农业专业化知识的培训，使贫困村农民能够接受先进的农业生产经营技术和知识。同时，为了给贫困村民创造自我学习的环境，延边大学还可以为村集体的农家书屋增添朝鲜语书籍，帮助增设精准脱贫广播电视节目，鼓励贫困村民利用这些条件展开自我学习，提高自我发展能力。此外，延边大学和政府联合组织培训精准扶贫的基层干部，建立健全精准扶贫干部培训机制，加大对基层一线精准扶贫干部培训力度，提升精准扶贫干部综合素质，使精准扶贫干部队伍高素质化、高质量化、高效率化，能够更全面、更专业地开展精准脱贫工作。

---

① 钟宣：《农村残疾人扶贫应该怎么办》，《中国残疾人》2013年第5期。

(六) 尽快出台出国务工村民回归农村政策，为本村发展做贡献

中国图们江地区农村出现贫困人口的重要原因之一是缺乏青壮年劳动力和村级班子的强有力领导。因此，在完善农村生活保障制度、采取集中供养解决本村老弱病残问题之后，应该要加大村民回归农村政策力度，重点动员在中国图们江地区出国务工的青壮年村民从国外回来，给他们提供改变家乡贫困落后面貌的平台。[1] 这些出国务工的中国图们江地区村民大多年龄在 40—55 岁，其子女均已成家立业，通晓时下通信技术的操作使用，见识开阔。由于语言优势，生活习惯基本相似，大多数中国图们江地区内的朝鲜族选择到韩国劳务，赴韩劳务人员中大多数人长期滞留韩国。众所周知，韩国政府自 1970 年发起 "新村运动"，并继续推行 "农村综合开发"计划。[2] 所以，这些长期在韩国劳务的村民耳濡目染，对新农村建设方面有一定的认识和见解，回国后还能掌握一定的资金和社会实践经验，加上了解本村村民生活条件、生产发展能力、经济发展资源等情况，因此，这些 "新型农民"最适合成为本村内脱贫致富的领头羊，能够发展本村农业生产和集体经济。此外，这些在韩国长期务工的中国图们江地区村民也可经组织考察后选用为村领导班子。他们可以利用在韩国学习到的新农村建设经验作为借鉴参考，提升本村领导班子的决策力。同时，中国图们江地区农村后备干部稀缺的问题也可得到解决。

(七) 加强延边大学的帮扶志愿者队伍建设

针对中国图们江地区贫困村劳动力不足的实际情况，延边大学可以组建以学生党员、学生干部为主体的大学生动态帮扶志愿者队伍，通过学院组织的社会实践教学、教务处组织的暑期学校、校团委组织的"三下乡活动"、学校组织的毕业班实习活动等途径，在春耕和秋收季节到农村帮助贫困户干农活。这样既可以实际解决农忙季节贫困村劳动力不足的问题，也可以间接地增加贫困户的农业收入，真正实现中国图们江地区农村贫困人口精准脱贫。因此，延边大学要做好大学生动态帮扶志愿者队伍的计划安排以及课外学分的管理工作。延边大学还要在现有农村发展研究所等的基础上，整合全校教育资源，按照教育部和科技部的要

---

[1] 苗建萍：《乡村精英回归：瓤夜村建设的理性选择》，《农业经济》2011 年第 11 期。
[2] 李水山：《韩国新村运动及对我国新农村建设的有益启示》，《沈阳农业大学学报》2012 年第 2 期。

求，组建农村发展研究院，研究制定精准脱贫的规划措施。

此外，进一步加大扶持力度，动员全社会力量参与扶贫开发。贫困不仅仅是一个经济问题，也是一个社会和政治问题。只有高度重视扶贫开发，才有利于缓解城乡地区差距，促进社会公正与公平，有利于构建社会主义和谐社会。[①] 做好中国图们江地区农村的扶贫开发工作涉及民族团结、社会进步和边疆稳定。国家应进一步加大对中国图们江地区农村的扶持力度，包括各项资金的投入和财政转移支付，支持边疆民族地区经济发展，实现边疆农村的共同繁荣。中国图们江地区农村地区政府党政领导干部要大力争取享受国家集中连片特困地区扶持政策，密切关注国家的政策信息，全力做好各项扶贫优惠政策和扶贫项目资金的争取工作。同时，还要动员人民团体、企业事业单位、各级组织等全社会力量参与农村扶贫开发。通过"阳光扶贫基地建设"项目、"阳光扶贫大棚"项目、"阳光扶贫安居工程"项目、"文化扶贫"项目等多种形式的扶贫项目支持中国图们江地区农村贫困地区。

总之，中国图们江地区农村贫困人口扶贫开发工作的长期性、艰巨性和复杂性，在社会主义新农村建设、构建和谐中国图们江地区农村的今天无法回避，应给予高度关注和重视。只有把握中国共产党对农村的各项扶贫开发政策，中国图们江地区各级政府和社会各界人士众志成城、同心同德，大力改善农村生产生活条件，大力发展贫困村集体经济，加快建立农村老年人生活服务体系，尽快出台出国劳务村民回归农村政策等行之有效的对策，才能实现中国图们江地区农村脱贫致富，才能实现和谐边疆民族地区社会的目标。

---

① 韩广富、王丽君：《当代中国农村扶贫开发的历史经验》，《东北师大学报》2006年第1期。

中国图们江地区边境贫困村休闲农业发展路径*

党的十八届五中全会指出，大力推进农业现代化，加快转变农业发展方式，走产出高效、产品安全、资源节约、环境友好的农业现代化道路，这是新时期我国农业发展的根本遵循。休闲农业，作为现代农业的新业态，将现代农业与旅游服务业有机结合起来，在推动乡村旅游业发展的同时，促进了现代农业发展和农村脱困、农民致富。据有关资料，"十二五"以来，通过发展乡村旅游，全国有1000万贫困人口脱贫，占贫困人口的10%以上。中国图们江地区和全国一样，以休闲农业、农家乐等为载体的乡村旅游也得到了较快发展。据中国图们江地区旅游局统计，2015年，中国图们江地区累计实现旅游总收入270.3亿元，其中来自乡村旅游的收入就占到了约20%。① 休闲农业已成为中国图们江地区边境贫困村民增加收入、脱贫致富的重要途径。

一 中国图们江地区边境贫困农村的基本情况

2015年，中国图们江地区户籍总人口为213.6万人，农业人口63.5万人，占总人口的29.7%，有农村贫困人口85521人，占农业人口的13.46%。②

（一）中国图们江地区边境贫困村民的生活状况

中国图们江地区的龙井、和龙等边境县（市）的贫困农村，受自然、地理、气候和资源、观念以及老龄化等条件所限，农业基础设施薄弱，

---

* 本文主要内容原载《西南边疆民族研究》2016年第21辑；《延边大学学报》2017年第1期。
① 冯树伟：《旅游扶贫成为延边州"乡村致富"的亮点》，《延边日报》2016年1月7日。
② 延边州统计局编：《延边统计年鉴（2016）》，中国国际图书出版社2016年版。

农村经济发展滞后,农民收入增长缓慢,贫困问题突出,是吉林省扶贫攻坚的重点地区。

这些贫困村贫困的突出表现是,贫困人口基数大,老龄人口比例高,病残人口多,"空心化"严重;村民看不起病,上不起学,娶不起媳妇,盖不起新房;等等。据资料显示,2013年,龙井、和龙、图们和珲春4个边境县(市)农村贫困人口的年收入在3000元(含3000元)以下的占46.2%;边境贫困农村人口患病率高达80%;贫困人口住草泥房的比例为19.3%,住使用10—30年砖瓦房的为57.7%,盖新房的仅占23%。[1]

由于受贫困影响,中国图们江地区边境贫困农村的青年人大多去韩国打工,村里留守的基本是老年人和病残人,有些村子老年人的比例在60%以上,而且他们中的绝大多数有健康问题。一些在外打工的适龄女青年,走出去后就不愿回村找本乡本土的贫穷男人;就是已婚夫妇,也因一方常年打工在外而离多聚少,导致离婚。一些家庭因为儿女上学而陷入贫困,有些因为负担不起子女的学费,耽误了孩子的学业;还有的因为盖不起新房仍住在年久失修的老旧危房中。这些都是中国图们江地区边境贫困农村中普遍存在的现象。

(二)中国图们江地区边境贫困村民的贫困成因

中国图们江地区边境贫困村民的贫困原因是多方面的,主要表现在以下几个方面。

第一,边境贫困村多地处高寒山区,农业发展条件差。中国图们江地区地处长白山区,地形复杂多样,素有"八山一水半草半分田"之说。据2014年统计数据,中国图们江地区耕地面积为4377平方千米,仅占地区总面积的约10.1%,[2]并且部分耕地的坡度大于25°,耕种难度较大,再加上零星分散,很难进行机械化规模化耕作。同时,地处我国东北部边疆的中国图们江地区纬度较高,年均气温较低,冬季寒冷期长,土地积温低,再加上旱涝、冷害等多种自然灾害频发,不利于农作物的生长,农民收入不稳定。

第二,农业基础设施薄弱,社会保障体系不健全。中国图们江地区

---

[1] 沈万根:《延边朝鲜族自治州边境农村贫困人口特征分析》,《延边大学学报》2014年第6期。

[2] 延边州统计局编:《延边统计年鉴(2015)》,中国国际图书出版社2015年版。

边境贫困村由于历史欠账多，现实建设跟不上，农业基础普遍薄弱，抵御自然灾害的能力差。特别是偏远山区，平地少、坡地多、土质差，水利设施缺乏，农业机械化程度低，生产生活条件恶劣，基础设施建设成本较高，招商引资难度较大。① 基本上是传统耕作、靠天吃饭。加之交通不便、信息闭塞，自我发展能力差，遇到天灾人祸，就难以解决温饱问题，甚至已经脱贫的村民也会重新返贫。而财政收入的低水平也使得中国图们江地区在公共投入方面严重不足，贫困县无力增加投入以改善贫困村镇的公共基础设施和社会化服务水平，农村的社会事业发展严重滞后。

第三，农业生产方式落后，严重制约农业增效和农民增收。一是农业生产技术落后，多数山区农村的耕地，面积小而分散，不利于机械化作业，农业生产仍然靠手工劳作，牛耕人拉，广种薄收，生产效率低下；二是农业经营形式落后，以家庭为单位生产经营，自产自销，自给自足，产业规模小、效益低，产业化水平不高；三是农村劳动力缺乏，影响了农业生产。近些年来，中国图们江地区边境贫困村的年轻人大都在外打工，村里基本是老人和小孩，有的村甚至连小孩子都很少见，成了"空心村"，农活只能靠留守村里的老人打理。

二 中国图们江地区边境贫困村发展休闲农业的必要性

休闲农业，是现代农业与旅游服务业相结合的新兴产业，能够让游客在欣赏农业生产形态、田园景观、农村自然风貌、民俗风情和农民生活方式、乡村居所的同时，为游客提供休闲度假、旅游观光、体验娱乐等活动场所，满足了人们的精神需求。发展休闲农业，不仅是建设现代农业的重要内容，也是农村扶贫开发的重要举措。

（一）中国图们江地区边境贫困村发展休闲农业的基础条件

中国图们江地区位于吉林省长白山区的中俄朝边境地区，自然资源

---

① 董鹏宇：《省十二届人大五次会议举行第三场新闻发布会》，《吉林日报》2016年1月30日。

丰富，区位优势明显，人文景观独特，生态环境优良，特色资源突出，具有发展休闲农业的基础和条件。

第一，自然资源丰富，生物多样性特点突出。中国图们江地区位于长白山区，森林茂密、植被广袤，山清水秀、林木葱郁，森林覆盖率达80.6%，素有"长白林海"之称。境内气候温和湿润，四季分明，有各种动植物3000多种，其中人参、鹿茸和貂皮被誉为"东北三宝"。中国图们江地区有联合国确定的"生物圈保护区"，被称为"物种基因库"和"天然博物馆"。温和的气候、丰富的资源，为广大游客提供了四季不同的自然景观和农业田园景观，在"'环球对望·中国与世界'高峰论坛暨2013环球时报总评榜"活动中，中国图们江地区被评为"2013年度中国最佳生态环境投资城市（地区）"。广袤的森林和植被、丰富的动植物资源，构筑了中国图们江地区良好的生态系统，为边境贫困村发展休闲农业提供了优越的自然条件。

第二，人文资源独具特色，民俗风情浓厚。中国图们江地区历史悠久、文化灿烂，历史遗存众多，红色资源丰厚。早在旧石器时代晚期，就有"安图人"在这里活动生息；7—8世纪，中国图们江地区又是中国历史上有着重要影响的渤海国中心地带，留下了许多渤海国的遗址遗迹。中国图们江地区还是革命老区，英勇的中国图们江地区人民为抗日战争、解放战争和抗美援朝战争做出了巨大牺牲，牺牲的革命先烈占到吉林省的30%，"山山金达莱，村村纪念碑"就是对先烈的最好缅怀。同时，中国图们江地区是全国唯一的朝鲜族聚居区，朝鲜族特有的饮食起居、民俗建筑、节庆娱乐、歌舞服饰、婚丧嫁娶等生活习俗，凝练成朝鲜族底蕴深厚的传统文化和民俗风情并保留至今。因此，中国图们江地区被称为"美食之乡""歌舞之乡""礼仪之乡""足球之乡"，朝鲜族被誉为"白衣民族"，这些都是发展休闲农业别具特色的资源条件。

第三，地处边疆近海，区位优势明显。中国图们江地区位于长白山区、中俄朝三国交界地带，东与俄罗斯滨海边疆区接壤，南与朝鲜咸境北道、两江道隔图们江相望，濒临日本海，边境线总长700多千米。它是东北三省沟通海内外的重要窗口和长吉图开发开放的"前沿"，是中国图们江区域国际合作开发的核心区，也是国家确定的第一个沿边沿疆开发开放区。中国图们江地区内有12个对俄对朝陆路口岸，年过货600多万吨，过客近290万人次。尤其是与俄罗斯和朝鲜山水相连、与韩国和日本隔海相望的珲春市，在距其不到200千米的周边就分布着10个对俄对朝及对韩对日优良港口。中国图们江地区交通便利，已初步形成了铁路（高铁）、公路（高速）、航空、海运互联互通的多元、立体、"四通八达"的交通体系。优越的区位、便利的交通、良好的口岸、优惠的政策，使中国图们江地区享有了"东北亚金三角"之誉，为中国图们江地区边境贫困村发展休闲农业提供了良好的区位条件。

（二）中国图们江地区边境贫困村发展休闲农业的优势

中国图们江地区丰富的自然资源和文化底蕴以及区位特点，为发展休闲农业奠定了良好基础，创造了得天独厚的条件和客观优势。

第一，休闲农业发展的市场需求日趋旺盛。随着我国经济社会持续快速发展，人民生活水平不断提高，人们在追求基本物质生活质量改善的同时，更加注重精神生活的丰富。同时，城市工作的快节奏以及"5+2"的生活方式，使得部分市民向往悠闲的环境，而休闲农业花费较少和对时间要求比较灵活的特点，也使得城市上班族有时间、有能力来消费。[①] 于是乡村的自然生态、田园观光、瓜果采摘、农家乐等旅游项目便成了城市有车族"双休日"自驾游的首选，遇"五一"和"十一"等长短假时，乡村游人数则更多。随着基础设施的日益完善，服务能力的不断提高，尤其是2015年9月20日吉图珲高铁的开通，中国图们江地区内外游客的出行更加便捷，为中国图们江地区边境贫困村发展休闲农业创造了广阔的市场需求，为中国图们江地区贫困村民脱贫致富拓宽了渠道、增加了机遇。

第二，中国图们江地区休闲农业发展已粗具规模。近年来，中国图们江地区响应上级号召、顺应市场需求，依托自身资源优势，大力发展休闲农业，推动了农业经济的快速发展。农家乐作为休闲农业的一个基本项目，是中国图们江地区休闲农业发展时间最长、规模最大的经营模式。不少村镇依托自身独特的地理和资源优势，围绕特色产品巧打"特色品牌"，发展农家乐项目，促进了本地休闲农业的发展。同时，中国图们江地区还充分利用朝鲜族民风民俗旅游资源，与农家乐有机结合，建成了一批朝鲜族民俗村落和休闲农业示范企业。据有关资料，到2014年8月，中国图们江地区有各类休闲农业经营主体645个，其中，国家级休

[①] 牛君仪：《都市休闲农业的发展模式与对策》，《生态经济》2014年第1期。

闲旅游农业企业5个，省级休闲旅游农业示范企业13个；从业人员4894人，年接待游客65.5万人，年营业收入2.2亿元。① 2015年，龙井市东盛涌镇仁化村、和龙市西城镇金达莱村、和龙市东城镇光东村等10个休闲农业单位被评为中国图们江地区"十佳休闲农业示范单位"，引领中国图们江地区绿色有机农业和休闲农业持续快速健康发展。②

第三，政府政策大力支持休闲农业发展。党和政府历来高度重视"三农"工作，肯定了发展休闲农业对农村经济发展的重大意义，并对休闲农业发展做出了具体部署和要求。2015年8月18日，农业部乡镇企业局发布了《关于积极开发农业多种功能大力促进休闲农业发展的通知》，明确了发展休闲农业的总体要求、主要任务和政策措施。2016年，中央一号文件再次强调要依托农村的自然风光和乡土文化等资源，大力发展休闲农业和乡村旅游。吉林省和中国图们江地区各级党委政府把发展休闲农业作为破解"三农"问题的有效途径，给予了大量资金和政策扶持。③ 近年来，中国图们江地区在党的政策指导下，紧紧抓住国家"振兴东北老工业基地"和扶贫开发的优惠政策，积极融入"一带一路"发展，大力发展休闲农业，极大地改善了农业基础设施，提高了农民收入，推进了农村脱贫。

（三）休闲农业是贫困村民脱贫的重要途径

休闲农业是现代农业的新模式，将农业与旅游观光联系起来，使农业从单一的生产型向生产服务型转变，成为传承农业文明、体验农耕文化、发展农业经济的载体。而以"农家乐"等为主要形式的休闲农业，在促进农业发展和农民增收的同时，吸引城市居民走出城市、走进田园、进入农家，吃农家饭、住农家屋、睡热炕头，并将城市的人流、物流、资金流、信息流等引入农村，带动了农村住房、道路、交通、水利、通信等基础设施建设，促进了农村环境和村容村貌改善，推动了社会主义新农村建设。发展休闲农业，还有利于农村民间文化的传承和发展，有利于城市文化与乡村文化的融合，改变农村人的生活习惯和思想观念，促进农村文明风尚的形成，推进农村社会和谐和城乡一体化进程。

---

① 张伟国、赵乐：《延边州大力开发休闲旅游农业——让"乡村体验"成为致富金钥匙》，《吉林日报》2014年8月14日。
② 牛泽刚：《我州全力打造农业绿色品牌》，《延边日报》2016年3月30日。
③ 农业部：《全国休闲农业发展"十二五"规划》，2011年8月24日。

休闲农业把农业生产与旅游服务结合在一起，打破了三次产业界限，把农家庭院变成了市民消遣、农民增收的农家乐，把田间地头变成了城市居民亲近自然的观光园，使城市需求和现代消费直接对接，大量农民从单纯的农业耕作向旅游服务和农产品加工拓展，引导农村外出打工的年轻人归农归村，也吸引着大学生等群体入乡创业，就连村里的老年人都能在农家乐里做些营生。可见，发展休闲农业，既扩大了劳动力就业渠道，增加了农民就业机会，解决农村"空心化"问题，又提高了农业综合效益，增加了农民收益，促进了农村脱贫。

中国图们江地区是吉林省扶贫开发的重点地区。"十二五"时期，中国图们江地区积极响应国家的扶贫开发政策，认真贯彻落实省委省政府的决策部署，同心同力，攻坚克难，实施了发展休闲农业等一系列重大举措，使15万名农村贫困人口实现脱贫，走上了致富道路。"十三五"是扶贫攻坚的决胜期，国家旅游局和国务院扶贫办确定通过旅游使17%的贫困人口脱贫的目标。面对扶贫攻坚的艰巨任务，实现边境村贫困人口脱贫致富，立足资源优势，因地制宜、趁势而为，大力发展休闲农业无疑是长效之举。

三 中国图们江地区边境贫困村休闲农业发展的路径

中国图们江地区边境贫困村发展休闲农业，要以"创新、协调、绿色、开放、共享"五大发展理念为统领，在坚持农业现代化的前提下，从农村的实际出发，立足资源条件和产业优势，用足用好扶贫攻坚政策，最大限度地培植特色产业，走出一条以休闲农业为载体的脱贫致富之路。

（一）加强对贫困村的政策支持，强化扶贫工作的政府引导

生产实践证明，任何一项新生产业的发展，都需要政府的正确引导和政策支持。目前中国图们江地区的休闲农业还在起步阶段，特别是贫困村本身经济基础薄弱，休闲农业发展仍处于各项优惠政策密集期。中国图们江地区政府特别是贫困县市各级政府，要站在培养新型产业、建设现代农业、全面建成小康社会的高度，充分发挥政府的主导和统筹职能，引导并支持边境贫困村发展休闲农业。

第一，要按照可持续发展的原则，对中国图们江地区边境贫困村休闲农业的发展规划、产业布局、品种特色、建设规模等进行宏观指导、科学定位，引导贫困村和村民根据自身资源条件和产业特色，因地制宜地进行规划建设，最大限度发挥边境各贫困村的优势，形成规模化、多样化、特色化和个性化的休闲农业产业格局，并以政策的形式加以确定，防止盲目规划、千村一律、重复建设，改变散、乱、小的状况。

第二，要在资金支持、税收减免、信贷帮扶和科技促进等方面给予中国图们江地区边境贫困村休闲农业发展大力支持，把农民的生产积极性充分调动起来，使他们看到希望、得到实惠，无所顾忌地、全身心地投入到休闲农业发展上来。同时，中国图们江地区要高度认识发展休闲农业对推动城乡统筹协调发展的重要性，引导农民把发展休闲农业与建设社会主义新农村结合起来，与建设良好的农村生态结合起来，牢固树立"绿水青山也是金山银山""既要金山银山也要绿水青山"的理念，在大力发展休闲农业的同时，注意保护环境，搞好农业生态和新农村建设。

第三，中国图们江地区要高度重视农耕文化、民俗文化的挖掘与保护，坚持开发与保护并重，正确引导农民在发展休闲农业的同时，注意挖掘和保护古代农耕文化、民族传统习俗，并将其发扬光大，形成现代文明与古代文明有机融合、协调发展的局面。中国图们江地区要鼓励和引导工商企业、农民专业合作社、大学生创业者等创办休闲农庄，发展乡村旅游；要建立和完善相关政策法规和管理条例，规范休闲农业发展的行业管理和产业秩序，推动中国图们江地区边境贫困村休闲农业快速健康地发展起来。

（二）加大扶贫项目的投资力度，完善边境贫困村基础设施建设

发展休闲农业，基础设施建设是前提。中国图们江地区边境贫困村大多地处偏僻，休闲农业规模小、发展程度比较低，配套设施不完善，而且多数"农家乐"的经营面积小、设施条件差、接待服务能力低。加之城乡之间、乡村之间没有专门的、便捷的交通网，游客行车难、停车难、如厕不方便，很难满足城市居民观光旅游、休闲度假的需求，影响了景区的可进入性，[①]制约着中国图们江地区边境贫困村休闲农业的发展。

---

① 金海龙等：《中国旅游地理》，高等教育出版社 2011 年版。

第一，中国图们江地区各级政府要以党的十八届三中全会精神为指导，立足农村脱困和农民致富，把发展休闲农业和推进城乡一体化结合起来，科学规划、统筹实施，加快边境贫困村基础设施建设，改善休闲农业的种养条件和旅游配套设施。重点是完善乡村旅游公路、旅游厕所、旅游停车场、垃圾污水处理及村容村貌等硬件设施，建立覆盖城、乡、村的交通网，完善景区、景点和道路标识，改善农村道路状况，在村道两旁种花种树，建设具有朝鲜族特色的文化墙。同时，中国图们江地区要完善住宿餐饮、娱乐购物等乡村旅游休闲服务配套设施，增强休闲农业旅游区的综合接待能力，从旅游活动的各个环节出发，满足休闲农业持续发展和游客的多样化需求。

第二，中国图们江地区要拓宽投融资渠道，采取多元化的投融资方式，积极筹措休闲农业发展资金。中国图们江地区政府要加大投资力度，对于区域性的重大基础设施，如通信、供水供电、主干道路、环境保护等项目，要拿出足够的资金进行建设；对于重要文物开发保护，政府要拨专款全额保护维修；对于传统民居修缮，中国图们江地区政府可以通过合资合作等方式进行开发。中国图们江地区要充分调动农民的建设积极性，对于农田水利、村中道路、景区景点、娱乐设施、购物场所、车场厕所等基础项目，村镇自己要拿出钱来，政府给予一定补助，银行信用社予以信贷，或者吸引民间资金共同建设；对于农民的住房等生活设施，按照现行办法，政府给予适当补助，其余由村民自己设法解决。中国图们江地区要鼓励民间资本通过独资、合资、合伙等方式或引进龙头企业投资休闲农业。

需要注意的是，建设休闲农业基础设施，既不能追求"高大全"，也不能过分土里土气，[①] 要突出特色、保证质量，体现当地农村的建设风貌和民俗风情。通过上述工作，健全和完善中国图们江地区休闲农业的基础设施，提升中国图们江地区景区景点品质，提高中国图们江地区旅游产品档次，满足中国图们江地区游客的消费预期。

（三）加强边境贫困村人才培养，提升休闲农业经营管理水平

休闲农业是集田园观光、休闲度假、旅游体验于一体的新型农业生产业态，其发展需要有知识、懂技术、会管理的农村专业实用人才队伍。

[①] 夏青松：《关于加快推进吉林省乡村旅游示范区建设的调研报告》，2015年11月24日。

提高中国图们江地区边境贫困村休闲农业的发展水平,应当适应休闲农业的特点和发展要求,在提升休闲农业从业人员的素质上下功夫。

第一,中国图们江地区要提高农民的思想认识。采取政策宣传、学习培训、示范引导等多种形式,教育和引导农民解放思想、转变观念,使他们充分认识发展休闲农业是农业现代化的需要,是农业结构调整、农业生产发展、农民增加收入、农村实现脱困的重要举措,也是全面建成小康社会、建设社会主义新农村的具体要求,把农民的思想统一到发展休闲农业上来。

第二,中国图们江地区要提高休闲农业从业人员的技能。制定休闲农业实用人才教育培训规划,通过在岗培训、岗前培训和持证上岗等办法,对休闲农业从业人员进行政策法规、经营管理、市场意识、爱岗敬业、发展创新、综合服务以及生产技能操作等培训,提高他们的综合素质和服务水平。

第三,中国图们江地区要强化对休闲农业人才的培养。建立校村、校企合作机制,积极与延边大学等科研院所合作,或选送农村人员到大学学习,或请科研人员到田间地头现场指导,将休闲农业园区作为延边大学农学院学生的实训基地,双向融合提升休闲农业人员的工作技能。中国图们江地区要建立人才开发和引进机制,实施鼓励人才创新举措,通过人力资源市场等途径,引进休闲农业运营管理和创新服务人才,并创造优惠条件使人才"进得来、留得住"。[①] 中国图们江地区要定期不定期地组织休闲农业管理服务等人员外出考察学习,学习先进地区发展休闲农业的经验和做法,取人之长、补己之短,开眼界、长见识,完善提高自己,从而为发展休闲农业,造就业务能力强、服务水平高、爱岗敬业、乐于奉献中国图们江地区的运营管理和服务人才队伍。

(四) 创新休闲农业发展思维,促进边境贫困村休闲农业的运营管理

创新是发展的第一动力。发展休闲农业是一项复杂的系统工程,必须创新发展。当前,要推进中国图们江地区边境贫困村休闲农业发展,就要立足优势,科学规划,创新模式,走出特色。

第一,中国图们江地区要创新发展理念。休闲农业是现代农业的新

[①] 沈权平:《少数民族地区以休闲农业推动农村发展的思考——以延边朝鲜族自治州为例》,《延边党校学报》2013年第6期。

业态，也是旅游业的新产品。它将农业的生产、生活、生态结合起来，向人们展现农村的自然生态、田园景观、特色作物、民风民俗等景观风貌，为游客构建观赏、体验、休闲、娱乐、科普、销售等平台，满足游客消费需求。中国图们江地区发展休闲农业，要以消费需求为导向，以价值创造为核心，深入挖掘中国图们江地区休闲农业的生产、生活、生态、观光、休闲、体验、娱乐等功能，使中国图们江地区农业生产由生产经营型向旅游经济型转变。

第二，中国图们江地区要创新发展方式。大力发展以科普教育、休闲农庄、田园风光、养老养生、古村新镇等为主题的休闲农业，将"一村一品"切实贯彻到每一个村落当中。同时整合中国图们江地区农村资源，推动单一的观光、休闲、养生、娱乐等农业休闲服务向观光旅游、科普科研、会展营销、餐饮住宿、文化创意等综合服务转变，并借助中国图们江地区"互联网+休闲农业""边境风景观光+农业生产体验"等运营模式，实现中国图们江地区休闲农业发展的新突破。此外，中国图们江地区要打破季节限制，运用现代农业科技，避开季差，发展冬季温室观光、采摘活动，开发滑雪、温泉、冬钓等旅游亮点。

第三，中国图们江地区要创新管理体制，建立和完善部门工作联动机制，充分发挥岗位人员分工负责、各司其职、协调管理职能。中国图们江地区要制定休闲农业发展标准和运营制度，规范农家乐、休闲农庄、乡村酒店的管理运营以及安全卫生、收费价格和接待服务。加强对中国图们江地区旅游服务质量的监督，实现管理规范化和服务标准化，促进中国图们江地区休闲农业规范有序发展。

第四，中国图们江地区要创新组织形式。当前中国图们江地区边境贫困村的休闲农业存在规模小、地块分散、组织化程度低等问题，要通过土地流转、发展农业龙头企业、建设休闲农业园区、提高专业化程度等办法和"公司+基地+农户"等形式创新组织形式。中国图们江地区要构建起集约化、专业化、组织化和社会化相结合的新型休闲农业运营体系，实现中国图们江地区休闲农业逐步从零星分布向规模集约，从单一功能向多元功能，从单一产业向多元产业一体化经营转变。[①]

[①] 农业部：《全国休闲农业发展"十二五"规划》，2011年8月24日。

（五）挖掘贫困村农业资源发展内涵，打造朝鲜族休闲农业特色品牌

中国图们江地区是我国最大的朝鲜族群众聚居地，朝鲜族浓厚的民俗风情和独特的传统文化，为挖掘休闲农业发展内涵奠定了雄厚基础。以"朝鲜族民族风俗品牌"为着力点，坚持"人有我优、人有我特"，是中国图们江地区边境贫困村发展休闲农业的方向。

第一，中国图们江地区要实施品牌战略。依托中国图们江地区优越的区位优势、独特的自然资源、宝贵的人文景观和丰富的传统文化，注重挖掘中国图们江地区朝鲜族民族文化内涵，加强边境农村文化遗存和传统村落的保护与开发，推进农业与文化、科技、生态、旅游的有机融合，发展具有朝鲜族文化内涵的中国图们江地区休闲乡村，加快朝鲜族乡土民俗文化的推广传承。

第二，中国图们江地区要强化品牌建设。一是围绕中国图们江地区的长白山原始森林等自然资源打造长白山自然生态风光园；二是围绕中国图们江地区的延边大米、"东北三宝"、黑木耳等名特产品打造延边优势作物观光园；三是围绕国家地理标志产品"延苹果"等打造苹果、梨和草莓观光采摘园；四是围绕中国图们江地区朝鲜族美食辣白菜、冷面、打糕及"汤文化"的生产制作打造民族美味体验园；五是借助中国图们江地区"礼仪之乡""歌舞之乡""足球之乡"和朝鲜族"白衣民族"等称誉，打造一批像和龙市金达莱村、图们市月晴镇"中国朝鲜族百年部落"和安图县明月镇等集"吃、住、游、玩、购、乐"于一体的朝鲜族民俗风情村、红旗村；[①] 六是围绕提升中国图们江地区朝鲜族群众思想文化素质、管理服务水平，打造友善、诚信、文明、和谐、绿色、舒适的休闲农业旅游环境。

第三，中国图们江地区要宣传推广品牌。对中国图们江地区休闲农业产品进行创意设计，并通过商标广告、宣传文化、新闻出版、广电传媒、网络营销和举办节庆活动等进行宣传营销，同时与中国图们江地区旅行社等组织建立营销联动机制，扩大知名度，提升影响力，打造中国图们江地区边境贫困村休闲农业的升级版。

总之，休闲农业作为一种新兴的农业经济发展模式，为中国图们江

---

① 张淑贤、刘海洋：《民族文化旅游开发研究——以延边朝鲜族为例》，《社会科学战线》2011年第6期。

地区边境贫困农村经济发展开辟了广阔的前景。我们要认真学习贯彻党的十八大，十八届三中全会、四中全会、五中全会和习近平总书记系列重要讲话精神，全面落实"十三五"规划和扶贫攻坚计划，依托中国图们江地区边境村资源优势，立足贫困村民脱贫致富，加强政府引导和政策支持，加快基础设施建设，强化专业人才培养、创新发展理念和发展方式，提升管理服务水平，推进中国图们江地区边境贫困村休闲农业快速、健康发展，为中国图们江地区边境贫困村民脱贫致富和新农村建设开辟一条新的道路。

第四篇　中国图们江地区对外贸易发展

中国图们江地区外向型经济发展中的问题及对策[*]

2009年11月16日,国务院正式批复《中国图们江区域合作开发规划纲要——以长吉图为开发开放先导区》,标志着长吉图开发开放先导区建设已上升为国家战略。这对于中国图们江地区的经济发展是一个巨大的历史机遇,尤其是为中国图们江地区外向型经济发展提供了一个崭新的平台。因此,我们一定要认清中国图们江地区外向型经济发展的现状以及存在的问题,并提出行之有效的对策,从而促进中国图们江地区外向型经济健康稳定的发展。

一 中国图们江地区外向型经济发展现状

(一)外资利用发展较快

近年来,中国图们江地区利用外资有了很大进步。截至2008年,中国图们江地区累计引用外资91395.3万美元。2008年由于受国际金融危机影响,中国图们江地区利用外资额略有下降,但2009年中国图们江地区直接利用外资金额有所回暖,达到了5301万美元。2011年,中国图们江地区外商直接投资额大幅度增长,超过1亿美元,达到了10112万美元,到2016年外商直接投资额达到了18472万美元。[①] 中国图们江地区利用外商投资已拓展到亚洲、欧洲、北美洲、大洋洲等24个国家和地区。[②] 截至2009年,在中国图们江地区投资的外商企业已经达到709家,中国图们江地区利用外资的整体规模已经形成。外资利用在中国图们江

---

[*] 本文主要内容原载《商业经济》2011年第5期。
[①] 延边州统计局编:《延边统计年鉴(2017)》,中国国际图书出版社2017年版。
[②] 沈万根:《图们江地区开发中延边利用外资研究》,民族出版社2006年版。

地区经济建设中发挥着越来越重要的作用，大量外资的流入，有效地缓解了中国图们江地区经济建设资金紧张的矛盾。外商企业的投资，不仅带来了资金和技术，同时带来了国外的生产管理、质量管理等一系列先进的管理模式和经验，为中国图们江地区培养了大量的管理人才，从而大大增强了中国图们江地区企业的竞争力，使中国图们江地区的财政收入、就业机会等都有了大幅度的提高。

（二）对外贸易健康稳步发展

进入21世纪以后，中国图们江地区的对外贸易开始稳步健康发展，2002—2007年中国图们江地区对主要进出口市场保持快速稳定的增长态势，每年增幅都不少于10%。同时，中国图们江地区出口贸易额在吉林省出口贸易总额中的比重也越来越高，2008年中国图们江地区出口总额占吉林省出口总额的31.1%，仅次于长春，位居第二位。中国图们江地区的主要贸易对象国从朝鲜转向韩国、日本，主要出口商品为纺织品、木材及木制品。2009年以来，中国图们江地区主要出口的商品有木材及木制品、纺织原料及其制品、农产品。这些商品主要出口到俄罗斯、韩国、日本等国家。对外贸易在中国图们江地区经济发展中发挥着十分重要的作用，是搞好国民经济综合平衡、利用外资、获得国外先进技术的重要手段。同时，中国图们江地区对外贸易的发展大量增加了中国图们江地区外汇收入和财政收入，有效地积累了资金，也加强了中国图们江地区同周边国家和地区的经济合作与技术交流，并为中国图们江地区经济建设创造了良好的外部环境。

（三）劳务合作领域逐年拓宽

对外劳务合作是中国图们江地区外向型经济发展中一个十分重要的组成部分。自1998年至今，中国图们江地区外派劳务人员连续12年位居吉林省各地区之首。仅2008年一年，中国图们江地区境外企业有54家，对外投资金额达到18276.47万美元。2009年中国图们江地区向海外派遣劳务人员18000万人次，其中，新派遣的劳务人员达到5900名，海外承包劳务工程合作营业额达到7210万美元。就劳务合作市场而言，中国图们江地区在巩固了韩国、俄罗斯、朝鲜等传统劳务市场的同时，还开拓了中东、中亚等国家和地区新的劳务市场。中国图们江地区劳务合作的稳定发展，为中国图们江地区创造了财富，增加了外汇收入。派出劳务不仅创造了中国图们江地区巨大的经济效益，也带来了良好的社会效益，增加了中国图们江地区百姓的实际收入,提高了消费水平,扩大了内需,从而促进了中国图们江地区的稳定和繁荣。

二 中国图们江地区外向型经济发展中存在的问题

(一) 外资利用过于集中,投资环境较差

第一,中国图们江地区利用外资主要集中在韩国的中小型企业和项目上。在中国图们江地区投资的 700 多家外资企业当中,韩资企业占60%,而经济更为发达的日本只占不到10%的比例。美国、英国、加拿大等欧美国家所占的比例更是少得可怜,不到5%。

第二,中国图们江地区利用外资过多集中于制造业,外资投向不尽合理。截至 2008 年,中国图们江地区实际利用外资额为 4828 万美元,其中工业占总量的 75.7%,而社会服务业、建筑业、批发和零售贸易及餐饮业、农业领域的外商实际投资占外商投资总额的比重分别为 13.2%、4.3%、2.6%和2.0%。① 这种状况,不利于中国图们江地区产业结构的调整和优化。

第三,虽然中国图们江地区现在的投资环境较以往得到了明显改善,但在一些软环境方面仍旧存在一些问题,诸如中国图们江地区政府收费透明度较低、办事服务效率较差、审批手续较为烦琐等,这些都阻碍着中国图们江地区外资利用进一步发展。

(二) 贸易出口结构单一,贸易市场狭窄

第一,中国图们江地区出口产品结构不合理。据 2008 年 1—9 月中国图们江地区海关资料统计,中国图们江地区出口前三种商品是:木制品出口9544 万美元,出口比重为 27.5%;纺织原料及其制品出口 5724 万美元,出口比重为 16.5%;农产品出口 5190 万美元,出口比重为 14.9%。这三种商品出口额所占比重达 58.9%。可以看出,中国图们江地区这种出口结构基本属于初级产品出口,而且会导致对一些重要产业的产品出口依存度偏高,如果个别产品出口出现波动,就会影响整个中国图们江

---

① 沈万根:《延边地区对外劳务合作的现状及发展前景》,《北方经贸》2003 年第 8 期。

地区出口的总量和发展趋势。

第二,中国图们江地区外贸出口国别也相对单一。2009年中国图们江地区出口前5位的国家分别是朝鲜、俄罗斯、韩国、欧盟、美国。中国图们江地区对亚洲市场的出口继续保持绝对优势,但对欧美市场以及非洲地区仍旧相对落后。尤其是由于2008年以来,受国际金融危机日益蔓延、朝鲜贸易政策及市场环境不断恶化等因素影响,中国图们江地区对朝进出口受到较大影响。

(三) 劳务合作市场狭小,外派人员素质不高

第一,中国图们江地区对外劳务合作市场过于狭小,缺乏国际竞争力。中国图们江地区外出劳务合作主要集中在韩国(31.8%)、俄罗斯(12.4%)、塞班岛(19.4%)。由此,中国图们江地区劳务合作市场存在着市场过于集中、开发力度不够、合作伙伴不多等问题,这些都严重影响着中国图们江地区在国际承包劳务市场中的竞争力。

第二,外出劳务人员普遍素质较低。中国图们江地区派出的劳务人员大部分是经济效益不好企业的职工和农民,只有一部分是熟练工人。因此,中国图们江地区派出人员90%以上都集中在农、林、渔、工等行业,而一些高技术领域人才并不多。

三 发展中国图们江地区外向型经济的对策建议

(一) 积极宣传新规划纲要,转变引资方式

第一,要向国际大力宣传国家长吉图开放先导区的战略意义,明确长吉图开放先导区的建立,不仅有利于中国图们江地区外向型经济的发展,同时也有利于俄罗斯、朝鲜、韩国、日本等周边国家的发展,从而达到中国图们江地区吸引各国外资的目的。[①]

第二,打造核心项目,加强园区建设。要搞好中国图们江地区实体经济建设,推出品牌项目就成了招商引资的重点,中国图们江地区应充分利用中国台湾工业园、朝鲜工业园等现存产业,围绕重大项目、重点

---

① 权哲男、吴英娜:《入世后延边地区对外贸易发展的现状及对策》,《延边大学学报》(社会科学版)2009年第10期。

企业进行配套招商。

第三，扩大对外交流与合作。要加强中国图们江地区与国内外经济区域的经济联系与合作，建立区域性联合推动机制，实现优势互补。借助此次新规划纲要契机，创新对外开放理念，完善协商机制，逐步形成中国图们江地区全方位、宽领域、多层次高水平的对外招商格局。

第四，加强生态环境保护，进一步完善投资环境。要努力构建一个生态优良、环境优美、人与自然相和谐的中国图们江地区投资环境，从而更有效地吸引外资；在软环境方面，中国图们江地区要降低市场准入门槛、简化程序，提高办事效率。

（二）建设对外贸易通道，转变外贸增长方式

第一，加快建设国际大通道畅通工程，拓宽物流交易通道。积极推进中国图们江地区国际商品交易中心和重要口岸建设，增强中国图们江地区通关过货能力。通过中国图们江地区基础设施建设扩大客货流量，进而又推动通道建设，二者相互促进。

第二，转变贸易增长方式，大力发展加工贸易。依托国内外双重市场，着力引进国内外大型加工企业，从而促进中国图们江地区加工产品的对外出口。要全面提高中国图们江地区传统出口商品的质量和附加值，同时积极推动中国图们江地区机电产品和科技产品的出口。

第三，开通边民互市，启动中朝物资交流市场，设立外贸发展基金。通过中国图们江地区边贸发展吸引人流、物流、资金流，从而促进贸易增长。

第四，政府有关部门要积极拓展服务项目，完善服务功能。积极为中国图们江地区企业提供相关业务指导服务，组织企业有关责任人参加各类涉及对外贸易的业务培训和经贸商务知识培训，帮助调解中国图们江地区涉外经济贸易纠纷。

（三）加强国际合作，开阔劳务市场

第一，加强对外文化交流。在传承优秀历史文化传统前提下，中国图们江地区可以举办工艺品展览、技能大赛、文化旅游等形式多样的文化交流活动，从而带动中国图们江地区劳务人员往来与经济技术合作。

第二，加强外派劳务资源的培养和储备，提高劳务输出层次。加强对中国图们江地区外派劳务人员的职业培训，针对市场需求，培训相关领域的具体工作技能，尤其是高技术内容的培训。

第三，加强对外劳务合作管理，转变政府职能，依法管理。规范管理是对外劳务合作的基础。因此，中国图们江地区应建立统一的管理体制，对各项对外劳务合作活动进行统一协调促进；对向境外投资者提供团队和分散劳务人员等活动的机构实行归口管理；制定统一政策，改进对外劳务合作的各项制度及规定；拓展与开发中国图们江地区境外就业市场。

加入WTO对中国图们江地区对外经贸的影响及对策*

我国加入WTO后,在世界经济相互融合、相互依存的趋势进一步增强的情况下,中国图们江地区与全球经济的联系也会越来越密切。这为中国图们江地区对外经济贸易的发展带来了新的机遇,同时也带来挑战。如何抓住机遇、扩大优势、迎接挑战、加快中国图们江地区对外经济贸易的发展,已成为我们必须解决的现实课题。为此,本文从中国图们江地区发展对外经济贸易的基本情况及存在的问题着手,探讨加入WTO对中国图们江地区发展对外经济贸易所带来的影响及应采取的措施与对策。

一 中国图们江地区发展对外经济贸易的基本情况及存在问题

20世纪90年代以来,中国图们江地区的对外贸易有了较为快速的发展。从2000年开始,中国图们江地区对外贸易总额超过了3亿美元,到2006年超过10亿美元,2012年开始超过20亿美元,到2016年达到了20.39亿美元。[①] 2001年、2002年、2003年按市(州)级口径统计,其出口在吉林省居第1位。[②]

中国图们江地区对外经济贸易发展过程中出现以下特点:一是贸易方式的多元化格局已基本形成。在各种贸易方式中,边境贸易长足发展,出口完成7441万美元,增长20.39%;加工贸易进出两旺,出口完成

---

* 本文主要内容原载《东北亚论坛》2004年第3期。
① 延边州统计局编:《延边统计年鉴(2017)》,中国国际图书出版社2017年版。
② 沈万根:《图们江下游地区利用外资基本现状的综合分析》,《延边大学学报》2001年第3期。

8578 万美元，增长 33.49%；一般贸易稳定增长，出口完成 12133 万美元，增长 31.24%。边境贸易、加工贸易和一般贸易在中国图们江地区对外经济贸易中所占比重分别为 26.5%、30.5% 和 43%，三种贸易方式"平分天下"的格局基本形成并得到进一步巩固。[①] 二是出口经营主体进一步壮大，民营企业出口取得长足发展。外贸流通企业、外商投资企业、民营企业出口额占中国图们江地区出口总额的比重分别为 36%、46% 和 18%，中国图们江地区外贸出口"三足鼎立"的格局进一步稳定，外贸出口进入良性循环阶段。三是开始开拓俄罗斯市场。

中国图们江地区对外经济贸易经历了曲折的发展过程，现已进入稳步健康发展的阶段。2002 年底，中国图们江地区对外贸易总额为 33912 万美元，增长 10.4%，占该地区国内生产总值的 18.1%。2003 年底，中国图们江地区对外贸易总额为 40848 万美元，增长 20.45%，占该地区国内生产总值的 19.8%。但是与加入 WTO 后的新形势、新要求相比仍存在一些问题。

第一，进出口产品结构不合理，出口规模小，附加值低。虽然中国图们江地区有 800 多种进出口产品，而且结构也有较大改善，但基本上是出口初加工产品多，资源型、劳动密集型产品多，而技术含量大、附加值高的产品少，而且农副产品的出口还受到国家配额的限制，直接影响出口规模的进一步扩大。中国图们江地区很难长期在国际市场上立足。

第二，贸易形式和结算方式单一。[②] 这些问题主要反映在中国图们江地区对朝、对俄边境贸易上。虽然开展了一些加工贸易、转口贸易，但主要贸易方式还是易货贸易，国际上通用的结算手段还不能实行，这就直接影响中国图们江地区对朝、对俄边境贸易的发展。

第三，外贸企业资金严重短缺，导致丢失贸易机会。中国图们江地区的外贸企业虽然在激烈的市场竞争中生存下来，走出低谷，但遗留下来的历史问题多，资金信誉过低，加上固定资产少，无法满足金融部门抵押贷款的要求。因此，中国图们江地区难以取得经营贷款，丧失了许多赢利的机会，甚至丢掉了客户。

第四，对外贸易出口中缺乏拳头产品、名牌产品。中国图们江地区

---

① 南相福：《在全州外贸工作会议上的讲话》，2002 年 2 月。
② 刘多田：《河北省吸引外资工作存在的问题及建议》，《国际贸易问题》2001 年第 2 期。

出口产品中以煤炭、焦炭、谷物、木材及木制品、纺织制品、服装为主，没有形成有中国图们江地区特色的拳头产品、名牌产品。同时，没有形成稳固的国际市场基础和工、农、贸一条龙的规模体系。

第五，人才结构不合理，缺乏大批人才。随着图们江流域国际合作与开发以及中国图们江地区对外经贸的迅速发展，中国图们江地区大量缺乏经济社会发展所急需的工程技术、经济管理和外贸金融等方面的专门人才。同时，中国图们江地区籍在外高校毕业生大量流失，尤其急缺一批既懂专业又精通一门外语的综合性高级人才。

二 "入世"对中国图们江地区发展对外经济贸易的机遇和挑战

（一）"入世"对发展对外经济贸易的挑战

第一，"入世"对中国图们江地区进出口产品结构的挑战。虽然经过几年来的产业战略性调整，中国图们江地区出口产品实现了以农副土特产品、矿产品为主向以工业制成品为主的转变，但从整体上看，中国图们江地区出口产品结构还处于较低的水平，因而出口量的扩大会受到某种程度的影响。[①]

第二，"入世"对中国图们江地区服务贸易的挑战。从结构上看，中国图们江地区的服务贸易仅限于交通运输、旅游、劳务、工程承包等劳动密集型服务领域，尚未开发知识、科技和资本密集型服务领域。从服务业竞争力上看，由于长期的封闭和政策保护，中国图们江地区缺少行业内部压力和动力。随着服务市场的不断开放，中国图们江地区服务贸易将面临严峻挑战。

第三，"入世"对中国图们江地区国有企业的挑战。中国图们江地区国有企业尤其是外贸企业改革与调整尚未到位。在诸多方面与"入世"新形势还不相适应，如企业债务负担沉重、经营方式滞后、资本积累不足、技术能力薄弱、企业机制不活、对政府仍存在一定依赖等，导致整个中国图们江地区企业运行缺乏活力与效率。所以，"入世"带给中国图

---

① 马宇：《我国吸收外商投资形势分析》，《国际贸易》2002年第1期。

们江地区国有企业冲击将是明显的。

第四，"入世"对中国图们江地区外贸管理体制的挑战。从目前外贸管理体制看，中国图们江地区还存在着许多与国际管理规范不相兼容的地方。如外贸经营权审批过严、外贸调控水平不高、外贸协调服务机制功能薄弱等。因此，中国图们江地区外贸管理体制与国际接轨也是一大挑战。

(二)"入世"对发展对外经济贸易的机遇

第一，"入世"为中国图们江地区进出口贸易的发展营造了更好的国际环境。"入世"使中国图们江地区经济将被纳入这一"经济联合国"，在更高层次上融入世界经济大循环，使得中国图们江地区进出口贸易进入一个崭新的环境：与WTO成员站在同一高度，市场视野将更为开阔；同处于统一的多边贸易规则的体系中，贸易往来更为规范、公平；享有同其他成员相同的优惠待遇与权利，获得公平贸易地位，与WTO成员建立稳固、平等的经济贸易关系。

第二，"入世"有利于中国图们江地区进口贸易，带动出口的增长。"入世"后，我国将依据WTO的要求和"入世"承诺，逐步实行进口关税的下调和非关税壁垒的减少与约束。我国进口商品的价格将会下降，有利于降低以进口原材料和零部件加工为主的企业成本。这将会扩大进口规模、优化进口结构。与此同时，进口贸易的发展将会带动中国图们江地区出口加工贸易的发展和出口产品结构的升级。

第三，"入世"有利于拓展中国图们江地区出口空间。"入世"有利于中国图们江地区充分享受WTO关税减让成果，扩大出口规模。根据WTO的《农业协议》和《纺织品与服装协议》，到2004年12月31日，发达国家成员对从发展中国家成员进口的纺织品和服装的进口数量限制取消，中国图们江地区的纺织品、农产品、轻工产品等劳动、资源密集型产品的出口将会有一个很大的拓展空间。

第四，"入世"有利于较好地解决国际贸易争端，维护中国图们江地区对外贸易合法权益。WTO有关规则为中国图们江地区外贸企业的发展提供了规范性的保护措施。一是将减少我国境内企业在双边经济贸易活动中受到的歧视性待遇。如果出现，可以通过世界贸易组织争端解决机制来解决；二是当中国图们江地区外贸企业受到国外商品倾销和禁止补贴的实质性伤害时可以通过征收反补贴税予以抵消；三是当我们在履行义务中，出现大量贸易逆差、严重的国际收支赤字和受到实质性伤害时，可以通过谈判，引用保障措施，暂时中止履行义务对产业进行保护。因此，世界贸易组织争端解决机制将成为中国图们江地区维护对外贸易合法权益的有力武器。

三 加入 WTO 后中国图们江地区对外经济贸易发展应采取的措施与对策

我们不仅要认清对外经济贸易发展中存在的问题，而且要抓好加入 WTO 后对中国图们江地区发展对外经济贸易所带来的机遇和挑战，提出如下几点措施与对策。①

（一）转变观念，改进工作方法，尽快适应"入世"后的新形势

第一，中国图们江地区各级外经贸主管部门要以解放思想为先导，强化对外开放与对内开放并举意识，拓展工作视野，改进工作方法。要从适应对外经济贸易的经营体制、经营主体变化的需要出发，加强中国图们江地区同相关部门和其他特色产业的有效协作与配合，认真筹划设计好中国图们江地区发展对外经贸的策略。在工作方式上要从管理型向服务型、从微观操作向宏观管理转变。

第二，中国图们江地区对外经贸公司、自营生产企业、外商投资企业是"开放带动"战略实施的主体，要增强市场意识、风险意识、竞争意识、科技意识和效益意识，依靠两种资源和两个市场谋求自身发展。要充分发挥中国图们江地区在市场、客户、商务信息方面的优势，扩大自身规模和扩展营销渠道。②

第三，中国图们江地区要深入研究"入世"后经济形势的发展变化。中国图们江地区切实转变工作职能，以市场经济运行规则为基础，积极创造中国图们江地区公平竞争的外经贸经营环境。要强化和完善中国图们江地区中介组织，重点培育和壮大为中国图们江地区投资贸易提供配套服务的商会、律师事务所、会计师事务所、服务中心、咨询中心等，

---

① 张世贤：《中国引资发展战略研究》，天津人民出版社 2000 年版。
② 沈万根：《"入世"对延边地区利用外资的影响及对策》，《东北亚论坛》2003 年第 1 期。

逐步做好中国图们江地区职能的分化和移交。

第四，中国图们江地区适应"入世"后的新形势变化。中国图们江地区各级对外经贸人员要率先熟悉和掌握 WTO 的有关规则。中国图们江地区对外经贸主管部门要与延边大学和中国图们江地区内科研院所建立培训基地，定期举办培训班，强化培训一批 WTO 专业人才。同时，要加快中国图们江地区对外经贸网络化进程，进一步提高中国图们江地区信息化水平。多渠道、全方位地收集、筛选、分析市场营销信息、法律法规信息、商品供求信息、投资信息，在瞬息万变的一体化经济形势中捕捉商机，应对挑战。并借助对外经贸网络的延伸，把握大形势，提高中国图们江地区对外经贸在国际市场中的竞争力。

（二）根据自身的条件和潜力，确立"大经贸"战略

第一，所谓"大经贸"战略，就是发挥各方面、各类企业的积极性，促进商品、资金、技术、劳务的流动相互融合和对外经贸、生产、科研、金融等相关部门共同参与、协同配合，实现内在结构优化、经营集约高效、管理统一透明、市场布局合理的对外经贸发展战略。这一战略，既符合中国图们江地区对外经贸的比较优势，也符合双边多边贸易的要求，是中国图们江地区经济走上快车道的一条捷径。

第二，"大经贸"战略的核心是动员中国图们江地区人民按照"入世"的要求，建立中国图们江地区外向型经济体系，大力发展外向型经济。一是要求中国图们江地区各生产部门和企业重视外贸出口，积极发展出口生产，以国际市场为导向，以科技为先导，走出口—引进—改造—再出口的路子；二是要求中国图们江地区外贸部门和企业发挥在市场、客户、信息、人才、经营等方面的相对比较优势，使中国图们江地区外贸与外经工作融为一体，自觉为生产服务，为老企业改造服务；三是要求中国图们江地区跨地区、跨行业、跨部门的广泛的经济联合，大力发展中国图们江地区行业出口集团，建立发展中国图们江地区外向型经济的组织体系和经营结构，形成贸、工、农、科的群体优势，增强竞争能力，参与国际分工，跻身国际市场。

（三）进行商品结构调整，扩大外贸出口

第一，以开发特色产品为重点，调整、优化出口产品结构。一是广泛收集，深入调查，编制出中国图们江地区主要出口产品、名牌产品、特色产品目录。选准重点培育的产品，扶持重点产品生产企业，找准产品与市场的结合点；二是帮助中国图们江地区各类企业大力推进 ISO9000 系列标准认证进程和出口名牌商品的商标战略；三是建立中国图们江地区外贸发展基金。制定鼓励政策对出口新产品若干年内免征地方所得税，优先照顾缺口资金，优先使用外贸发展基金；四是重点开发中国图们江地区特色产品。围绕"长白山"做好文章，扩大宣传"长白山"，加大木耳、小粒黄豆、芸豆、人参、山野菜、松茸、林蛙、熊胆、蜜蜂等中国图们江地区农林牧土特产品的开发力度。[1]

第二，发挥资源和产业优势，加强中国图们江地区出口商品生产基地建设。一是帮助推进中国图们江地区纺织、服装、木材加工、机械、化工、医药等重点行业的技术改造，使之成为出口主导产业，继而成为出口生产基地。到 21 世纪初，纺织品和成衣、木制品、农副产品三大生产基地规模扩大，医药、食品、化工出口基地初步形成。二是按照农村产业化的进程和要求，加强贸农结合，加快粮食及农林牧土特产品的转化和深加工过程，建立多种形式的中国图们江地区贸工农企业，并使之尽快形成出口商品基地，提高粮食及农林牧土特产品的国际竞争力。在现有的农产品出口基地基础上，进一步扩大生产规模，增加出口总量。三是对重点自营出口生产企业给予政策和资金上的扶持，优先照顾许可证、配额，优先安排使用中国图们江地区外贸发展资金。

第三，发挥地缘和人缘优势，大力开展中国图们江地区边境贸易。一是巩固朝鲜传统市场，扩大对朝互市贸易规模。注意研究朝鲜外贸体制及政策的变化，及时调整对朝贸易对策。二是努力搞好珲春的市场批发、货物中转和通道建设，使其更好地发挥中国图们江地区对俄边贸的桥头堡垒作用，研究制定在中国图们江地区珲春建立互市贸易区的工作方案，并促成其尽快实施。三是举办俄罗斯市场开发研讨会，研究边贸发展战略，制定实施方案。争取在俄罗斯建立中国图们江地区商品批发中心，鼓励中国图们江地区有条件的企业到俄罗斯创办境外企业，以来料加工的方式扩大中国图们江地区产品销售规模，扩大俄罗斯市场，并通过俄罗斯向其他独联体国家发展。四是用足、用活、用好国家现行的中国图们江地区边贸政策，积极稳妥地开展来料加工、转口、进料加工

---

[1] 延边州外经贸局：《2001 年工作总结及 2002 年工作安排》，2002 年 2 月。

出口等多种形式的中国图们江地区边贸活动。

第四，培育外贸出口新增长点，扩大中国图们江地区加工贸易，发展技术贸易。一是抓住国家鼓励发展加工贸易的有利时机，完善中国图们江地区开展加工贸易的措施和办法；二是用好普惠制和产地证，扩大生产非敏感性产品，提高来料加工深度，短时期内把中国图们江地区珲春开发区建成加工贸易出口基地；三是以"科教兴州"为依据，注重开展"科技兴贸"，将其作为实现对外经贸大力拉动经济增长的重要支撑点。大力开展技术贸易，重点放在中国图们江地区高新技术的开发、引进和应用上。

（四）实施以质取胜和市场多元化战略，大力开发出口市场

第一，对外经贸各项业务都有提高质量的要求。根据中国图们江地区外向型经济发展的要求，要加大引进技术和技术改造的力度，建立有利于促进技术引进和消化创新的机制，提高中国图们江地区进出口商品质量档次和技术含量。当然，现在最紧迫的是加强中国图们江地区进出口商品的检验把关，整顿边贸、旅游购物，把假冒伪劣商品堵住。

第二，积极组织中国图们江地区各类出口企业参加韩国、日本等重点出口对象国的展销会、交易会学习经验，开阔视野，拓展思路。

第三，建立中国图们江地区外贸专门信息服务机构，及时为企业提供市场动态和商品行情等信息，争取设立多家国外办事机构；积极加入电子商务网络，推行符合国际惯例的营销方式，积极开展网上贸易，进而建立一定规模的中国图们江地区销售网络，实现抢占市场、开发市场的目的。

第四，中国图们江地区继续深层次开发独联体、朝鲜、韩国、日本等传统出口市场，提高出口商品信誉度。积极投标国家援外项目，开发非洲国际市场；以土特产品为主，打入东南亚市场；以纺织品为主，进入拉美、中东市场；以组织几个精干的专业小分队推销产品的方式，重点考察了解欧洲市场。

（五）深化对外经贸体制改革，加快对外经贸企业规模化进程

第一，深化中国图们江地区对外经贸体制改革，在对外经贸体制上要有突破。"入世"标志着我国进入以多边贸易协定为核心的世界经济体系，而这种世界经济体系是以市场经济体制为前提或基础的。因此，中国图们江地区按照世界贸易规则加快进出口管理体制、涉外税制、口岸管理体制改革和外经贸企业机制的转变，加快中国图们江地区对外经贸体制与国际经济的全面接轨。为此，一是要进一步放开中国图们江地区对外经贸经营权，逐步实行进出口经营登记制；二是要进一步放宽中国图们江地区生产企业的进出口经营范围，扩大企业的贸易规模和发展空间；三是要放宽中国图们江地区对私营企业经营出口业务的限制，壮大中国图们江地区对外经贸新的生力军；四是要突出中国图们江地区政府对外经贸协调服务功能，提高对外经贸宏观调控水平；五是要坚持中国图们江地区产业发展和产品生产的国际标准，严格按照国际标准组织和管理企业；六是中国图们江地区国际结算、银行汇兑、商务纠纷仲裁等按国际通行规则和国际惯例进行。

第二，加大对外经贸企业改革力度，提高中国图们江地区国际竞争力。一是要发挥中国图们江地区对外经贸企业在人才、市场、客户、信息等方面的优势，谋求对外经贸企业和生产企业之间的优势整合，共同发展；二是要加大中国图们江地区出口商品生产基地建设的力度，实现对外经贸企业和生产企业之间的优势互补，从而提高竞争力，壮大出口实力；三是要积极探索中国图们江地区兼并重组、参股、控股等多种有效的方式，也可以尝试利用外资进行股份制改造，借助外国企业的市场和客户不断拓宽经营渠道，融入国际市场。

第三，加强对外经贸改制企业经营管理，强化法人治理结构的整体功能。建立、健全中国图们江地区国有资产经营管理体系。对于剥离、重组、分立出来的新公司，要以提高经济效益为目标，建立科学决策、高效运作、有效监督的企业机制。充分发挥中国图们江地区董事会、监事会和经理班子的作用，及时堵塞财务管理上的漏洞，提高资金使用效率，努力降低成本，确保股东和债权人利益，以此调动全体职工的积极性，按照公司法要求，向现代企业制度迈进。

第四，继续推动中小外经贸企业改制。在中小外经贸企业改制过程中，要根据中国图们江地区企业实际情况，实行整体改制和局部改制的结合，实施同类、同属、同地企业的兼并或合并，以防止企业经营规模过小、过散的问题。在此基础上，中国图们江地区在培育骨干产品、扶持特色项目、打进国际市场方面应多下功夫，力争有所突破。

总之，我们应该正确地认识加入WTO对中国图们江地区发展对外经济贸易所带来的影响，抓住机遇，迎接挑战，提高中国图们江地区对外经济贸易的服务质量和水平，配合实施中国图们江地区开放带动战略，进一步强化"大经贸"意识，以培育新增长点为目标，扩大中国图们江地区出口规模，以开拓中国图们江地区新市场为方向，大力开拓外贸出口，推动中国图们江地区对外经济贸易国际化进程，真正体现对外经济贸易对中国图们江地区整体经济的巨大拉动作用。

论中国图们江地区发展对外经济贸易的优势*

通过对中国图们江地区发展对外经济贸易所具有的物质环境和社会环境的分析，我们可以看出，中国图们江地区能够成为东北亚经济贸易中心。

一 中国图们江地区发展对外经济贸易的情况

随着国际、国内政治与经济形势的良好发展，中国图们江地区对外经济贸易也有了很大的发展。中国图们江地区现有33家外贸公司、11个对外窗口、10个边境口岸。主要开展对朝、对俄边境易货贸易以及与其他国家和地区的现汇贸易、转口贸易、对外劳务合作、工程承包等多种对外贸易形式。其中80%以上的贸易是易货贸易。进出口商品的品种有800多种，销往朝鲜、韩国、日本、俄罗斯、中国香港等50多个国家和地区。主要出口的商品有木材、钢材、汽车、工业产品等。据统计，2003年中国图们江地区对外经济贸易进出口总额实现40848万美元，同比增长20.45%。其中出口完成28152万美元，同比增长28.83%。① 在吉林省9个地区排序中列第一位。2004年中国图们江地区进出口总额为57249万美元，2005年进出口总额为72014万美元，2006年进出口总额达到了111400万美元，2010年进出口总额达到了155256万美元，2012年进出口总额超过了20亿美元，达到了20.61亿美元。②

中国图们江地区的外贸工作也有较快的发展。经过几年的发展，2003年实际利用外资额达到4271万美元，同比增长6.06%。2004年实际

---

* 本文主要内容原载《延边外向型经济论》2003年11月；《图们江地区开发中延边利用外资研究》2006年6月。

① 根据《延边统计年鉴（2005）》数据整理得出。

② 延边州统计局编：《延边统计年鉴（2017）》，中国国际图书出版社2017年版。

利用外资额达到 5029 万美元，2011 年实际利用外资额超过 1 亿美元，达到了 1.01 亿美元，到 2016 年达到了 1.85 亿美元。[①] 另外，外向型经济已突破了行业界线，扩展到全社会，外贸窗口单位挂靠企业 1100 多家，形成了具有中国图们江地区特色的对外贸易群体。外商投资企业分布的主要行业有木材加工、食品饮料、化工药品、纺织服装和建材。

中国图们江地区外派劳务 15693 人次，同比增长 4.98%，连续多年居全省首位。2003 年新派劳务 4200 人，同比增长 9.52%。因私涉外收入完成 65313 万美元，同比增长 37.52%，连续 3 年超过中国图们江地区财政收入。[②]

中国图们江地区旅游业发展迅速，综合效益日益显著。2003 年，中国图们江地区接待海外旅游者 7.6 万人次，创汇收入 1535 万美元（1.27 亿元）；接待国内旅游者 141.3 万人次，实现旅游收入 6.39 亿元；接待国内外旅游者合计 148.9 万人次，实现旅游总收入 7.66 亿元。[③] 2004 年，中国图们江地区接待海外旅游者 16.8 万人次，实现旅游收入 2.9 亿元；接待国内旅游者 243.1 万人次，实现旅游收入 16.6 亿元；接待国内外旅游者合计 259.9 万人次，实现旅游总收入 19.5 亿元。[④]

目前，中国图们江地区有一个国家级边境开放城市——珲春，以及延吉、图们、敦化三个省级经济开发区。它们分别享有国家、省里下达的各种税收等优惠政策，这为中国图们江地区外商直接投资提供了广阔的天地。

总之，近几年来中国图们江地区对外经济贸易发展取得了很大的成绩，特别是中国图们江地区外贸总额在 GDP 中所占比重上升很快。因此，我们必须正确分析物质、社会环境的优势条件，以便进一步促进中国图们江地区对外经济贸易的发展。

二　中国图们江地区具有发展对外经济贸易的良好物质环境

第一，中国图们江地区具有得天独厚的地理优势。中国图们江地区

---

① 延边州统计局编：《延边统计年鉴（2017）》，中国国际图书出版社 2017 年版。
② 根据延边州外经贸局资料整理。
③ 根据延边州旅游局资料整理。
④ 延边州统计局编：《延边统计年鉴（2011）》，中国国际图书出版社 2011 年版。

是地处中、朝、俄三国交界,往东南部约15千米便可进入日本海,是中国东北沟通内外的重要部位,是连接亚欧大陆,进入太平洋的重要枢纽地区。这种地理优势是东北亚地区任何一个地方都无法比拟和取代的。这是中国图们江地区发展对外经济贸易的"地利"因素。

第二,中国图们江地区具有丰富的自然资源。中国图们江地区地处长白山区,资源丰富,森林覆盖率达78%,主要有红松、白松、落叶松、水曲柳、白桦等120多个树种,是我国的重点木材产区。已经发现煤炭、石油、泥炭、大理石、水晶等50多种非金属矿产和以金、铅、银、铜等为主的40多种金属矿产,并有吉林省最大的黄金产地。另外境内盛产人参、鹿茸、黑木耳、山野菜、苹果梨、黄烟、小粒黄豆等,土特产品资源也非常丰富,在中国图们江地区生长着1460多种野生经济植物和800多种药用植物等。这些为中国图们江地区的工业发展和对外经贸发展提供了强大的资源基础。

第三,中国图们江地区经济和社会事业呈现出良好发展态势。中国图们江地区国内生产总值为170亿元,同比增长10%。其中,第一产业增长0.2%,第二产业增长13.7%,第三产业增长9.2%。中国图们江地区社会固定资产投资为72亿元,同比增长12%。财政收入实现20.9亿元,同比增长11%,实现了均衡入库和较快增长。社会消费品零售总额为78.5亿元,同比增长3.5%。农民人均纯收入为2600元,同比增长10%。到2003年11月末,中国图们江地区城乡居民储蓄存款余额为267.5亿元,人均储蓄存款为12226元,比年初增加1450元。[①] 这些为中国图们江地区对外经济贸易发展提供了物质基础。

第四,中国图们江地区的交通、通信有了一定的发展。中国图们江地区已开通珲春圈河口岸—朝鲜罗津港口—韩国釜山国际海航线,珲春至俄罗斯扎鲁比诺港铁路开通,延吉海关建成开关。中俄珲卡铁路恢复正常运营,延吉机场获批为国际航空口岸,开通延吉至上海等航线,中朝南坪公路桥开工建设。[②] 中国图们江地区公路交通建设完成投资11亿元,同比增长17%。201国道小沟岭至滴达咀二级公路、图们至汪清二级公路等一批国道、省道、县道竣工通车。完成127条乡道建设和53个村

[①] 延边朝鲜族自治州第十二届人大第二次会议上的《政府工作报告》,2004年1月10日。
[②] 杨朝光:《图们江地区周边国家国际开发合作与投资环境研究》,吉林人民出版社2000年版。

公路建设。江密峰至珲春高等级公路，敦化至延吉段、龙井至和龙一级公路已开工建设。通信方面，中国图们江地区8个市、县已进入自动化通信网，与183个国家和地区通国际直拨电话。这些为中国图们江地区对外经济贸易发展提供了强大的硬环境条件。

第五，中国图们江地区口岸建设也较快。中国图们江地区已获得批准的对外开放口岸有10个，其中一类（国家级）口岸有8个，二类（省级）口岸有2个。这10个口岸分别是珲春国际客货公路运输口岸、珲春国际客货铁路运输口岸、圈河国际客货公路运输口岸、图们国际运输口岸、沙坨子双边客货公路运输口岸、开山屯双边客货公路运输口岸、三合双边客货公路运输口岸、南坪双边客货公路运输口岸、古城里双边客货公路运输口岸和延吉航空口岸。口岸数量占吉林省对外开放口岸总数的60%，在全国少数民族自治州中名列第一，这为中国图们江地区对外经济贸易发展提供了强大的硬环境条件。

三 中国图们江地区具有发展对外经贸的良好社会环境

第一，国内外的宏观经济发展趋势，为中国图们江地区对外经济贸易发展创造良好的外部环境。一是从国际环境来看，世界经济形势好转，经济增长率逐年提高。特别是东亚经济的复苏加快，亚洲金融危机的影响进一步减弱。[①] 此外，朝鲜半岛南北关系缓和对中国图们江地区发展对外贸易创造了有利的条件。它不仅创造了和平、发展的经济环境，也有利于中国图们江地区对朝鲜和韩国的出口贸易、加工贸易、边境贸易等。二是从国内情况来看，国家根据形势变化适时调整宏观经济政策，果断地采取一系列积极措施鼓励扩大出口。特别是国家两次提高出口商品退税率，综合退税率达到14.75%，大大提高了出口商品的竞争力。三是从中国图们江地区情况来看，为实现富民强州的奋斗目标，着力实施"科教兴州、开放带动、县域突破"三大战略，促进了国民经济健康发展。对外经济贸易已被列为中国图们江地区六大特色支柱产业之一。"大经

---

① 高辉清：《2000年我国外贸形势分析和2001年展望》，《世界经济研究》2001年第1期。

贸"思想正成为中国图们江地区人们的共识,"开放带动"战略全面启动和实施,外贸经营主体"三足鼎立"(专业外贸公司、外商投资企业、生产企业)的局面已经形成,外商投资企业、生产企业在对外开放中的主体地位日益突出。

第二,改革开放以来,我国陆续制定并实施的一系列法律、法规,为中国图们江地区对外经贸发展创造了良好的法律环境。我国为了保护和促进外经外贸的发展,加强对外经贸的宏观指导和管理,同时为了保护外商的合法权益,我国陆续制定并实施许多有利于外商投资的政策和保护外国投资者合法权益的法律,以及与国际经济贸易接轨的涉外经济法律、法规,并且进一步加强和完善有关涉外经济的法律、法规,以使我国外贸宏观管理转向主要运用法律和经济手段调节对外贸易的轨道。

第三,"大经贸战略"为中国图们江地区发展对外贸易创造了良好的外贸环境。20 世纪 90 年代,我国对外经贸实施了以进出口贸易为基础,商品、资金、技术、劳务合作与交流相互渗透,协调发展,对外经济贸易、生产、科技、金融等部门共同参与的"大经贸战略"。在这一战略指导下,我国进行了以建立与国际经济接轨的新机制为目标的经贸体制改革。比如:(1)汇率并轨。改革外汇管理体制,建立以市场经济供求为基础的单一的有管理的浮动汇率机制,发挥汇率对进出口贸易的调节作用;(2)进一步下放进出口经贸权,试行出口商品配额招标制。对具有条件的国有生产企业、科研院所、商业物资企业最大限度地放开进出口商品经营。同时对原木、芝麻、纱布等 13 种出口商品配额试行了招标分配。这些有利于调动企业扩大出口的积极性,也有利于整个外贸经营秩序的好转。(3)加快外贸企业转换经营机制。国家取消了对外贸企业的指令性计划和上缴外汇业务,按国家统一税率缴纳所得税。在"大经贸战略"下,中国图们江地区各外贸公司积极深化内部体制改革,主动与金融、税务、海关、生产科技单位取得联系,相互协调,多方联系客户,精心组织货源,扩大出口。[①] 其他一些非外贸企业,甚至事业单位,纷纷挂靠各外贸窗口公司。这样就形成了全社会搞外贸的新局面。

第四,中国图们江地区人际关系优越。中国图们江地区总人口 218 多万人,是中国朝鲜族聚居地区。现有朝鲜族人口 84 万人,占总人口的

---

① 延边州外经贸局:《延边对外经济贸易发展"十五"计划》,2000 年 6 月。

38.4%，中国图们江地区朝鲜族人和朝鲜、韩国、俄罗斯、美国、日本等国家和地区的朝鲜族人有密切的血缘和亲友关系。而且，中国图们江地区各族居民有着同周边国家各民族、经济文化交往的悠久历史。旅居俄罗斯、美国、巴西、加拿大等国的外籍人士数千人。这为中国图们江地区发展对外经贸提供了优越的人际关系。[①]

第五，中国图们江地区是在国内 8 个省市和韩国设立了招商办事处，与长春、佛山、杭州等发达城市建立了经济合作关系。

当然，我们应该看到中国图们江地区发展对外贸易的不利因素。例如：一是美国和其他发达国家市场扩大的余地有限，一些发达国家利用自身优势抢先竞争，挤占市场，在世界经济贸易中出现了新的贸易保护主义。特别是一些国家对我国的市场经济地位不予以承认，这对中国图们江地区外贸出口造成不利的局面。二是当今世界经济增长的基础并不牢固，风险和隐患依然不同程度地存在。美国经济仍然存在诸多隐患。欧元区经济仍将受到高失业率的困扰。东亚地区的经济增长仍带有恢复性增长性质，结构性问题仍然很多。全球性生产过剩依然严重，产业结构的大幅度调整不可避免，除了少数发达国家的少数高新技术产品外，世界大多数产品仍然供大于求。三是亚洲金融危机对中国图们江地区的对外经济贸易负面影响仍然存在，导致中国图们江地区的外商直接投资下降，使作为中国图们江地区出口主力军的外商投资企业出口后劲明显不足。俄罗斯和朝鲜经济增长缓慢、支付能力低下，严重制约着中国图们江地区边境贸易的发展。四是中国图们江地区对外经济贸易运行中还存在着各种问题。

综上所述，中国图们江地区发展对外经贸具有良好的物质、社会环境，我们必须采取行之有效的政策性措施，充分发挥其优势条件，努力克服其不利因素和条件，以便促进中国图们江地区对外经贸发展，使其早日成为东北亚经贸物流中心。

---

① 沈万根：《延边地区对外经贸环境问题初探》，《延边大学学报》1997 年第 3 期。

中国图们江地区对韩国贸易发展对策*

随着中韩贸易的发展，中国图们江地区对韩国的贸易也得到快速发展，尽管韩国已成为中国图们江地区重要的贸易伙伴，但在贸易规模、贸易市场、贸易形式等方面还存在着诸多问题。在《中国图们江区域合作开发规划纲要》上升为国家战略的大背景下，如何抓住机遇，发挥自身优势，可持续发展中国图们江地区对外贸易，如何坚持实施"开放带动"战略，是摆在我们面前的亟待解决的现实课题。为此，本文从中国图们江地区对韩国贸易发展的基本现状着手，剖析中国图们江地区对韩国贸易发展中存在的问题。在此基础上，提出转变贸易方式，发展服务贸易，提高国际竞争力等对策建议，从而促进中国图们江地区外向型经济健康发展。

一 中国图们江地区对韩国贸易的基本现状

中国图们江地区对韩国的进出口贸易始于20世纪80年代末，截至1992年，中国图们江地区对韩国的贸易规模并不大。1992年中韩建交以后，中国图们江地区同韩国对外贸易总量迅速增加，从1991年408万美元的贸易额增加到1996年9610万美元的贸易额，增长约23倍，比上年增长62.7%。其中出口额从1991年的386万美元增加到1996年的3257万美元，增长约7倍；进口额从1991年的22万美元增加到1996年的6535万美元，增长约296倍。韩国在中国图们江地区对外贸易总额中所占的比重从1992年的2.1%增长到1995年的38.2%，成为中国图们江地区最大的贸易对象国。1996年，韩国在中国图们江地区对外贸易总额中

---

* 本文主要内容原载《东北亚研究》2011年第2期。

占 45.7%,① 这一时期,中国图们江地区同韩国对外贸易已经进入快速发展阶段。②

但是,由于 1997 年韩国受亚洲金融危机的影响,中国图们江地区对韩国的进出口贸易迅速下降,1998 年下降到 5394 万美元,比 1996 年下降 78%。③ 从 1999 年开始,中国图们江地区对韩国的贸易以每年 10%以上的速度回升。2002 年,对韩国贸易总额达 10329 万美元,比上年增长 13.5%,占中国图们江地区贸易总额的 30.6%。其中对韩国的贸易出口额为 7693 万美元,占对韩国贸易进出口额的 74.5%。2005 年,对韩国贸易总额达到 12334 万美元,比上年增长 7.7%,占中国图们江地区贸易总额的 17.2%。④ 这一时期,韩国仅次于朝鲜成为中国图们江地区的第二大贸易伙伴,表明双方贸易进入恢复发展阶段。2006 年,中国图们江地区对韩国的贸易总额达到 15046 万美元,占中国图们江地区贸易总额的 14.0%。但再一次受 2008 年国际金融危机的影响,中国图们江地区对韩国的贸易开始下降。2008 年,中国图们江地区对韩国的贸易总额为 15915 万美元,到 2009 年为 13296 万美元,比上年下降 16.5%。韩币的大幅"跳水"阻碍了中国图们江地区对韩国的贸易发展。但中韩两国积极努力开始摆脱困境,中国图们江地区对韩国的贸易得到恢复并快速发展,到 2010 年贸易总额为 18306 万美元,比上年增长 37.7%。2011 年,贸易总额为 21646 万美元,2012 年和 2013 年有所回落。2014 年中国图们江地区对韩国的贸易总额突破 2 亿美元,达到了 2.25 亿美元,2015 年贸易总额为 2.7 亿美元,2016 年贸易总额为 2.6 亿美元(见表 1)。⑤

表 1　　中国图们江地区同韩国贸易额变化趋势

年份	1991	1992	1993	1994	1995	1996	1997	1998	1999
贸易额(万美元)	408	666	627	3736	5909	9610	7437	5394	7404

① 沈万根:《图们江地区开发中延边利用外资研究》,民族出版社 2006 年版。
② 金钟范:《韩国区域开发政策经验及启示》,《东北亚论坛》2002 年第 4 期。
③ 根据各年《延边统计年鉴》数据整理。
④ 根据各年《延边统计年鉴》数据整理。
⑤ 延边州统计局编:《延边统计年鉴(2017)》,中国国际图书出版社 2017 年版。

续表

年份	2000	2001	2002	2003	2004	2005	2006	2007	2008
贸易额（万美元）	8175	9103	10329	11561	11459	12334	15046	15912	15915
年份	2009	2010	2011	2012	2013	2014	2015	2016	—
贸易额（万美元）	13296	18306	21646	18143	19066	22526	27203	26019	—

资料来源：根据各年度《延边统计年鉴》和延边州商务局数据整理得出。

同时，自中国图们江地区同韩国开展贸易合作以来，对韩国的出口商品基本上以中药材、干菜等土特产品为主，数量也很有限。1994年开始，随着"三资"企业生产的纺织品出口增加，以及木材、板制品、铝材等产品出口的增加，中国图们江地区对韩国的出口规模迅速上升。2001年对韩国的出口商品中，木材及木制品类占22%、纺织品类占16%，随后是化工制品和农产品类。2005年开始，中国图们江地区对韩国的出口商品主要有木材及木制品、服装及衣着附件、纺织制品、水海产品、钢铁、塑料制品等。2008年出口商品中木材及木制品类占22%、纺织原料及其制品占24%，随后是农产品和机电产品。2009年，中国图们江地区对韩国的出口有所减少，出口的商品依然是以纺织原料及其制品、木材及木制品、农产品为主。这三种商品占中国图们江地区对韩国出口贸易总额的80%以上。[①] 中国图们江地区从韩国进口的主要商品，当初是"三资"企业加工生产所需的纺织品原料。因此，纺织工业所需的原材料进口占整个对韩国进口贸易额的50%以上。2002年开始，中国图们江地区从韩国进口的商品逐渐多样化，主要进口机电产品、生铁和废铁、化工产品、木材及木制品等。2005年开始，中国图们江地区从韩国进口的商品主要有机电产品、重金属及其制品等。2009年开始，中国图们江地区从韩国进口商品主要有木材及木制品、矿产品、纺织原料及其制品、农产品等商品。

总之，中国图们江地区对韩国贸易的商品结构主要是以资源型产品和劳动密集型产品为主，这主要是同韩国相比，中国图们江地区相对落后的经济发展水平和产业结构所导致的。

---

① 根据延边州商务局资料整理。

二 中国图们江地区对韩国贸易中存在的问题

自 20 世纪 80 年代,中国图们江地区对韩国的贸易发展对该地区的发展起到重要作用,但是从中国图们江地区经济和社会发展的整体目标来看,尤其是与《中国图们江区域合作开发规划纲要》提出的新任务、新要求相比还存在一定的差距。

(一) 对韩贸易规模小,进出口产品结构不合理

1996 年,中国图们江地区对韩国贸易额在该地区贸易总额中所占比重为 45.7%,是中韩建交以来贸易规模最大的年份。然而,受亚洲金融危机的影响,1998 年对韩国的进出口贸易规模大幅度下降,1999 年有所恢复,2002 年中国图们江地区对韩国的进出口贸易总额首次突破 1 亿美元,此后一直徘徊在 1 亿—1.5 亿美元,但对韩国的贸易所占比重也大幅下降。1997 年所占的比重为 32.6%,到 2004 年下降为 20.1%,到 2008 年下降到 10%以下,仅为 8.8%,为历史最低。[1] 2010 年,中国图们江地区对韩国的贸易终于超过 1.5 亿美元,达到 1.8 亿美元,但在对外贸易总额中所占比重仅为 12%,落后于俄罗斯的 34%和朝鲜的 27%,排第三位。

虽然中国图们江地区对韩国的贸易中进出口 800 多种产品,而且结构也有较大的改善,但出口商品主要集中在木材及木制品、纺织原料及其制品、机电产品和农产品等资源型产品和劳动密集型产品。中国图们江地区没有形成自己特色的品牌产品、拳头产品,这就出现了初级加工产品多,出口资源型、劳动密集型产品多,而技术含量和附加值高的产品少的局面。[2]

(二) 区域优势不明显,交通运输不便捷

中国图们江地区周边都是欠发达的城市或地区。方圆 500 千米的半径内人数稀少,东部俄罗斯的哈桑区的人口密度每平方千米不足 2 人。朝鲜的咸镜北道、两江道位于中国图们江地区的南部,但这些地区因体制僵化、观念落后、不开放而相对欠发达。西部是吉林省的蛟河、桦甸,

---

[1] 根据各年《延边统计年鉴》数据整理。
[2] 沈万根:《中国图们江地区对韩国贸易发展中的问题及其对策》,《东北亚研究》2011 年第 2 期。

北部是黑龙江省的宁安、牡丹江等城市。这些城市经济不富裕，与中国图们江地区的经济互补性不强，导致中国图们江地区的对外贸易基础较为薄弱。

近几年，中国图们江地区交通建设取得了可喜的成就，但公路、高速收费项目较多，铁路单线运输成本高，航运航线少，海运港口受限问题比较严重。这些因素束缚了中国图们江地区外贸企业的快速发展。中国图们江地区通往韩国的海上运输线经由朝鲜罗津港、清津港到韩国束草、釜山，但出入朝鲜手续繁杂，大型货船不宜进入朝鲜港口等诸多因素阻碍了海上运输线的发展。

（三）进出口比例不平衡，进出口商品结构严重失调

在1999年中国图们江地区对外贸易总额中，对韩国的出口贸易占63%，进口贸易仅占37%；在2001年出口贸易占70%，进口贸易占30%；在2003年出口贸易占76%，进口贸易占24%；在2005年出口贸易占77%，进口贸易占23%；在2008年出口贸易占79%，进口贸易只占21%；2010年，出口贸易占84%，而进口贸易只占16%。[①] 进出口贸易比例严重失调，影响了中国图们江地区对韩国贸易全面健康的发展。

多年来，中国图们江地区对韩国贸易总量的增长主要是由出口增加带动的，但是出口产品仍然是以木材及木制品、纺织原料及其制品、农产品等资源型产品和劳动密集型产品为主，到2009年底这三种产品占对韩出口贸易总额的80%以上；进口贸易也是以木制品、纺织原料及其制品、农产品以及机电产品等资源型产品为主，这些产品占了2009年从韩国进口贸易总额的50%以上。

三 中国图们江地区对韩国贸易中存在问题的原因

影响中国图们江地区同韩国对外贸易发展问题的原因，主要是长期受传统经济理论和计划经济体制影响，发展对外贸易的观念落后，同时中国图们江地区也是经济欠发达地区，无论是在基础设施、产业基础还

---

① 根据延边州商务局资料整理。

是民间资本方面都比较薄弱,这些都是造成中国图们江地区同韩国对外贸易发展中存在诸多问题的原因。

(一)发展观念的局限性

中国图们江地区同韩国对外贸易发展的观念有些不足,这是因为中国图们江地区同韩国开展对外贸易的时间比较晚,是从20世纪80年代末,特别是1992年中韩建交后开始正式发展起来的。虽然对中国图们江地区同韩国对外贸易的合作有所认识,但是更多的观念仍停留在传统部门,对中国图们江地区同韩国对外贸易合作的生产性功能和在中国图们江地区国民经济中的作用认识不到位。在外商投资方面,企业市场准入门槛高。一些行业对非公有经济还没有完全开放,即使完全开放的行业,有些职能部门为保护所属或改制分离出来的那些投资机构,为了本地区外贸企业的利益,通过提高准入门槛、加强资质审批等手段抑制了行业之间的国际化竞争,使市场调节功能得不到充分的发挥。

(二)贸易内部环境有待改善

贸易渠道不畅、企业融资手段单一等原因,制约了对韩贸易企业的改制和产业结构的改革,很多中小企业、民营企业在发展中的首要问题是融资难,融资难的问题又制约了外贸企业和对外贸易的发展。中国图们江地区的职能部门,虽然在外商投资方面提供了很多优惠政策,但是在诸多因素的影响下吸收外资的总额并不理想,或者吸引外资在贸易发展方向上与地区发展贸易规划相去甚远,这些使提升中国图们江地区同韩国对外贸易的发展受阻。

(三)贸易外部环境有待改善

虽然,中国图们江地区地处中、朝、俄三国交界地带,位于东北亚地区的地理中心,是东北亚区域经济、人口、地理三个中心的交汇点,在联络亚、欧、美海路运输格局中,占据大陆桥枢纽的主要位置,但是,中国图们江地区周边国家和地区经济欠发达、人员稀少、体制僵化等因素制约着中国图们江地区发挥自身区位优势。

(四)市场化改革不到位,进出口产品结构单一

一是中国图们江地区同韩国对外贸易的发展中体制障碍仍然比较突出。对外贸易的诸多领域中存在的大企业垄断、政府管制等市场进入障碍还没有真正消除。市场配置资源的基础性作用尚未得到充分发挥,市场机制和市场体系还不健全。二是中国图们江地区同韩国对外贸易中进

出口800多种产品，其中木材及木制品、纺织原料及其制品、机电产品和农产品占80%以上。① 这是因为在中国图们江地区投资的外资企业当中71%是韩国企业，其中纺织企业和木制品企业占多数，这些企业生产的产品大部分运回韩国本土。所以，产生同韩国贸易中进出口比例不平衡和进出口商品结构严重失调的问题。三是中国图们江地区的技术水平比韩国落后，所以出口的产品主要是劳动密集型产品和附加值低的产品。

四　中国图们江地区对韩国贸易发展的对策建议

我们不仅要认清中国图们江地区对韩国贸易发展中存在的问题及其原因，而且要抓住《中国图们江区域合作开发规划纲要》上升为国家战略的机遇，发挥自身优势，提出如下几点对策建议。

（一）完善政府职能，增强企业竞争力

第一，完善政府职能。一是加强社会服务工作，摒弃"官本位"的思想，减少对企业的行政干预，使企业真正达到成为市场主体、自负盈亏的程度。通过精简机构，减少通关环节，简化检验手续，提高服务质量与办事效率，进一步强化一条龙服务及一站式公开办公政策。二是从战略高度重视进口贸易。就从中国图们江地区同韩国贸易的现状来看，增加进口是很好的外贸战略选择。要充分利用国家政策，加大进口力度，缩小进出口不平衡的差距。三是充分利用人民币的升值，可以进一步发展同韩国的科技合作，鼓励大企业增加从韩国进口先进技术设备、节能环保设备、关键零部件、重要原材料、高科技产品和项目。通过进口拉动促进重点产业结构升级，保持进出口的健康协调发展。

第二，畅通外贸信息网络。一是有效利用国家给予的第一个沿边开放的《长吉图规划纲要》赋予的各项优惠政策。外商投资的目的主要是寻求利益最大化，企业往往试图选择投资环境较好又有明显政策优惠地区投资。中国图们江地区应利用网络加强宣传，尤其应加强英语版的政府信息网络建设，面向世界宣传资源优势、地域特色，全面推广中国图们江地区招商引资的优惠政策，吸引广大韩国企业到中国图们江地区落

---

① 根据延边州对外贸易局资料整理。

户。二是建立和完善韩国企业服务网络，积极开拓定期与韩国进行对话与交流的通道，及时了解韩国的政治经济环境、各种经济法规、居民消费指数、市场供求关系以及同类商品竞争等情况，为企业提供同韩国贸易信息和全方位的咨询服务。

第三，增强企业竞争力。继续培育和壮大对韩贸易，增强外贸企业实力，扩大贸易规模。充分利用中国图们江地区区域优势与各种优惠政策，吸引沿海地区等有实力的域外企业落户中国图们江地区，开展加工贸易和进出口贸易，积极帮助中国图们江地区尚无业绩的外贸生产企业尽快开展业务，努力培育和壮大外贸主体。促进企业不断提高经营管理水平，鼓励企业开发新产品，降低生产能耗和生产成本，提高企业在高附加值新产品方面的研发、产品质量保证体系的建设、营销网络渠道建设和售后服务环节等方面的能力和水平，进一步提高中国图们江地区企业在韩国市场上的竞争力。

（二）转变贸易增长方式，调整贸易商品结构

第一，转变贸易方式。一是全面推进出口基地建设，鼓励中国图们江地区内大型木制品企业增加研发投入，逐步从代加工向代设计和自创品牌发展，推进同韩国大型流通企业的合作进程，促进农产品出口基地建设，扶持服务贸易的发展，加快"科技兴贸"发展步伐。支持有实力的企业"走出去"，到国外建设资源开发基地，并鼓励中国图们江地区内的贸易企业通过本地窗口开展外贸业务。二是加快调整贸易结构。强化进出口调节手段，积极扩大能源和资源型产品的进口总量，增加对技术型产品、节能环保设施、关键零部件的进口。支持中国图们江地区内生产企业增加研发投入，鼓励地方优势产品进行深加工，提高出口商品附加值。

第二，提高出口效益。一是努力扩大对韩出口规模。组织相关企业赴韩国开展企业对接活动，并着手开拓韩国内地市场。二是扩大对俄罗斯和朝鲜的廉价材料如木材、农产品、海产品等进口总量，提高对韩国出口的农产品、纺织品等产品的规模。中国图们江地区由于具备低廉的劳动力成本、丰富的原材料资源等特点，纺织品、木制品、农产品、水产品在韩国市场上具有很大的竞争优势。为了迅速扩大对韩出口贸易的规模，中国图们江地区要扩大从俄罗斯和朝鲜进口部分原材料再转出口到韩国市场。

第三，调整商品结构。加强中国图们江地区对韩出口的特产商品品牌建设，培育和发展具有较强国际竞争力的拳头产品和自主出口品牌，注重提高产品质量和档次，坚持以质取胜战略，走品牌化的发展道路。力争在对韩出口的主要产品品种不出现大的下滑的基础上，努力扩大机电产品、高新技术产品、深加工农产品和优质轻纺产品的出口。全面增强中国图们江地区出口商品在韩国市场上的竞争力。在实现对韩出口贸易稳定发展的前提下，不断提高自主知识产权产品、自主名优品牌和高新技术商品出口的比重。

（三）发展服务贸易，提升外贸综合实力

第一，大力发展服务业，为服务贸易奠定坚实的基础。服务贸易是投资少、收效快、效益好、就业容量大、与经济发展和人们生活关系最密切的行业。中国图们江地区发展同韩国的服务贸易有劳动力资源丰富廉价、民族文化相似等传统优势。发展服务贸易要在把握世界经济整体趋势的前提下，将中国图们江地区的传统优势与国际分工有机地联系在一起，形成有中国图们江地区特色的服务贸易，同时也要不断地学习韩国的服务业技术及方式。逐步缩短同韩国先进服务业与贸易之间的差距，形成又广又深的服务贸易网络。

第二，强化服务贸易意识，制定服务贸易发展战略。增强同韩国发展服务贸易的战略意识，主要是以增强服务出口为重点，以引进促出口的服务贸易发展战略意识。一是要有以服务出口为重点战略意识，具有这种战略意识就能把工作重点放在提高中国图们江地区服务整体水平并大力促进服务出口上。二是要有引进促出口的战略意识，认识到引进的目的是促进中国图们江地区服务业的发展并为中国图们江地区服务出口提供更好的基础，避免盲目地进口服务，积极慎重地开放地区内服务市场，大胆地从韩国引进技术和知识含量高的服务尤其是生产性服务。

第三，加强服务贸易人才培育工作。长期以来，中国图们江地区的服务贸易优势主要是成本低廉、总量丰富的低端劳动力。中国图们江地区的产业结构的主要特征是劳动密集型。应该看到，这既是比较优势所在，又是不足之处。韩国服务业产业结构的趋势正在由劳动密集型向知识、技术密集型转变。随着韩国服务产业的发展，中国图们江地区廉价劳动力驱动的服务贸易增长模式将不可持续。为此，必须大力开发人力

资源、提高人力资本水平，用质量代替数量，实现中国图们江地区服务贸易的可持续发展。① 因此，要加快有针对性地指导和培训业务骨干，切实解决影响和制约进出口方面的重大问题。采用开办培训班、选派业务骨干集中培训等方式，提高中国图们江地区企业业务操作水平和在国际服务贸易中的市场竞争力。

（四）发展技术贸易，提高国际竞争力

第一，发展技术贸易，促进中国图们江地区产业结构优化。为了适应当今全球化经济的发展，中国图们江地区也要在现有的基础上，不断地调整经济结构以适应经济发展及市场的需求，优化各种资源如自然资源、人力资源、科技资源以及资金等的配置，科学合理地安排好各产业的发展，这对中国图们江地区搞现代化建设是非常必要的。以微电子、信息、海洋、新能源、新材料和环保为代表的高新技术，日益发展成为韩国的主导产业，成为其保持竞争力的主要手段。经济结构的调整和产业结构优化，需要大力引进韩国的先进技术改造传统产业。高新技术产业研发投资多，经营风险大，但利润也高，是未来产业调整的方向。我们可以通过自身的地域优势和政策优势，采取与韩国企业合资合作相结合的方式，高起点嫁接国外的先进技术。

第二，发展技术贸易，缩短中国图们江地区与韩国的技术水平差距。一项较大的基础技术发明，从研究、设计、试验到技术产生，一般需要10—15年，而引进先进技术，是直接使用现成的科研成果，一般从引进到投产，只需2—3年时间，可以大大节省自己探索的时间。从韩国引进高新技术较密集的领域，如计算机软件、新能源、先进医疗技术、现代环保技术等，可以在提高中国图们江地区科技水平的同时，缩小与韩国的技术差距。

第三，发展技术贸易，促进中国图们江地区企业的技术改造和行业的技术进步。技术进步是支撑企业发展的重要因素，技术引进是企业实现技术进步中有效的方法之一。中国图们江地区的企业利用韩币"大跳水"的有利时机，可直接购买韩国的技术专利以及成套设备、生产线等，可以大大节省研究开发时间，在短期内提高企业技术装备及加工水平，加快企业发展，改变企业技术落后面貌，增强企业的竞争力。

---

① 韩玉军、周亚敏：《全球金融危机与中国服务贸易的开放》，《国际贸易》2009年第9期。

总之，抓住《中国图们江区域合作开发规划纲要》上升为国家战略的机遇，发挥自身优势，采取行之有效的对策建议，推动中国图们江地区对韩国贸易健康发展，促进中国图们江地区经济社会又好又快发展。

论中国图们江地区与日本的经贸关系[*]

中国图们江地区与日本的经贸往来自 20 世纪 90 年代中期开始频繁。但由于中日之间政治、经济关系的不稳定及中国图们江地区投资环境差、配套机制不完善等原因,其经贸关系存在贸易规模不大、发展不平衡、进出口商品结构不合理等问题。中国图们江地区应抓住机遇加强与日本秋田县的经济交流与合作,重点开发特色产品,优化进出口商品结构,开发人力资源及加强软环境建设等来促进中国图们江地区外向型经济的发展。

一 中国图们江地区与日本经贸关系的基本情况

改革开放之初,中国图们江地区只用陆地口岸与朝鲜进行经贸往来。自我国实行沿边地区对外开放战略以来,中国图们江地区的对外经贸往来也开始活跃起来。20 世纪 90 年代初,该地区的主要贸易伙伴除了朝鲜以外,还包括韩国和俄罗斯。直到 20 世纪 90 年代中期以后,中国图们江地区与日本的经贸往来才开始频繁起来。

1991 年,中国图们江地区对日出口总额是 253 万美元,占中国图们江地区出口总额的 2.9%。1994 年,中国图们江地区与日本的贸易总额是 2165 万美元,占中国图们江地区对外贸易总额的 5.6%;1995 年为 2522 万美元,同比增长 16.5%,占 16.3%;1996 年是 2836 万美元,同比增长 12.5%,占 13.4%;1997 年为 4660 万美元,同比增长 64.3%,占 20.4%。1998 年,由于受亚洲金融危机和日本经济萧条的影响,贸易额比 1997 年有所下降,但比 1996 年增加 350 万美元,并且其出口额与 1997

---

[*] 本文主要内容原载《东北亚研究》2004 年第 1 期。

年相比还增加10万美元。经过1998年短暂的回落之后，中国图们江地区与日本的进出口贸易在1999年和2000年连续保持较高的增长率。其中2000年为最高峰，其贸易总额达6109万美元，同比增长23.6%，占中国图们江地区对外贸易总额的19.9%。到2001年受"911"事件的影响，全球经济增长放慢，国际贸易条件急剧恶化，使得日本的出口贸易减少15.7%、进口贸易减少7.9%。这影响了中国图们江地区与日本的经贸往来。2001年，中国图们江地区对日本的贸易总额为4864万美元，同比下降20.7%，占中国图们江地区对外贸易总额的15.8%。2002年为4455万美元，同比下降8.1%，占中国图们江地区对外贸易总额的13.1%。导致中国图们江地区对日出口连续下降的原因是日本企业效益下滑、设备投资下降、内需徘徊不前、国内市场疲软、日元大幅度波动、日本政局混乱等。这些导致了中国图们江地区对日本出口的连续下降，同时也影响了日本对中国图们江地区进口的增长。

2003年，中国图们江地区对日经济贸易总额为5265万美元，开始出现对日经济贸易持续增长趋势。2007年贸易总额超过2000年水平，达到8017万美元。2010年贸易总额突破1.0亿美元，达到1.15亿美元，较2007年增长43.4%。2015年贸易总额为1.28亿美元，2016年贸易总额为1.20亿美元，较2010年增长4.3%。[①] 从而中国图们江地区对日经济贸易进入了稳定发展阶段。

二 中国图们江地区与日本经贸往来中存在的问题

（一）贸易规模不大，发展不平衡

对日本贸易中，进出口最多的是2000年，占中国图们江地区进出口总额的19.9%；出口最多的是2000年，出口额达5041万美元，占该地区出口总额的27.8%；进口最多的是1997年，进口额达2204万美元，占该地区进口总额的21.1%。2001年和2002年由于受日本经济的影响，中国图们江地区对日本进出口贸易连续下降两年，对日贸易规模被对朝鲜贸

---

① 资料来源：根据各年度《延边统计年鉴》数据整理得出。

易赶超，居第三位。虽然 2007 年贸易总额超过 2000 年水平，出口额达到 6516 万美元，但是仅占中国图们江地区出口总额的 5.4%。2010 年对日贸易出口额达到 9719 万美元，占出口总额的 7.7%。2016 年对日出口额超过了 1 亿美元，占出口总额的 10.1%。①

从图 1 中可以看出，出口曲线比较平滑，总额曲线和进口曲线落差比较大。在中国图们江地区与日本的经贸往来中，进出口贸易所起的作用各个时期有所不同：1996 年以前，中国图们江地区对日本的出口主要影响双方经贸往来；1996—1998 年进口产生主要影响；1998 年开始出口主要影响着中国图们江地区与日本的经贸往来。因此，中国图们江地区与日本的经贸发展过程是很不平衡的。②

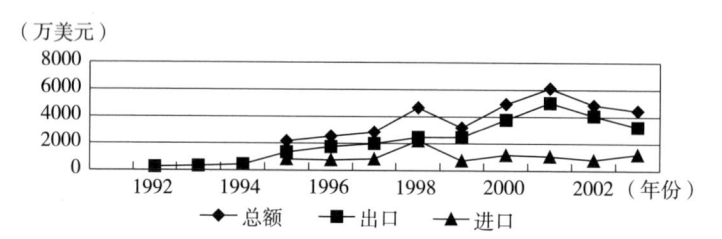

图 1　1991—2002 年中国图们江地区与日本进出口贸易情况

资料来源：延边州对外贸易经济合作局。

（二）商品结构不合理，配套机制不完善，投资环境差

从进出口商品结构看，中国图们江地区主要出口低附加值产品，如木材、纺织品、服装等，而进口高附加值产品，如汽车等。从配套机制情况看，中国图们江地区缺乏可持续发展观念，未建立有效的保护机制，出现对土特产品（如山野菜、松茸）乱采集的做法。从外企的投资环境看，中国图们江地区合同纠纷与对外资企业的"四乱"（乱检查、乱收费、乱摊派、乱罚款）现象时常发生，法制环境亟待改善。投资环境的不完善挫伤了日企在中国图们江地区的投资热情。

（三）中日之间不稳定的政治、经济关系影响中国图们江地区与日本的经贸关系

1995 年以后，日本对中国的投资大幅度下滑；20 世纪 90 年代末期，

---

① 资料来源：根据各年度《延边统计年鉴》数据整理得出。
② 沈万根：《论延边地区与日本经贸关系》，《东北亚研究》2004 年。

日本大幅度减少对华援助额；2001年中日之间首次出现较为激烈的贸易摩擦。这些问题的产生有其各自不同的国内背景和国际环境变化的原因，但一个共同的原因是我国经济的崛起与日本长期低迷的经济形成了强烈反差，从而导致日本国内某些势力制造"中国威胁论"，并且这些势力开始对日本政府支持中国改革开放的政策表示怀疑甚至抵触，认为日趋增加的中国产品将缩小日本产品的市场份额，对华直接投资的增加正在导致日本国内"产业空洞化"，我国经济的崛起将给日本经济带来威胁等。这直接影响中国图们江地区与日本的经贸发展。

三 中国图们江地区与日本经贸发展的影响因素

（一）中国图们江地区与日本经贸发展的有利条件

第一，航线的开通，为中国图们江地区与日本的经贸发展提供了新的契机。1999年8月，在中国图们江地区政府与秋田县政府的推动下，波谢特—秋田航线正式开通运营，这条航线的开通，为中国图们江地区与日本的经济交往提供了必要的交通条件。2000年4月，国务院正式批准成立中国图们江地区珲春加工贸易区，极大地推动了中国图们江地区投资环境的改善。同时，中国图们江地区与秋田县的地理位置、文化习俗相近，所以不仅方便沟通产业、技术，还有很强的互补性，合作潜力很大，前景广阔。在农业方面，秋田县农业发达，粮食品种、蔬菜品种优良，农业种植养殖技术较高；中国图们江地区劳动力廉价，在一些方面的合作存在着可能性。如引进的洋葱已在延吉市、图们市开始试种，大米已在龙井市种植10年。在特色产业、中药材、林业等方面也有很强的互补性。中国图们江地区与秋田县的经济合作，发挥各自的比较优势，对各自经济贸易的发展都会带来很大的促进作用，尤其是对解决中国图们江地区农村劳动力的就业、增加农民收入、提高农业科学技术、扩大出口、带动地方产业的发展方面产生积极的作用，从而促进中国图们江地区与日本的经贸发展。

第二，中国图们江地区具有丰富的资源优势、较强的工业基础和地缘优势。中国图们江地区地处长白山区，资源丰富，森林覆盖率达78%，是我国的重点木材产区。已发现50多种非金属矿产和40多种金属矿产，有野生动物500多种，野生经济植物1500多种。境内盛产人参、鹿茸、黑木耳、苹果梨、黄烟、小粒黄豆等土特产品。经过50多年的建设，中国图们江地区工业已具有一定规模，形成了医药、森工、食品加工、纺织、造纸等工业生产体系。中国图们江地区地处中、俄、朝三国交界地带，位于东北亚地区的地理中心，是东北亚区域经济、人口、地理三个重心的交汇点。现有8个边境口岸，铁路、公路直通朝鲜、俄罗斯，人流、物流通关十分便利。

第三，东北亚区域经济的合作进展将促进中国图们江地区与日本的经贸发展。近年来，世界经济全球化、区域经济一体化进一步发展。这些地区贸易组织对区域外国家产品设置障碍，制约了东亚国家对外贸易的正常发展。尤其是经过1997年亚洲金融危机之后，呼吁"亚洲经济融合"之声日益高涨。"东盟+3"（中、日、韩）已达成了《清迈协议》。随着2000年朝鲜与韩国"首脑会晤"，朝鲜半岛局势出现了缓和；2002年，朝鲜开始实施"经济调整"；小泉首相访问朝鲜；日俄关系也出现缓和。这些表明，东北亚区域经济合作越来越具有可能性。中国图们江地区享受西部大开发的优惠政策，也大大改善中国图们江地区的投资环境，有利于进一步吸收日本外商投资企业。图们江下游地区开发开放已列入国家"十五"计划和2015年远景目标纲要，同时日本经济发展的侧重点已由东部转向西部，这为中国图们江地区与日本进一步进行经济交流与合作提供了很好的环境条件。

（二）中国图们江地区与日本经贸关系发展的制约条件

第一，中日政治、经济关系直接影响中国图们江地区与日本的经贸发展。中日两国虽说是友好近邻，但在对历史问题的认识、意识形态领域、外交政策方针等方面摩擦迭起，从而产生贸易摩擦，而且贸易摩擦的范围正在扩大。日本政府放任日元贬值，造成对我国经济发展的牵制。日本是亚洲唯一的发达国家，是亚洲最重要的经济体。由于日本是亚洲最重要的贸易出口国，日元是亚洲的主要投资货币，日元贬值将直接影响亚洲国家和地区的出口竞争力，也将使这些国家和地区面临货币贬值的压力，使金融动荡与风险进一步加大。日本多年来一直是我国的最大贸易伙伴，因而日元贬值对我国的损害最大。这会影响中国图们江地区与日本正常的经贸往来。

第二，中国图们江地区金融体系功能不健全。中国图们江地区的对外银行业务，难以满足外商企业融资的正常要求。一是影响了落户的外资及合资企业筹措资金、提高企业可持续再生产的能力；二是使企业利润的汇进汇出增加困难；三是对贸易结算也带来了诸多不便。同时，外汇实盘的买卖操作，银行差价过高，不利于个人外汇资本流进本地。另外，中国图们江地区没有外资银行，对吸引外资极为不便。金融体系的功能对引进和利用外资至关重要，完善金融功能后外资的流动定会增加。

第三，中国图们江地区缺乏对日本经济发展战略的系统追踪研究，不能把握机遇。中国图们江地区缺乏对日本经济现状及发展战略、日本经济发展中与本地关联因素等连续的追踪信息和系统的分析研究。因此，中国图们江地区制定有关对外发展战略的决策部门看不到翔实、有依据的、有决策参考价值的信息，无法审时度势地及时出台相应的政策措施。

四　中国图们江地区与日本经贸发展的对策

（一）加强中国图们江地区与秋田县的经济交流与合作

随着波谢特—秋田航线的开通，中国图们江地区与日本秋田县的交往开始频繁。在我国加入WTO的有利环境下，应加强双方的经贸往来。[①]具体做法如下。

第一，双方通力合作保证航线的正常运营。中国图们江地区的延边现通集团同韩国釜山、束草和日本秋田县共同开辟了罗津—釜山、扎鲁比诺—束草、波谢特—秋田航线，我方加强对现通集团的支持是办好航线的关键。中国图们江地区应采取相应的特殊政策，在不同层次上为航线的建设提供政策和资金，加大对外宣传力度，拓宽货源渠道，扩大运量，降低运输成本，提高航线的服务质量。

第二，加快农业、特产、药材、林业等方面的技术合作与交流。农业是秋田县的传统产业，也是优势产业，其农业现代化水平比较高。秋田县小丁稻米是日本的一流品牌产品，中国图们江地区引进该种子已有十余年的时间，其品质、市场信誉度均较高，在此基础上中国图们江地区应继续扩大该大米种植的面积。此外，秋田县对中国图们江地区的黄

---

① 沈万根：《图们江地区开发中延边利用外资研究》，民族出版社2006年版。

豆、刺嫩芽、中药材、木制品、矿产品等特别感兴趣，就这方面的合作应进行深入的探讨。

（二）重点开发特色产品，调整、优化出口产品的结构

重点开发中国图们江地区特色产品，加大对中国图们江地区长白山的宣传力度，加大对中国图们江地区的木耳、小粒黄豆、芸豆，人参、山野菜、松茸、林蛙、熊胆、蜂蜜等农林牧土特产品的开发力度。中国图们江地区往日本出口的主要品种为木材、板制品、服装、土特产品等，而这些产品的出口还会维持一段时期。以服装行业为例，应加强服装行业的出口能力，发挥整体优势，建立中国图们江地区的服装出口生产基地，走出以单纯的订单加工收取微薄加工费的老路子，创出中国图们江地区自己的品牌。有关中国图们江地区的土特产品，应有组织、有计划地扩大各种山野菜的出口能力，通过建立有效保护机制，继续维持中国图们江地区山野菜的出口优势。另外，中国图们江地区还应考虑与朝鲜合作开采有色金属再往日本出口的贸易项目。

（三）要实施人力资源开发措施

人是企业中活的资源，是最宝贵也是最重要的资源，特别是在竞争激烈的市场经济条件下，人才开发尤为重要。加快推进外经贸管理部门人事制度的改革和企业用人制度改革，建立一个各类外经贸人才脱颖而出、人尽其能的新机制。中国图们江地区要高度重视各类外经贸人才的培训和使用，尽快培养出一大批熟悉世贸组织规则、掌握国际经贸知识和市场经济基本知识、懂业务、懂法律、会外语的中国图们江地区国际经贸人才。

（四）加强投资软环境建设

认真贯彻落实国家有关文件的精神，在尽可能短的时间内做到宣传到位、组织到位、落实到位；为企业办实事，通过开展经常性的调查研究，及时发现、协调这些企业在生产过程中所遇到的实际困难，保证企业健康发展；妥善处理企业的投诉和合同纠纷，把投诉和纠纷案件纳入法制化轨道来进行审理。

总之，应抓住有利条件和机遇，采取行之有效的对策措施来大力发展中国图们江地区与日本的经济贸易，进而促进中国图们江地区外向型经济的发展。

第五篇　中国图们江地区外商直接投资

"入世"对中国图们江地区利用外资的影响及对策[*]

在中国"入世"的大背景下,中国图们江地区如何从本地区的实际出发,面对"入世"的机遇和挑战,制定行之有效的战略措施,已经成为中国图们江地区必须解决的现实课题。为此,本文从中国图们江地区利用外资的情况及存在问题着手,探讨"入世"对中国图们江地区利用外资所带来的影响及应采取的对策。

一 中国图们江地区利用外资的基本情况及存在问题

(一) 中国图们江地区利用外资的基本情况

自1984年中国图们江地区成立第一家中外合资企业以来,利用外资从无到有,由小到大,一步一步扎扎实实地发展起来,形成了中国图们江地区经济蓬勃兴旺的局面。回顾中国图们江地区利用外资工作的情况,可以说大致经历了以下四个发展阶段。

第一阶段(1984—1990年):中国图们江地区利用外资的起步阶段。这个阶段外商在中国图们江地区投资项目只有34个,外商投资合同金额为1320.1万美元,实际利用外资为220.6万美元,资金到位率达16.7%。[①]

第二阶段(1991—1997年):中国图们江地区利用外资的高速发展阶段。这个阶段中国图们江地区的外商投资企业迅速发展到832户(含批

---

[*] 本文主要内容原载《东北亚论坛》2003年第1期。
[①] 沈万根:《图们江地区开发中延边利用外资研究》,民族出版社2006年版。

办后未投资的企业），外商投资合同金额为46378.65万美元，实际利用外资达18236.33万美元，资金到位率达39.3%。这标志着中国图们江地区利用外资工作已进入全面发展阶段。

第三阶段（1998—2001年）：中国图们江地区利用外资低速发展阶段。受亚洲金融危机的影响，这个阶段利用外资持续下降。1998—2001年的实际利用外资分别比上年下降51.0%、28.4%、28.0%和7.4%。

第四阶段（2002—2016年）：中国图们江地区利用外资恢复发展阶段。2002年中国图们江地区的外商投资项目122个，外商投资合同金额为10194万美元，实际利用外资为4027万美元，较2001年增长20.3%。2004年利用外资额为5029万美元，较2001年增长36.2%。到2011年利用外资额为1.01亿美元，较2010年增长40.6%。2016年利用外资额为1.85亿美元，较2015年增长7.8%。[1] 这标志着中国图们江地区利用外资工作已进入全面恢复发展阶段。

中国图们江地区利用外资过程中经历了起步、高速、低速、恢复四个发展阶段，初具规模。到2001年底，中国图们江地区实有外商投资企业580家，累计合同投资总额为77007万美元，累计合同外资金额为57615万美元，累计外方实际出资额为41312万美元，实现销售收入160540万元，上缴税金5925万元，从业人员达15932人。2002—2016年，中国图们江地区新增合同外资项目总数为1167个，实际利用外资总额超过10亿美元，累计达到了13.4亿美元。因此，外商投资企业已成为中国图们江地区经济发展新的经济增长点。外资弥补了经济建设资金的不足、增加了财政收入、创造了就业机会、造就了一批新型的管理人才和国际经济贸易人才、在发展外向型经济等方面发挥着越来越重要的促进作用。

（二）中国图们江地区利用外资工作中存在的问题

尽管中国图们江地区利用外资工作取得了一定的成绩，但是，从中国图们江地区经济和社会发展的整体上来看，特别是从中国图们江地区要实现向外向型经济转变的目标着眼，利用外资工作，还存在着很大差距。

---

[1] 延边州统计局编：《延边统计年鉴（2017）》，中国国际图书出版社2017年版。

第一，主要集中于韩国的中小型企业和项目上。① 目前，从来自 21 个国家和地区的外资企业数量、投资总额、外商合同投资金额以及实际投资金额等总体指标来看，韩国占第 1 位，各项指标均为 55% 以上。而中国香港、日本的上述各项指标合计只占中国图们江地区总数的 20% 多一点，美国、加拿大、英国等欧美国家的合计还不到 10%，其余国家和地区不足 10%。但韩国对中国图们江地区合同投资每个项目的平均额为 80 万美元，投资规模小（除个别项目外），基本属于中小型企业和项目。这不利于外国资本在规模、技术、档次等投资质量上的提高，也不利于拓宽外资来源渠道，无法实现中国图们江地区大规模利用外资的发展战略。

第二，外资投向的产业结构不尽合理。在中国图们江地区的国民经济产业结构中，第一产业（农、林、牧、渔业）利用外资项目为 31 项，占外资项目总数的 5.3%，实际利用外资额为 765 万美元，只占实际利用外资总额的 1.9%；第二产业外资所占比重甚高，其项目个数和实际利用外资额分别占项目总数和实际利用外资总额的 76.8% 和 76.1%。但技术密集型和基础产业偏少，大都集中在技术层次较低的一般劳动密集型加工产业上；外资在第三产业中为生产服务的货物运输业、科研服务业、通信服务业的投入也较少，而为消费服务的房地产业和社会服务业的投入居多。到 2001 年 12 月，中国图们江地区外资公共饮食业和社会服务业项目为 79 项，占总项目数的 13.6%。

第三，中国图们江地区还没有真正转变观念，招商引资仍处于"小打小闹"的阶段。中国图们江地区利用外资的紧迫感还不够强，而且观念没有得到真正的转变，还没有真正树立起"以开放促发展"的思想观念。中国图们江地区在招商引资过程中，基本上还处于小项目多、大项目少的阶段。2001 年 12 月底，已经达到每项平均 134 万美元的水平，但还远远低于全国每项平均 324 万美元的水平，截至 2001 年 12 月底，中国图们江地区外商投资企业投资总额为 500 万—1000 万美元的项目只有 16 户，占批办总项目数的 2.8%，投资总额超过 1000 万美元以上的项目只有 11 户，占项目总数的 1.9%。

第四，重审批轻论证，重数量轻质量，引进与消化吸收结合不够。

---

① 丁冰等：《我国利用外资和对外贸易问题研究》，中国经济出版社 2006 年版。

中国图们江地区在招商引资活动中往往只注重审批项目数量的多少，不重视论证项目质量的高低，由此而出现了一系列难以解决的问题：一是批准成立的企业数量虽多，但项目成功率低。截至2001年12月底，中国图们江地区批准成立的外商投资企业已达1631家，但被撤销和终止的企业有1051家，撤销率和终止率均达到64.4%。二是投产开业的企业少。截至2001年12月底，中国图们江地区实际存在的580家外商投资企业中，投产开业的企业只有335家，占实有外商投资企业总数的57.8%。三是在已投产开业的企业中，产品档次低。从产品结构看，中国图们江地区粗加工、半成品多，深加工产品少、附加值低，科技含量高的项目很少，尤其是投资中国图们江地区6大特色产业的项目很少。四是在已投产开业的企业中，中国图们江地区亏损企业多，盈利企业少。截至2000年底，在已投产开业的企业中，中国图们江地区亏损企业达56家，累计亏损额为9920万元。2001年12月底，虽然亏损减少，但是亏损额仍然达到7572万元，从而严重影响了中国图们江地区招商引资的质量和信誉。

二 "入世"对中国图们江地区利用外资所带来的影响

（一）"入世"对中国图们江地区利用外资所带来的挑战

第一，"入世"后外商投资企业可能挤占中国图们江地区的市场份额。由于"入世"后我国逐步取消外商投资企业的一系列限制，如内销限制、出口要求、国产化要求等方面，这些外商投资企业在中国图们江地区市场和国内市场销售的产品会增多。这就会对有些本身实力薄弱、技术水平低、竞争意识差、经营管理不善的中国图们江地区国有企业和民营企业产生很大的压力。

第二，"入世"对中国图们江地区外商投资与发展环境带来严峻的挑战。我国加入WTO后，中国图们江地区必须清醒地认识到，因利用外资环境和条件的改善而受益的绝非仅仅是中国图们江地区外商投资企业，各地区外商投资企业均在受益之列。[1] 而且国际投资竞争正在逐步从政策

---

[1] 张琦：《中国利用外资的新战略》，经济科学出版社2003年版。

型向环境型转变，人才素质、社会和生活环境、市场条件、资源条件、工作效率、服务质量等方面逐渐成为竞争的决定性因素。在外商投资与发展环境方面，中国图们江地区与沿海发达地区相比仍存在明显差距。这就必将对"入世"后中国图们江地区的招商引资形成客观的牵制。

第三，"入世"后外商投资企业对中国图们江地区农、林、牧、渔等第一产业投资不会有大的变化。由于中国图们江地区农村投资环境不佳，且我国签署了 WTO 的《农业协议》，其要求降低农业贸易壁垒、强化市场机制，这就有利于外国农产品以贸易方式进入我国市场。所以，"入世"后外资对中国图们江地区农、林、牧、渔等第一产业投资不足的情况不会发生大的变化。

（二）"入世"给中国图们江地区利用外资所带来的机遇

第一，"入世"为中国图们江地区扩大利用外资的领域带来了机遇。根据 WTO《贸易服务总协定》《与贸易有关的投资措施协议》，服务贸易被划分为商业服务、销售服务、通信服务、教育服务等 12 大类、150 多种。在《贸易服务总协定》中规定，成员方在服务贸易方面享有与货物贸易同样的无歧视性原则和最惠国待遇、国民待遇，这有利于中国图们江地区服务业吸引外商直接投资。"入世"后，我国将在金融、保险、通信等 10 个领域取消或放宽对外商投资的限制，必将为中国图们江地区扩大利用外资创造宽松的国内政策环境和国际招商条件。

第二，"入世"为中国图们江地区扩大与欧美国家和地区投资企业的合作创造了条件。"入世"前，韩国、中国香港、日本一直是中国图们江地区利用外资的主要国家和地区，占外商投资企业投资总额的 85% 以上。"入世"后，欧盟、美国等在服务业领域拥有较大优势的发达国家，对中国图们江地区直接投资会有较大幅度地增长。

第三，"入世"有利于中国图们江地区引进国外大公司、大商社、大财团尤其是跨国公司的投资。"入世"后，国家通过调整利用外资政策，将扩大开放一些新的领域吸引外商投资，增强外国投资者的信心。同时，中国图们江地区投资环境的改善、市场的开放、国民待遇的实施，可能使靠利用优惠政策进入中国图们江地区的小型投资企业绝对量减少，而靠自身实力进行市场竞争的大型跨国公司的资本流入会大幅度增加。

第四，"入世"有利于中国图们江地区利用外资方式多元化的发展。"入世"后，利用外资的方式将趋于多元化。因为国家将允许符合条件的外商投资企业申请发行 A 股或 B 股，扩大国内企业境外上市范围，从而使更多的企业通过这种方式利用外资，吸引外商投资的形式必将更加多元化。

三 "入世"后中国图们江地区利用外资应采取的对策

为了更有效地利用外资，促进中国图们江地区外向型经济的发展，在借鉴国内外利用外资的正反两个方面经验的基础上，不仅要认清利用外资过程中存在的问题，而且要抓好"入世"对中国图们江地区利用外资所带来的机遇与挑战，提出如下几点战略对策。

（一）应着眼于长远战略目标，积极吸引跨国公司的投资

"入世"后，在跨国公司有可能增加对华投资的情况下，中国图们江地区应着眼于长远战略目标，注重引进利用规模大、技术含量高的大公司或跨国公司的投资。[①]

第一，中国图们江地区一定要抓住"入世"的有利时机，吸引跨国公司的投资。随着亚太地区经济一体化、国际化的发展，世界经济中心将逐步向东转移。因此，西方国家纷纷调整政策向亚洲倾斜，制定"新亚洲政策"，又把太平洋世纪改为亚太世纪。亚太经济的重心正转向东南亚和东北亚，地处东北亚区域中心的中国图们江地区，应充分发挥自己的区位优势、资源优势、劳动力优势，利用好西欧、北美跨国公司全球战略，吸引跨国公司的投资。

第二，制定吸引跨国公司投资的具体政策。深入了解和熟悉跨国公司的性质、特点及其对外投资的发展战略，研究和总结跨国公司商务运作规律。跨国公司注重长期投资收益，除了优惠政策之外，更注重投资东道国的政治稳定性、政策的连续性、政策法规透明度以及采用的国际标准和提供的巨大市场。因此，我们应当立足于中国图们江地区优势，从优化投资环境入手，制定出符合中国图们江地区实际情况的吸引跨国公司投资的政策，更好地引进利用跨国公司的投资，兴办生物工程、新

---

① 卿定文：《中国共产党利用外资理论与实践研究》，中央民族大学出版社 2006 年版。

型材料、电子信息等高新技术大项目，实现优势互补，扩展规模经济。

第三，加快组建企业集团的步伐，在"入世"后更有效地吸引跨国公司的投资。中国图们江地区是中小企业较多的地区，在这种情况下，中国图们江地区在利用外资中如果盲目寻找大企业或跨国公司，只能造成双方合作对象规模相差悬殊、资本与技术实力差距过大的问题。因此，中国图们江地区必须坚持引进大中小型项目并举的方针，同时加强企业制度改革，在建立现代企业制度的基础上，采取多种形式组建强强联合、强弱联合、弱弱联合的企业集团来吸引跨国公司的投资。

（二）加强招商引资的环境建设，重点完善招商引资的软环境建设

在招商引资的硬环境建设上，中国图们江地区与内地及沿海发达地区相比，差距很远。要缩短差距，要有大的投入，难度很大。但是，在软环境建设上，只要中国图们江地区各级政府和有关部门统一认识，通力合作，完全可以办得到。为此，中国图们江地区应从以下几个方面着手。

第一，进一步健全法律环境。[1] 我国现在制定、修正外商独资企业有关法律时，都应参考《与贸易有关的投资措施协议》，力争与国际惯例接轨。在此基础上应结合国际惯例和世贸规则，制定出中国图们江地区的有关地方性规定，为利用外资提供更透明的法律条件和更充分的法律规范，以适应利用外资向高层次、宽领域、纵深化方向发展的需要。同时，中国图们江地区很有必要加强法制教育，提高各级行政管理人员和企业管理人员的法律意识，做到有法必依。

第二，建立和健全市场体系和社会化服务体系。习惯于依赖市场经济的国际资本，总是希望东道国能够提供一个相近的市场环境。因此，中国图们江地区应优先发展和完善资金市场、外汇市场、劳务市场和生产资料市场，创造一个比较完善的适宜外资企业发展的市场经济环境。同时，中国图们江地区要强化咨询、律师、审计、资产评估、公证等社会服务体系，使外商投资企业的设立、生产和经营真正按照国际惯例和市场经济的规则运行。在当前的情况下，中国图们江地区可采取一些切实可行的过渡性措施，给外商投资企业的建立和生产经营创造必要条件。

第三，完善中心式服务，提高政府行政办事效率。按照国际惯例，

---

[1] 张国平：《外商直接投资的理论与实践》，法律出版社 2009 年版。

提高政府行政办事效率的办法之一是搞中心式服务（也叫一站式服务），即由中国图们江地区政府建立投资服务中心，为企业提供从立项到开业前的一个高效优质服务体系。目前，中国图们江地区已开始推行"一站式"审批制度，但为了适应我国"入世"后的形势，真正按国际惯例办事，这种制度应进一步完善。中国图们江地区各级政府要确定集中办公日，指定办公地点，在手续和资料齐全的前提下，凡是审批项目都进行"一站式"审批，真正做到进一个门，盖一个章（批准章），发一个照（营业执照），一个企业就诞生的外资企业审批制度。

第四，进一步强化外商投诉纠纷处理责任制，依法保护外商合法权益。应该集中解决外商反映最大的"四乱"问题，统一规范收费行为。"四乱"现象严重地存在，会加重外商投资企业的不合理负担，损害中国图们江地区的形象及声誉，影响外商投资者的积极性。对此，中国图们江地区必须实行收费许可制度，制作《外商投资企业收费登记卡》。所有对外资企业的收费必须登记在册，由物价部门会同监察部门监督使用，以坚决制止"四乱"。同时，中国图们江地区实行外商对涉外部门工作评议制度，对外商反映问题较集中的部门和单位，由同级政府督促其限期提出整改意见和措施。要定期不定期召开外商座谈会，听取外商在生产和经营活动中的意见和要求，及时改进外商管理服务工作，以便营造外资企业顺利发展的环境。

（三）改善招商引资方式，采用现代化招商引资方式

招商引资方式主要是政府搭台，企业唱戏，存在许多弊端，使招商引资实效难以提高。因此，为了应对"入世"，中国图们江地区应采取以市场机制为准则、以国际惯例为规范、以先进设备为工具、注重实效的现代化招商引资方式。

第一，大力推行委托招商引资、代理招商引资等招商引资方式，逐步使招商引资工作市场化。同时，中国图们江地区充分发挥各种民间团体、民间经济组织在招商引资工作中的重要作用，充分发挥其积极性。

第二，选派一批懂外语、懂国际惯例、懂国际经济市场、熟悉东西方文化背景的专业人员充实到招商引资部门和招商引资中介机构。这些招商引资人员相对固定，利于保持工作的连续性。同时，中国图们江地区要强化和完善中介机构，与国际惯例接轨。例如，设立中国图们江地

区外商投资促进中心。[①]

第三，把各阶层人士组成小分队、大团组走出去，广泛结识国际友人，形成庞大的国内外关系网，为中国图们江地区招商引资创造条件。但中国图们江地区应限制一些有名无实的招商出访和宏观考察活动，杜绝以招商引资名义公费出国旅游现象。

第四，加快网上招商引资的进程，进一步提高中国图们江地区信息化水平，经常与外国机构或外国公司保持网上联系与交流。分析市场营销信息、商品供求信息、投资信息，加大招商引资力度。中国图们江地区投资网站已经有3万多人上网访问，但需要充实招商引资项目。

（四）尽快建立和完善项目论证储备中心

招商引资的基础和载体是项目。在中国图们江地区项目绝大多数是多年以前的老项目，在规模小、技术含量低、档次低的情况下，中国图们江地区无法提高招商引资的档次和水平。所以，中国图们江地区必须建立规范化、系统化、科学化的项目论证储备中心。

第一，项目论证中心要根据国家、省、州制定的产业目录，广角度、多渠道、深层次、全方位收集和整理项目。重点搞一批有规模、科技含量高、附加值高和关联度大的好项目和大项目。中国图们江地区项目的来源主要有：一是企业提供的项目；二是高等院校和科研机构提供的项目；三是引进人才所带来的技术项目；四是主动培养的项目。

第二，项目论证中心要科学确定项目开发导向。"入世"后，针对外资准入领域和中国图们江地区资源等方面特点重点围绕国有企业嫁接改造、基础设施建设、生态效益、资源深加工、高新技术、服务业等方面来研究和开发项目。

第三，项目论证中心组织有关部门和专家对现有项目收集和整理并进行严格筛选。同时，中国图们江地区逐一地对项目的规模、质量、效益等进行可行性论证，成熟一个，定一个，储备一个，作为中国图们江地区组织申报国家和省级科研项目以及对外招商引资的依据。

第四，建立项目储备库后，统一对外招商引资。手里有了好项目、大项目，才能有针对性地去招商。否则，漫无边际，盲目招商，势必事倍功半。同时，针对中国图们江地区不同类型的项目，应采取不同的招

---

① 陈继勇等：《国际直接投资的新发展与外商对华直接投资研究》，人民出版社2004年版。

商对策。

总之，我们应正确认识"入世"对中国图们江地区利用外资所带来的影响，抓住机遇和挑战，提高服务质量，为外商投资者树立良好的形象，从而增强中国图们江地区对外商投资者的吸引度，促进中国图们江地区经济跨越式的发展。

中国图们江地区扩大外商直接投资规模的对策*

2009年,国务院正式批复《中国图们江区域合作开发规划纲要——以长吉图为开发开放先导区》(以下简称《长吉图规划纲要》),并指出,吸引域外投资者参与调整产业结构和优化产业布局,加强边境区域经济技术合作,大力推进图们江国际区域合作,加快国际产业合作园区建设等。[①] 在这一历史背景下,中国图们江地区如何扩大外商直接投资规模,已经是摆在我们面前必须解决的现实课题。

一 中国图们江地区外商直接投资的基本现状

2009年,国务院正式批复《长吉图规划纲要》以来,中国图们江地区外商直接投资进入了新的历史发展时期。2009年,中国图们江地区新批外商直接投资项目是82个;合同外资金额是1.3亿美元;实际外商直接投资额是5301万美元,同比增长9.8%。[②] 2010年,中国图们江地区新批外商直接投资项目71个;合同外资金额为9023万美元;实际外商直接投资额为6002万美元,同比增长13.2%。[③] 2011年是《长吉图规划纲要》全面深入实施的一年,中国图们江地区新批外商直接投资项目51个;合同外资金额为2.44亿美元;实际外商直接投资额达1.0亿美元,同比增长88.6%,增速迅猛。2012年,中国图们江地区新批外商直接投资项目34个;合同外资金额达到了2.63亿美元,同比增长7.8%;实际

---

* 本文主要内容原载《延边大学学报》2001年第4期;《学术交流》2013年第4期。
① 中国新闻网:《国务院批准图们江区域合作开发规划(纲要全文)》,2009年11月17日。
② 根据《延边统计年鉴(2010)》数据整理及计算得出。
③ 根据《延边统计年鉴(2011)》数据整理及计算得出。

外商直接投资额为 1.23 亿美元，同比增长 23.0%。① 另外，中国图们江地区促进了 29 项重点外资利用项目建设的进程，尤其是珲春浦项国际物流园区等 10 个项目顺利开工建设，接近 1996 年中国图们江地区利用外资 1.34 亿美元的水平，中国图们江地区利用外资进入了稳定发展阶段。截至 2012 年底，中国图们江地区利用外资项目合同总数为 677 个，合同外资总额为 12.5 亿美元，外方实际出资总额达 10.8 亿美元。可见，这个时期中国图们江地区外商直接投资出现了如下主要特点。

第一，中国图们江地区外商直接投资项目数逐年减少，但投资额度呈逐年增长趋势。其主要原因是：在新批项目中，投资总额 5000 万美元以上的项目有 2 个，分别是珲春浦项现代国际物流园区开发有限公司（总投资 1.5 亿美元）、吉林韩正人参有限公司（总投资 6450 万美元）。同时，在增资扩股项目中，延边农心矿泉饮料有限公司增资扩股 1491 万美元，总投资 4998 万美元。

第二，中国图们江地区外商直接投资中第二产业投资占据主体地位。在第二产业的投资中，主要集中在制造业。由于中国图们江地区有其独特的自然资源和较为廉价的劳动力供给优势，制造业的各项指标大大高于其他行业。制造业在中国图们江地区外商直接投资中所占比重分别都超过了 50%，远远高于其他行业外商直接投资项目。

第三，中国图们江地区外商直接投资项目中批发、零售业发展势头良好。在 2011 年中国图们江地区新批项目中第三产业项目 22 个，其中批发和零售业合同项目 7 个，占新批外商直接投资项目总数的 13.7%。虽然比 2010 年略有减少，但是发展势头好。在外商直接投资方面，2006—2011 年，中国图们江地区外商直接投资平均在 20% 的增幅基础上继续保持稳定增长，累计外商直接投资总额实现 8.2 亿美元，占吉林省的 4%，在吉林省 9 个市州中，中国图们江地区实际利用外资排第 3 位。②

第四，中国图们江地区外商直接投资主要来源地相对稳定，仍然以亚洲为主。从中国图们江地区外商直接投资的投资主体分析，外商直接投资主要来源地比较稳定，亚洲国家和地区依旧是中国图们江地区外商直接投资的主流。截至 2012 年，韩国、中国香港、日本仍位居中国图们

---

① 根据《延边统计年鉴（2013）》数据整理及计算得出。
② 吉林省统计局编：《吉林省 2011 年国民经济和社会发展统计公报》，2012 年 2 月 28 日。

江地区外商直接投资的前三，合计占中国图们江地区合同外资金额的 85.1%，合计占中国图们江地区实际外商直接投资额的 84.8%。

第五，延吉和珲春成为中国图们江地区外商直接投资的集中区域。延吉和珲春凭借自身经济相对发达、地理环境优越等条件，近年来一直是中国图们江地区外商直接投资的主要地区。2012 年，延吉和珲春新签协议项目合计 21 个，占当年新签协议项目总数的 62%。2012 年，珲春实际利用外资金额达到了 3505 万美元，同比增长 51%，近两年来翻了一番。

二 中国图们江地区外商直接投资存在的问题

（一）外商直接投资规模小

2009 年，中国图们江地区新签协议合同项目平均外商投资额为 64.6 万美元。2010 年，中国图们江地区新签协议合同项目平均外商直接投资额 84.5 万美元。2011 年，中国图们江地区虽然新签协议合同项目平均外商直接投资额为 198.3 万美元，但是小规模合同项目占绝大多数。截至 2012 年底，中国图们江地区实有注册登记外商直接投资企业有 677 户。虽然这些年来中国图们江地区利用外资稳步上升，但是同东部沿海地区的差距仍然很大。其中总投资 20 万美元以下的项目占绝大多数，占项目总数的 50% 以上。虽然 2011 年和 2012 年中国图们江地区实际外商直接投资突破 1 亿美元，但在固定资产投资的比重仅占 1.2%。由此可见，中国图们江地区对外资的吸引力不强，引进外资的规模小等，是中国图们江地区外商直接投资中存在的突出问题，这直接影响了外资在促进中国图们江地区经济发展中作用的发挥。

（二）外商直接投资额到位率不高

长期以来，中国图们江地区外商直接投资企业出资不到位现象依然严重：2009 年外资到位率只有 40.8%，2010 年和 2011 年分别为 66.5%、41.4%。虽然 2009—2011 年外资到位率整体上呈现波动式增长，但外资到位率始终没能超过 70%，这严重影响了外资对中国图们江地区产业结构调整的作用。批准成立的项目虽多，但是撤销和终止的项目很多，投产率不高，而且投产的项目科技含量低、亏损较为常见。所以，外商直接投资额到位率不高直接影响了长吉图开发开放先导区利用外资的实效。

（三）外商直接投资的产业结构不尽合理

截至 2012 年底，农、林、牧、渔业利用外资项目为 51 个，占利用外资项目总数的 7.5%，实际外商直接投资额为 3097 万美元，占实际外商直接投资额的 2.9%。[①] 所以，外商直接投资对第一产业的投入严重不足。制造业在外商直接投资中所占比重最高，其合同项目个数分别占中国图们江地区外商直接投资额项目总数的 50% 以上，实际外商直接投资占外商直接投资总额的 70% 以上。外商直接投资对第三产业中为生产服务的货物运输业、科研服务业、通信服务业项目的投入也相对较少，而为消费服务的住宿和餐饮业、社会服务业项目的投入居多。截至 2012 年底，住宿和餐饮业、零售业、社会服务业等合同项目共计 169 项，占中国图们江地区外商直接投资合同项目总数的 25%，出现有所上升趋势。这就一定程度上助长了中国图们江地区的"消费早熟"现象。这给中国图们江地区内产业结构调整设置了一些新的障碍，不利于中国图们江地区产业结构的进一步优化。

（四）外资合同履行率较低，抗风险的能力较差

截至 2012 年底，中国图们江地区批准设立的外商直接投资企业共 2674 个，由于合同到期终止、外商直接投资企业变更为内资企业、经营不善等原因，先后有 1997 个合同项目自然消失或被撤销。中国图们江地区现存 677 个外商直接投资企业，企业存活率仅为 25.3%。由于国际金融危机、人民币升值、劳动力成本上升，中国图们江地区大部分的涉外出口和劳动力密集型外商直接投资企业的盈利能力出现大幅度下滑，部分企业出现"多生产多亏、少生产少亏、不生产不亏"的现象。一些企业被迫采取压缩生产规模、减少出口、裁减人员的方法应对。

（五）外商直接投资来源过于集中，科技含量不高

利用外商直接投资主要集中在韩国的中小企业和项目上。从到中国图们江地区来投资的国家和地区的外资企业数量、项目数、外商直接投资金额等总体指标来看，韩国占第一位，各项指标均为 60% 以上。而中

---

① 丁冰等：《我国利用外资和对外贸易问题研究》，中国经济出版社 2006 年版。

国香港、日本的上述各项指标合计只占中国图们江地区外商直接投资各项总数的20%多一点，美国、加拿大、英国等欧美国家的合计还不到10%，其余国家和地区的合计占10%左右。但是，韩国对中国图们江地区直接投资合同的每个项目平均额为100多万美元，投资规模小，基本上是属于中小规模合同项目。这就不利于外国资本在规模、技术、档次等投资质量上的提高，科技含量的提高，①也不利于拓宽外资来源渠道，无法实现中国图们江地区大规模外商直接投资的发展战略。

（六）外商直接投资在经济社会发展中比重下降

外商直接投资企业在中国图们江地区经济社会发展中的作用和影响日益下降。截至2013年底，中国图们江地区仅有637个外商直接投资企业合同项目，无论是投资规模、企业数量，还是销售收入、缴纳税金、吸纳劳动力均落后于20世纪90年代。20世纪90年代，外商直接投资占中国图们江地区固定资产投资比重一度高达40.2%，大部分年度都在20%以上，而2012年这一比例仅为0.6%，创历史新低；外商直接投资企业出口占中国图们江地区出口的比重一直在50%以上，而2012年这一比例为27%，比全国低29个百分点；外商直接投资企业安置就业人员曾高达5万人，占中国图们江地区企业就业总人数的20%，而2012年仅为1.7万人，占中国图们江地区企业就业总人数的7%。

三　中国图们江地区外商直接投资中存在问题的原因

（一）中国图们江地区缺乏有效的招商引资政策

中国图们江地区是少数民族聚居地区，虽然近几年，中国图们江地区的投资环境有了较大的改善，但与沿海发达城市相比，特别是在为外商投资者提供基础设施、金融服务、人性化服务，提高外商直接投资企业竞争力，增强未来发展预期等方面仍存在很大差距。中国图们江地区在过去几十年的发展中，始终未能赶上国家快速发展的形势，在第一、第二、第三产业都没有特别强大的发展，自然资源优势也未能充分显现，

---

① 张国平：《外商直接投资的理论与实践》，法律出版社2009年版。

不仅有思想观念的原因，而且也存在技术落后等原因。中国图们江地区是少数民族边疆地区，具有非常优越的政策优势，各级政府在资金投放和政策倾斜等方面一直予以特殊照顾，而且，中国图们江地区不仅是国家长吉图开发开放先导区建设的窗口和前沿，还是国家综合配套试点城市；但是政策往往以点概面，没有真真切切地研究延边各县市的实际情况，与实际情况有不同程度的偏离，也可以说，制定好的政策在实际应用中不能准确利用和把握。①

（二）中国图们江地区缺少"留得住"的政策

中国图们江地区各级政府部门注重"引进来"，轻视"留得住"，而且中国图们江地区现有的外商直接投资企业生存状况也影响了外商继续在当地的投资。利用外商直接投资不仅要考虑本地区企业的经济效益，更要注意长吉图乃至东北亚宏观经济效益和社会效益。对于能综合利用资源、优化产业结构、促进劳动力就业、满足市场需要的项目要作为外商直接投资的重点。②创新外商直接投资方式，拓宽外商直接投资领域，提高外商直接投资水平，吸引外商直接投资特色优势产业，扩大基础设施、旅游观光、教育卫生、文化体育、生态环境和扶贫开发等领域的外商直接投资规模。充分发挥开发区作为中国图们江地区对外开放的载体作用，集中力量做大做强各类经济技术开发区，重点吸引跨国集团和国内具有较高知名度的企业入区，将开发区和各类园区培育成现代制造业的集中区、吸引外资的集聚区、体制改革的先导区、科技创新和循环经济的示范区。

（三）中国图们江地区行业缺乏吸引外商直接投资的力度

外商直接投资的过程也是技术引进的过程。地方政府在吸引外商直接投资的同时，应注意加大引导力度，通过外商直接投资，不仅要促进本地区工业技术水平的提高，而且更要将外商直接投资重点引导至提升农业现代化、打造特色农业和提升服务业水平上来。实践证明，很多发达国家就是在外商直接投资的过程中带动本国技术、经济发展的，所以，一定要加强引导力度。对于技术水平高的项目，对于科技含量高、附加值高的产品生产合作项目，对于填补技术或产品空白的项目，对于重点

---

① 宋娟：《外商直接投资对中国制造业市场结构的影响》，中国社会科学出版社 2011 年版。
② 陈琳：《转型时期的外商直接投资技术外溢：企业层面的新视角》，复旦大学出版社 2012 年版。

技术改造的项目，要优先与外商合作，以利用其先进、合理、可行的技术，带动延边地区经济发展。

（四）中国图们江地区尚未形成整体优势

从中国图们江地区各县市外商直接投资的情况看，由于过多强调优惠政策在吸引外资方面的重要性，经常给予外商直接投资企业以内资企业无法享受的优惠，构成"超国民待遇"，使内资企业处于十分不利的竞争地位。中国图们江地区各县市未形成统一的政策和整体协调发展的优势。适当的优惠政策是必要的，但必须建立在平等、合理的基础上，而且利益均沾，互利互惠。这样，外商直接投资才有实际意义。何况，对国际跨国公司来说，与长远发展相关联的国民待遇和市场前景才是最具有吸引力的因素。利用外商直接投资有多种形式，如中外合资、中外合作、外商独资等，其中很多形式需要国内配套，如资金的配套、技术装备的配套、相关工程的配套、广告宣传的配套、劳动力的配套等。所以，在选择外商直接投资的方式、合作项目时，必须考虑中国图们江地区的综合配套能力。尤其在资金、技术方面必须进行可行性研究，不能求大、求多，要量力而行。

（五）中国图们江地区外商直接投资来源地过于集中

中国图们江地区的经济影响力较弱，市场较小，对外资的吸引能力不强。韩国向中国图们江地区投资的主要目的是想利用中国图们江地区的资源优势和同族人员优势，获得原材料、较廉价的劳动力供应，利用本国技术，把劳动密集型阶段工艺生产放到中国图们江地区，享受延边提供的优惠政策和较好的待遇等。在外商直接投资的过程中，重视引资、轻视选资，片面理解引进外资的战略目的。其实招商引资不仅是加快经济建设的主要手段之一，更是实现技术进步和提升自主创新能力的重要途径。重视引进、轻视消化，不利于技术创新能力的提升。在消化和吸收上的投入较少，对引进技术的消化吸收再创新能力不足，科技成果转化能力差，限制了技术溢出效应的充分发挥。

（六）中国图们江地区外商投资企业环境较差

中国图们江地区外商直接投资企业存活率低的主要原因：一是投资人在没有对中国图们江地区市场、政策环境等方面进行深入分析的情况下，草率决策，导致投资决策失误，最终导致企业停产、半停产或倒闭；二是受地域及周边环境等因素，距内地经济发达地区较远，铁路、公路、航空及配套信息服务网络等基础设施尚未完善，导致运输成本偏高、企业成本增加等影响；三是近几年国际经济形势不是很乐观，金融危机以及日本海啸、地震等因素给企业带来的影响较大。此外，劳动力资源也是影响企业存活率的一个原因。外商直接投资企业中的劳动密集型企业普遍面临劳动力不足的问题，特别是来料加工业和劳动密集型制造业企业。劳动力及高级技术人才不足，是中国图们江地区外商直接投资企业面临的第一大难题，严重影响中国图们江地区企业的生产经营，如很多加工型企业来延边地区考察，因为劳动力不足而放弃投资，纺织品行业尤为突出。

四　中国图们江地区扩大利用外商直接投资的对策

为了做好长吉图开发开放先导区的建设，针对中国图们江地区在利用外商直接投资过程中存在的问题，抓住"长吉图规划纲要"上升为国家战略的历史性机遇，提出几点对策建议。

（一）优化招商引资的投资环境

近几年来，中国图们江地区的投资环境虽然有了较大的改善，但与沿海发达城市相比，特别是在为外商投资者提供基础设施、金融服务、人性化服务，提高外商直接投资企业竞争力，增强未来发展预期等方面仍存在很大差距。① 因此，中国图们江地区要想扩大利用外资规模，必须完善投资环境建设。为此，一是要加快高速公路、铁路和口岸建设。必须通盘考虑，加大与白山、通化等内陆腹地的高速公路衔接，更需要在中国图们江地区珲春至圈河口岸直通高速公路。② 这样的直通高速公路，将为长吉图开发开放先导区吸引外商投资创造良好的交通设施环境。③ 二是要规范审批标准，简化外资审批程序，缩短审批时间。建立健全咨询、律师、会计师、资产评估等服务机构，完善社会服务体系。确保吸引外

---

① 陈福义、生延超：《关于我国利用外资政策的冷思考》，《延边大学学报》2004 年第 6 期。
② 冼国明、文东伟：《FDI、地区专业化与产业集聚》，《管理世界》2006 年第 12 期。
③ 陈玉梅、赵光远：《新时期大图们江地区开发与东北亚经济技术合作研究》，《社会科学战线》2010 年第 5 期。

资的各项优惠政策得到执行,健全和完善地方法规体系,努力为外商投资创造统一、稳定、可预见的法律环境和政策环境。三是要加强在职职工和待业人员的培训工作,提高劳动力的整体素质。建立一支能较好适应外资企业需要的技术劳动者和高级管理人员队伍。一方面通过延边大学培养一大批高级管理人才,另一方面委托有关学校办企业管理培训班或短期培训班。四是要建立和健全市场体系和社会化服务体系。中国图们江地区要创造一个比较完善的适宜外资企业发展的市场经济环境。

(二) 积极引进利用跨国公司的投资

中国图们江地区应着眼于长远战略目标,注重引进利用规模大、技术含量高的跨国公司的投资。为此,一是要根据亚太地域的发展趋势和长吉图开发开放先导区建设的有利时机,中国图们江地区要引进利用跨国公司的投资。二是要制定出符合中国图们江地区实际情况的引进利用跨国公司投资的政策,更好地引进利用跨国公司的投资,兴办生物工程、新型材料、电子信息等高新技术的大项目,实现优势互补,扩展规模经济。三是要加快组建中国图们江地区企业集团的步伐,才能更有效地引进利用跨国公司的投资。2012 年,中国图们江地区大型企业仅有 7 个,占中国图们江地区工业总数的 0.3%,中型企业有 55 个,占 2.2%,而小型企业有 2423 个,占 97.5%。因此,中国图们江地区必须坚持引进中小型项目并举的方针,同时,在加强企业制度改革,建立现代企业制度的基础上,采取多种形式组建强强联合、强弱联合、弱弱联合的企业集团来引进利用跨国公司投资的策略。

(三) 对外资投向加强产业引导

"十二五"规划纲要指出:提高利用外资水平,就要优化产业结构,引导外资更多投向现代服务业、现代农业、高新技术、先进制造、节能环保、新能源等领域。为此,一是要降低现代服务业准入门槛,积极扩大中国图们江地区服务业利用外商直接投资规模。尽快打破行政垄断,加快引进生产性服务业外商投资,特别是现代物流、会展、法律、教育培训、信息、人力资源配置、工程技术服务等,除涉及国家安全的领域外,都要进一步推进改革,允许进入和竞争并重,以利于提高效率和改善服务。二是要积极鼓励农业领域利用外商直接投资,尤其是引导外资进入农业加工领域。要充分利用中国图们江地区棚膜蔬菜、人参、食用菌等丰富的农业资源来扩大利用外资规模和提高利用外资的水平。三是要立足于中国图们江地区自身的文化、资源、地缘等比较优势,利用外商直接投资发展民俗旅游业,采取政府扶持、内外资联合开发的新模式。严格限制或禁止高物耗、高能耗的外资项目准入,发展循环经济,促进可持续发展。四是要加强引导外商与中国图们江地区企业在医药、林产、矿藏等特色产业合作建设。五是要引导外商加大对中国图们江地区边境游、民俗游、生态游、红色游等旅游业和有机大米、棚膜蔬菜、人参、食用菌、延边黄牛等特色产业基地建设。[①]

(四) 扩宽外商投资来源地

要以长吉图地区的率先突破、率先发展,辐射带动中国图们江地区扩宽利用外商直接投资的渠道,推动中国图们江地区利用外商直接投资规模的迅速壮大。为此,一是要加大在韩、日、俄宣传推介力度的同时,将推介范围大胆拓展到印度、巴西等新兴经济体。二是要转变企业管理者的经营理念。要想提升引入外商扩大中国图们江地区投资的规模,就必须让企业认识到外商直接投资进入对于企业自身生存发展的重要作用,充分发挥引资主体的主观能动性。同时,要以长春、吉林和延吉高新技术产业开发区晋升为国家级开发区为契机,加强长吉图的产业集群发展,提高综合竞争力,进而保证能稳定地吸引外商直接投资,使中国图们江地区吸引外资的来源地不断扩大。三是要着力创新招商引资方式。将我方自行招商与以商招商、委托招商相结合,团组式招商与园区式、定向式招商相结合。充分抓住长吉图开发开放先导区建设契机,发挥"中国图们江投资贸易博览会"等重要经贸交流平台作用,邀请驻华使馆、领事馆、主要商会、协会组织企业来中国图们江地区进行考察,吸引更多投资者的目光。

(五) 建立项目论证储备中心

招商引资的基础和载体是项目。所以,中国图们江地区必须要建立规范化、系统化、科学化的项目论证储备中心,扩大利用外资规模。为此,一是项目论证中心要根据国家、省、州制定的产业目录,广角度、多渠道、深层次、全方位收集和整理项目,重点搞一批有规模、科技含量高、附加值高和关联度大的好项目和大项目。二是项目论证中心要组

[①] 沈万根:《吉林省利用外商直接投资存在的问题及其对策》,《延边大学学报》2012 年第 5 期。

织有关部门和专家对现有项目收集和整理并进行严格筛选，同时逐一地对项目的规模、质量、效益等进行可行性论证，成熟一个，定一个，储备一个，作为组织申报国家和省级科研项目以及对外招商引资的依据。三是项目论证中心要科学确定项目开发导向，根据中国图们江地区资源等方面特点，重点围绕国有企业嫁接改造、基础设施建设、生态效益、资源深加工、高新技术、服务业等方面来研究、开发项目。例如，中俄、中朝跨境经济合作区建设项目；珲春俄罗斯、日本、韩国及中国香港工业园项目；珲春合作区电子工业园区项目；延吉中韩软件产业园建设项目；图们中朝边境自由贸易区建设项目；龙井三合国际进口资源加工园项目；和龙对朝资源进口加工基地项目；敦化俄罗斯森林采伐木材加工项目；珲春国际物流项目、延龙图国际物流基地、延吉市国际商业物流城市试点项目；图们市国家商业物流城市试点项目；龙井中国朝鲜民俗文化旅游产品加工园项目；敦化林产特色工业园区物流工程项目；延吉家政服务信息化项目；延龙图再生资源回收体系建设项目；延吉西部新区商贸服务中心建设项目；敦化外贸出口基地建设项目；图们外贸出口基地建设项目；龙井外贸出口加工基地项目；汪清外贸出口基地建设项目；安图土特产基地建设项目等。四是建立项目储备库后，要统一对外招商引资。手里有了好项目、大项目，才能有针对性地去招商。否则，漫无边际，盲目招商，势必事倍功半。同时，针对不同类型的项目，应采取不同的招商对策。

（六）进一步办好现有的外资企业

实际上，提高效益是利用外商直接投资的出发点和归宿，引进外商直接投资的规模、方向、结构、层次都要以效益为中心。不仅要考虑外商直接投资企业的经济效益，更要注意地区宏观经济效益和社会效益。对于能综合利用资源、优化产业结构、促进劳动力就业、满足市场需要的项目要作为扩大外商直接投资规模的重点。中国图们江地区要办好现有的外商直接投资企业，树立良好的形象是最好的招商。因此，中国图们江地区要千方百计地支持外商投资企业的发展，加强管理和监督，提高服务质量，为外商投资者树立良好的形象，从而增强中国图们江地区对外商投资者的吸引度，努力提高外商直接投资水平和扩大外商直接投资规模。为此，第一，开展外资存量情况专项调查，全面评价外资对经济社会发展的作用。加强外资统计工作，维护统计数据的权威性、严肃性，防止虚报数据和盲目攀比，完善外商投资管理信息系统，增强外商投资行业预警、审批监控、运营监测功能。提高联合年检工作水平；健全外商投资科学评价体系，增设外商投资吸纳就业、引进技术、研发创新、降低能耗等综合效益评价指标。第二，依法加强对已批准的外资项目的出资管理，督促企业按期履约，保证外商投资企业的健康发展。特别是投资规模大，引进技术高、经济效益好的这些骨干企业，应予以重点扶持。对中方欠缺的认缴配套资金，由延边州政府组织金融等部门，在计划上单列支持，逐个解决。同时，加强对外商投资企业的投试产管理。特别是对那些已建成投产开业、产品销路好、能出口创汇的企业，有关银行和部门应按有关规定，划一笔专项贷款指标，解决它们所需的流动基金，使这些企业得到更大的发展。第三，进一步搞好联合年检，提高资金到位率、投产开业率、利税率、创汇率，防止企业偷税、漏税或转移利润。对于那些确实没有资金、虚假立项、无法经营下去的企业，要果断处理，尽早撤销，以免造成不良影响。同时，搞好对引进大项目、重点项目的全程服务——跟踪服务工作。要主动走进项目单位，深入调查摸底，随时掌握大项目、重点项目的进展情况，并派专人在立项、招商、谈判、草拟合同、办理审批手续等方面进行跟踪服务、全程服务。第四，充分发挥外商投资企业协会的桥梁纽带作用，妥善处理各种投诉，协调各部门关系，汇报、反映并协同有关部门纠正和制止各种不合理收费现象。同时，对生产型的重点企业继续挂牌，并提供一系列服务。

总之，中国图们江地区应该紧紧抓住《长吉图规划纲要》全面实施的有利契机，通过优化招商引资的投资环境、积极引进利用跨国公司的投资、对外资投向加强产业引导、扩宽外商投资来源地、建立项目论证储备中心、进一步办好现有的外资企业等方法，扩大利用外商直接投资规模，提高利用外商直接投资质量。只有这样，才能充分发挥扩大外商直接投资规模对促进中国图们江地区经济发展的真正效能。

中国图们江地区外商投资面临的困难及新路径

伴随着中国国际地位的不断提升,习近平总书记多次在外交演讲上向世界传播合作共赢的观念,"计利当计天下利",并且提出建设利益共享的亚太价值链,培育普惠各方的亚太大市场。① 这无疑为在亚太地区具有区位优势的中国图们江地区提供了发展基础,也为中国图们江地区吸收外资发展经济提供了保障。

一 中国图们江地区外商投资基本现状

截至 2017 年上半年,中国图们江地区落实外资项目 100 余个,落实外资近 150 亿美元,实际利用外资超 3 亿美元,同比增长超 50%。② 中国图们江地区由于其独特的地理优势以及人文优势,在外资投资流向上具有鲜明的特点。从产业划分角度来看,第二产业吸收外资独占鳌头;从投资商国别来看,韩国外资一枝独秀,成为中流砥柱;从投资地区角度来看,州直属、延吉市以及珲春市等地理位置占优势的地区吸收外资的能力更强。

(一) 外商对制造业"情有独钟"

截至 2015 年末,中国图们江地区外商投资产业结构具体情况如表 1 所示。

表 1　中国图们江地区主要行业外商投资的产业结构情况

主要行业	合同项目数(个)	所占比重(%)	合同外资金额(万美元)	所占比重(%)	外方实际出资金额(万美元)	所占比重(%)
农、林、牧、渔业	42	7.5	12896	5.8	3102	2.0

---

① 习近平:《习近平谈治国理政》,外文出版社 2016 年版。
② 根据延边州有关部门的资料整理。

续表

主要行业	合同项目数（个）	所占比重（%）	合同外资金额（万美元）	所占比重（%）	外方实际出资金额（万美元）	所占比重（%）
采矿业	4	0.7	6545	2.9	143	0.1
制造业	265	47.0	135374	60.9	118119	76.6
电力燃气	4	0.7	11925	5.4	180	0.1
建筑业	6	1.1	9431	4.2	2373	1.5
交通仓储业	7	1.2	10267	4.6	9901	6.4
信息服务业	47	8.3	2673	1.2	626	0.4
住宿和餐饮业	58	10.3	2671	1.2	2822	1.8
批发和零售业	58	10.3	4134	1.9	1762	1.2
房地产业	4	0.7	8729	3.9	2609	1.7
社会服务业	47	8.3	11343	5.1	7886	5.1
卫生福利业	3	0.5	406	0.2	464	0.3
文体娱乐业	9	1.6	4531	2.0	2005	1.3
科学地质业	9	1.6	249	0.1	606	0.4
水利、教育等	1	0.2	1126	0.5	1704	1.1
合计	564	100	222300	100	154302	100

资料来源：延边州统计局编：《延边统计年鉴（2016）》，中国国际图书出版社2016年版。

从表1行业结构来看，中国图们江地区外商的投资主要集中在第二产业，特别是制造业。中国图们江地区第一产业的外商投资企业总数达到42家，外资合同金额约为1.29亿美元，占5.8%。中国图们江地区第二产业的外商投资企业总数达到279家，合同外资金额约为12.1亿美元，其中制造业为外商投资的主要行业，制造业合同外资金额占到了60.9%。中国图们江地区第三产业的外商投资企业总数达243家，合同外资金额达到4.6亿美元，其中第三产业外商投资主要集中在批发和零售业与住宿和餐饮业。[①] 从整体结构来看，中国图们江地区外商投资第二产业中的外商投资占投资总额的78.3%，特别是制造业依旧是外商投资的主要领域，投资占比达76.6%，其次是第三产业，为19.7%，农业投资比重最低，仅占2%（见图1）。

---

① 延边州统计局编：《延边统计年鉴（2016）》，中国国际图书出版社2016年版。

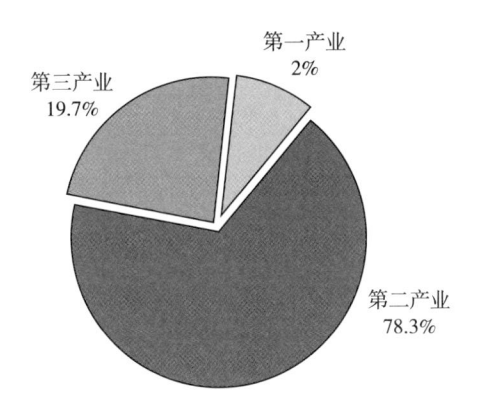

图 1　中国图们江地区合同外资金额产业结构情况

（二）韩国外资在中国图们江地区外资中独占鳌头

截至 2015 年末，中国图们江地区外商投资国别（地区）结构情况如表 2 所示。

表 2　中国图们江地区外商投资国别（地区）结构情况

投资国（地区）	合同项目数（个）	所占比重（%）	合同外资金额（万美元）	所占比重（%）	外方实际出资金额（万美元）	所占比重（%）
朝鲜	13	2.30	480	0.22	391	0.25
中国香港	40	7.09	75700	34.05	19463	12.61
中国台湾	9	1.60	3270	1.47	4745	3.08
日本	50	8.87	9711	4.37	10132	6.57
马来西亚	3	0.53	583	0.26	70	0.05
新加坡	1	0.18	228	0.10	737	0.48
韩国	376	66.67	108830	48.96	99735	64.64
英国	1	0.18	1794	0.81	3319	2.15
西班牙	1	0.18	10	—	8	0.01
德国	1	0.18	51	0.02	51	0.03
俄罗斯	10	1.77	559	0.25	189	0.12
加拿大	6	1.06	2070	0.93	422	0.27
美国	38	6.74	6478	2.91	6328	4.10
开曼群岛	1	0.18	3649	1.64	4302	2.79
百慕大	1	0.18	580	0.26	580	0.38

续表

投资国（地区）	合同项目数（个）	所占比重（%）	合同外资金额（万美元）	所占比重（%）	外方实际出资金额（万美元）	所占比重（%）
澳大利亚	4	0.71	389	0.18	355	0.23
维尔京群岛	2	0.35	1500	0.67	2134	1.38
塞舌尔	1	0.18	125	0.06	125	0.08
尼泊尔	1	0.18	10	—	10	0.01
委内瑞拉	1	0.18	4	—	4	—
荷兰	1	0.18	698	0.31	698	0.45
新西兰	1	0.18	33	0.01	15	0.01
其他	2	0.35	5548	2.50	490	0.32
合计	564	100	222300	100	154302	100

注：有实际出资额但当年无合同数国家未列入此表；因四舍五入导致的误差本书不做调整，下同。

资料来源：延边州统计局编：《延边统计年鉴（2016）》，中国国际图书出版社2016年版。

参与中国图们江地区投资的主要国家和地区共有34个，依旧以亚洲国家和地区为主，韩国依然是外商投资的主要来源。截至2015年底，韩国投资企业为376个，合同金额为10.883亿美元，占外商投资总额的48.96%（见表2）。其次是日本、中国香港和美国，外商投资企业依次达到50家、40家和38家。

（三）地理因素影响外资地域分布

中国图们江地区包含延边朝鲜族自治州的延吉市、图们市、珲春市、龙井市、和龙市、敦化市、安图县和汪清县。从这八个县市的外商投资情况来看，延吉市、珲春市、州直属区域依然是外商投资的重点地区。其中，延吉市外商投资合同金额接近4亿美元，外方实际出资4亿美元，占26%；珲春市外商投资合同金额达3.5亿美元，外方实际出资2.8亿美元，占18.1%；州直属区域外商投资合同金额为8.3亿美元，外方实际出资2.29亿美元，占14.8%；敦化市外商投资合同金额为1.3亿美元；龙井市外商投资合同金额为1.3亿美元；安图县外商投资合同金额为1.3亿美元；图们市外商投资合同金额为1.1亿美元；汪清县外商投资合同金额为0.9亿美元；和龙市外商投资合同金额为0.5亿美元。[①] 总之，中国

---

① 延边州统计局编：《延边统计年鉴（2016）》，中国国际图书出版社2016年版。

图们江地区的延吉市、珲春市和州直属区域由于政策、区位、设施上的比较优势，外商投资水平要高于其他县市，可见中国图们江地区外商投资空间布局依旧存在不均衡的问题。

二 中国图们江地区外商投资发展的机遇与挑战

当今世界政治的多极化、经济的全球化、文化的多元化为中国图们江地区外商投资的发展提供了绝佳的机遇，同时也使其面临着不小的挑战。

（一）中国图们江地区外商投资发展的新机遇

第一，跨太平洋伙伴关系协议（TPP）名存实亡，为中国图们江地区外资引进乃至区域间甚至国际经贸合作开辟了新局面。2017年1月21日，美国白宫发布了新施政纲领，宣布正式退出跨太平洋伙伴关系协议（TPP）以及北美自由贸易区。此前，美国的积极推动致使韩、日两国也积极投入推进跨太平洋伙伴关系协议（TPP）实施的进程中，从而使两国对在中国图们江地区投入外资进行经贸合作持消极的态度。但是伴随着美国突然宣布退出跨太平洋伙伴关系协议（TPP）以及北美自由贸易区，跨太平洋伙伴关系协议（TPP）名存实亡，韩、日两国将根据本国发展需要重新考虑在中国图们江地区的外商经贸合作，并推进自身经济发展。这也有利于中国图们江地区吸引韩、日两国的高质量外资来提升自身经济实力。中国图们江地区占据着得天独厚的区位优势，中国图们江地区的发展必会大力推进包括中、韩、俄、日、蒙、朝六国在内的大图们江地区的经济发展，推进六国深层次的经贸合作，构建中国图们江地区增长极。这不仅可以对长吉图先导区以及中国东北地区有绝佳的带动作用，还可以对周边国家产生良好的示范效应与辐射效应，推进大图们江地区区域经济一体化，进而推动东北亚区域经济一体化。因此，中国图们江地区要把握住这一发展的新契机，促进中国图们江地区的繁荣发展。

第二，"一带一路"倡议的深入推进，为中国图们江地区吸引外资提供了新平台。当前，全球经济呈现了一种"逆全球化"的倒退势头，但是在这一关键时期，中国提出了"一带一路"的倡议，旨在加强与沿线国家之间的联系以及推动世界经济联动发展,这表明中国将会用实际行动来捍卫经济全球化。中国图们江地区地处东北亚地区的核心位置,具有独特的区位优势,随着"一带一路"倡议的进一步推进实施,将会极大地推进中国图们江地区吸收高质量外资,发展中国图们江地区,进而使中国图们江地区在带动大图们江地区、东北亚地区甚至亚太地区经济发展过程中发挥重要作用。"一带一路"进程的加深,将会促使中国图们江地区加强地区内的基础设施建设,建立完善的经济体制,为外资进入中国图们江地区打造完备的软硬件设施。同时,"一带一路"倡议可以吸引韩、日、俄、美、欧洲甚至拉丁美洲国家的高质量的外资进入中国图们江地区,并且在一定程度上还会引导外商转变投资方向,进而实现中国图们江地区甚至全国的外资产业结构优化,以图们江地区为纽带将周边各国甚至世界各国连接在一起,打造世界人类命运共同体,拉动世界各国的共同发展,从而实现共赢。

第三,人民币"入篮"为中国图们江地区经济发展打造新环境。早在 2015 年 11 月 30 日,国际货币基金组织正式宣布人民币"入篮"。人民币"入篮"是人民币国际化进程开启的重要标志,人民币也以国际货币的身份逐渐频繁地参与到世界经济金融活动当中,并且逐步成为区域内通用的货币,甚至成为国际通用货币。[①] 中国图们江地区国家之间合作开发的不断深化,也会进一步吸引高质量外资进驻中国图们江地区,因此,区域内国家间的金融业务往来也会日益频繁。在中国图们江地区周边国家的毗邻地区,人民币在很大程度上会成为通用货币,进而大大提高资金流动的效率,降低地区内国际金融交易成本,从而在一定程度上降低甚至规避给外资企业带来的金融风险。同时,人民币"入篮"将会为中国图们江地区营造良好的金融环境,以人民币国际化为基础,建立中国图们江地区离岸金融市场,健全中国图们江地区金融发展的法律法规,促进地区吸引外资,带动中国图们江地区外资企业的健康发展,进而推动中国图们江地区全面协调健康发展。

(二)中国图们江地区外商投资发展面临的挑战

从世界范围来看,中国图们江地区周边的亚洲国家政治局势并不

---

① 王晓芳、胡冰:《丝绸之路经济带人民币国际化问题研究——基于金融合作下的货币选择与竞争博弈》,《河南师范大学学报》(哲学社会科学版) 2016 年第 6 期。

稳定。

第一，此前的韩国政府由于朝核问题以及美国方面的压力在韩国部署了萨德系统，致使韩国与中国的关系被推到了风口浪尖，严重影响中韩双方的外交关系以及经贸合作，必定也会影响中韩双方投资事业的健康发展。随着韩国两届政府转换的顺利完成，韩国新政府上台，一系列政治、经济、社会政策存在很多不确定性，这对中韩两国在中国图们江地区进行合作以及吸引外资都是不确定的因素。

第二，朝核问题始终是影响中国图们江地区乃至亚太地区，甚至全世界和谐发展的不确定因素。朝鲜也正是由于核问题与其他国家始终处于剑拔弩张的状态。而中国对待朝核问题更倾向于通过谈判的方式加以解决，如果朝核问题得不到妥善解决，将会对中国图们江地区的健康发展构成严重的威胁。

第三，日本安倍政府始终没有端正对待中日关系的态度，并且钓鱼岛事件的愈演愈烈导致中日关系降到冰点。安倍政府在重大纪念日参拜靖国神社，也表明安倍政府并没有使中日关系回暖之意。因此，在相对一段时间内，中日关系仍会保持停滞不前的态势。政治环境的不稳定，也在一定程度上影响经济发展，因此中国图们江地区周边的市场经济国家大多面临着经济下行的压力，在一定程度上也影响地区吸引外资，并会对投资的外国企业总体的经济利益产生消极影响。但是由于外商母国国内的相关产业经济呈现低迷态势，导致资本将从低效益的产业向高效益的地区和产业转移。如何利用好自身优势，在政治经济不稳定的情况下，充分吸引外资投入是中国图们江地区发展面临的巨大挑战。

从国内和中国图们江地区来看，在外资争夺战中，中国图们江地区常常处于劣势。中国图们江地区所处的中国东北地区经济发展水平相对落后，而且毗邻的地区是俄罗斯的哈桑镇与朝鲜豆满江市，其经济实力都相对薄弱。同时，中国图们江地区缺乏健全的基础设施，而且整体经济环境不容乐观，发展仍然主要依靠劳动密集型产业。同时，廉价劳动力的素质偏低也制约着相应产业的进一步发展。即使国家将中国图们江地区与吉林省腹地的长春市、吉林市一同构建长吉图先导区，并给予了中国图们江地区享受西部大开发的政策，但是由于图们江地区的自身条件落后，这些有利条件并没有发挥出预期的效果。不过，中国的沿海地区经过近40年的改革开放过程，拥有雄厚的经济实力、较完备的法律法规和较为完善的基础设施，进而相对于中国图们江地区对外资更具有吸引力，这使得中国图们江地区在外资争夺中处于不利地位。因此，落后的自身条件是制约外资引进的又一大挑战。

三　中国图们江地区外商投资面临的困难

伴随着中国图们江地区发展进程的持续推进，中国图们江地区外商投资面临的一系列困难也在逐步显现出来。如果不能妥善地解决这些困难，将会严重制约中国图们江地区的经济发展和社会稳定。

（一）中国图们江地区经济实力薄弱

2016年，中国图们江地区实现生产总值915.1亿元，按可比价格计算，同比增长7.6%。分行业看，第一产业完成69.2亿元，增长2.3%；第二产业完成445.7亿元，增长6.4%；第三产业完成400.2亿元，增长10.1%。三大产业结构比率为7.6∶48.7∶43.7，第三产业比重比上年提高2.0个百分点。虽然三次产业都在增长，但是整体生产总值仍然偏低。图们江地区森林覆盖率达80.8%，有1460余种野生经济植物、250余种经济动物，[①] 煤炭、石油矿产也较为丰富，但是并未充分发挥出其经济价值。中国图们江地区多为山林地区并且周边缺乏大型城市，不能形成连片城市一体化发展，致使经济发展机会较少，自身经济实力薄弱，严重制约中国图们江地区引进外资。

（二）外资来源地过于集中，投资方式及领域相对单一

第一，按国别来看，中国图们江地区外资主要来源国是韩国。截至2015年底，在中国图们江地区范围内，韩国外资企业共计396个，占外资企业总数的67%；韩国外资合同数达到376个，占外资合同总数的67%；韩国合同外资金额为10.883亿美元，超过10亿美元，占合同外资总额的49%。[②] 韩国外资可以说是独占鳌头，但也导致了外资结构过于单一。

第二，外资进入中国图们江地区的方式多以外资企业的形式。截至

[①] 延边州统计局编：《延边统计年鉴（2017）》，中国国际图书出版社2017年版。
[②] 延边州统计局编：《延边统计年鉴（2016）》，中国国际图书出版社2016年版。

2015年底，中国图们江地区外资企业合同共计441个，中外合资经营企业合同共计108个，中外合作经营企业合同仅为15个。这也说明外资投资方式单一，前者多为外商独资，而后两者为中外合作，单一的投资方式不利于发挥通过吸收外资间接得到技术转移效应以及技术溢出效应，实现地区企业技术更新，推动中国图们江地区企业的发展。

第三，外资主要投资的领域是第二产业的制造业。截至2015年底，中国图们江地区制造业的外资企业有282个，占外资企业总数的37%，投资额超过了12亿美元。① 缺少对第三产业的投资，尤其是对高新技术产业以及服务业的投资，而且制造业的投资多数在轻工业上，缺少大型项目的投资，使得外商投资在一定程度上缺乏长期性与稳定性。

（三）中国图们江地区投资环境亟待完善

地区经济实力薄弱导致图们江地区投资的软、硬环境都相对不完善。第一，劳动力素质整体偏低。中国图们江地区的劳动力大多数掌握朝鲜语，使得地区内劳动力在生产要素市场上具有一定的优势。虽然区域内有大量的廉价劳动力，但是劳动力素质整体偏低，使得在中国图们江地区发展的产业只能是劳动密集型且附加值低的产业，处于产业链的初级阶段，制约了地区经济水平大幅度提升。第二，地区基础设施建设相对滞后。虽然近年来国内的公路、铁路、航空线路不断完善，但是相关的国际线路并没有完全打通，这也是经济发展滞后的一大原因。第三，金融环境相对封闭。中国图们江地区缺乏良好的金融市场环境，不具备齐全的金融市场相关配套的设施，加大了外资企业进入中国国图们江地区的金融风险，直接导致外资转移到国内其他地区。中国图们江地区除五大国有控股银行外，还有吉林银行、农村商业银行、民生银行、光大银行等民营股份制商业银行，但是没有外资银行入驻这一地区，使得中国图们江地区在利用外资方面将会失去大量的外资支持。中国图们江地区要想提升吸引外资的能力，最关键的任务就是要完善地区投资环境。

（四）中国图们江地区外资分布结构不合理

外资在中国图们江地区大多集中在州直属、州府延吉市以及具有地理区位优势的珲春市，三者的合同外资金额比重之和为71%。其他6个

---

① 延边州统计局编：《延边统计年鉴（2016）》，中国国际图书出版社2016年版。

县市仅占合同外资总额的 29%。① 由此可以看出，图们江地区的外资分布结构不合理，过于集中。外资的引入有利于城市经济发展，但是外资地区分布失衡将会间接导致中国图们江地区内的发展不平衡，逐步拉大中国图们江地区内各县市经济水平之间的差距。这将不利于中国图们江地区经济均衡发展，不利于地区社会的和谐稳定。因此，中国图们江地区外资引入要均衡，合理分配，进而促进地区经济整体协调发展。

四　中国图们江地区外商投资发展的对策建议

外商投资不断进入中国图们江地区不仅有利于地区自身的经济发展，而且有利于发挥其辐射效应以及示范效应带动中国东北地区、俄罗斯哈桑地区以及朝鲜半岛发展，对东北亚区域经济发展具有重大意义。

（一）提升中国图们江地区硬实力

第一，提升地区总体经济实力。结合地区的区位优势以及地理地貌特征，大力发展特色产业，促进区域内经济发展。中国图们江地区主要支柱性产业多为劳动密集型与资源密集型产业，并且都是低附加值的产业。所以要延长产业链，对生产的产品进行深加工提高产品的附加值。同时，对劳动力进行教育培训，提高劳动力技能水平及劳动力素质并鼓励外出人员返乡创业，逐步将支柱产业从劳动密集型与资源密集型产业转向技术密集型或资本密集型产业，壮大税源经济，精准发力抓项目，主要促进国际大项目合作，不断开发新项目，包括劳务合作、投资合作、工程建设等项目，结合好项目的上下游产业，打造系统高效的产业链，从而增强中国图们江地区总体经济实力。

第二，加强中国图们江地区交通运输网络互联互通建设。首先，加强城市道路交通建设，拓宽城市主干道，以保障地区内城市交通运输的通畅便利。其次，加强城市间甚至村镇间交通运输网络建设。完善中国图们江地区内各县市间的高速公路运输，加强现有公路的修缮和扩宽。② 拓宽重要国道、高速公路，修缮车流量大的省道以及山区道路，并且注

---

① 延边州统计局编：《延边统计年鉴（2016）》，中国国际图书出版社 2016 年版。
② 边婧：《吉林省外商投资现状及对策研究》，《人力资源开发》2015 年第 16 期。

意道路的养护。高速公路、重要国道附近有村镇的，可以依申请在相应的地点设置高速公路或国道出入口，通过交通运输网络将中国图们江地区联为一个整体。最后，打造中国图们江地区与国内其他地区甚至国际部分地区的交通运输网络。在当前"一带一路"倡议背景下，要修建"两山"（中国阿尔山—蒙古乔巴山）铁路形成中蒙大通道，将中国图们江地区与欧洲联结成新的欧亚大陆桥。① 通过高速公路、铁路、空中线路，将国内各地区联系起来，并应继续致力于打造建设贯穿中、俄、蒙、朝的大图们江国际通道。② 在国内交通运输网络的基础上，重点建设国际高速公路、铁路以及空中线路。通过交通运输盘活中国图们江地区与东北亚地区甚至亚太地区的经济联络，完善长吉图跨境区域交通物流网络体系建设。③ 同时，加快珲春机场的建设，使延吉机场与珲春机场成为中国图们江地区的空中交通枢纽，为吸引外资人员提供便捷的交通条件。

第三，巩固并加强中国图们江地区内开发开放区、产业园区以及区内设施建设。党的十八届五中全会报告提出，要"提高边境经济合作区、跨境经济合作区发展水平"。④ 珲春国际合作示范区长期积累的经验为中国图们江地区内的和龙边境经济合作区、图们凉水—朝鲜稳城跨境文化旅游合作区、延吉国际空港经济开发区、保税物流中心以及延龙图新区的建设提供了宝贵经验。加强区内国际口岸建设，珲春圈河国际口岸联检楼以及附属的设施项目于 2017 年下半年开工建设，完工后珲春圈河国际口岸将成为中国图们江地区最大的口岸，将在货物运输方面发挥巨大作用，以便促进高质量外资进入中国图们江地区。

（二）特色产业引导投资结构优化

投资结构单一严重影响了中国图们江地区经济的全面协调发展，因此要优化投资结构，要采取多形式、多渠道、灵活地引进各国高质量外资，不能过度集中引进某一国家的外资。在外资引进过程中，要重视外资质量而不仅是外资数量，要以长远眼光审视引进外资的过程。改变外

---

① 李铁：《吉林融入"一带一路"推动东北亚合作新突破》，《图们江合作》2016 年第 4 期。
② 李国强：《"一带一路"倡议与图们江区域合作的新机遇》，《东疆学刊》2016 年第 4 期。
③ 邵冰：《我国沿边地区跨境经济合作模式创新——以图们江区域合作为例》，《商业经济研究》2015 年第 19 期。
④ 本书编写组编著：《党的十八届五中全会〈建议〉学习辅导百问》，党建读物出版社、学习出版社 2015 年版。

商独资企业在中国图们江地区"一枝独秀"的情况,要引导外资采取中外合资经营或者中外合作经营的方式,优化外商投资方式,进而充分发挥外资在中外合作与中外合资企业中的作用,促进外资企业发展,进而带动地区经济发展。图们江地区应拓展外商投资领域,引导外资投向地区内的高新技术产业与特色产业。中国图们江地区地貌多为山区,林业资源充足。因此,要因地制宜地发展林下经济产业,通过外资支持发展地区特色产业,最大限度发挥外资的作用,并借助"互联网+",打造电子商务平台以实现中国图们江地区经济水平的飞速发展。

(三) 营造良好的外商投资软环境

第一,利用好法律法规以及政策在营造软环境中的作用。中国图们江地区属于少数民族自治地区,根据相关法律规定,少数民族地区可以在宪法范围内,不违反专门规定以及法律基本原则的前提下,依据自身发展需要制定相关的单行条例。通过因地制宜地制定引进外资与利用的单行条例,有利于少数民族地区以及中国图们江地区的经济发展,还有利于健全中国图们江地区金融法律法规体系,为中国图们江地区外资引进与利用乃至金融环境的建立提供法律基础。同时,还要充分利用好国家、省、州的金融政策,健全中国图们江地区金融制度体系,从而提供根本的制度保障,促进外资的吸收,发展中国图们江地区的经济。

第二,建立中国图们江地区离岸金融市场。人民币"入篮"开启了人民币的国际化进程,并为在中国图们江地区构建离岸金融市场提供了现实基础。离岸金融市场可以带动中国图们江地区三次产业发展,以此为依托打造中国图们江地区新增长极,将不断刺激中国图们江地区国际经贸合作,实现带动工、农产品生产的作用,带动地区以及腹地产业发展。在中国图们江地区建设离岸金融市场,会为境外投资企业提供运作平台,在推动境外投资企业发展的同时,也会吸引许多国内外实力雄厚的企业到中国图们江地区投资,促进中国图们江地区经济发展。

第三,扩大外资企业的金融支持来源。中国图们江地区要打造活跃的金融市场,给予外资企业充分的金融支持,以确保外资企业资金得以正常运转。在外资金融支持方面应适当地放开民间信贷,鼓励吉林银行、光大银行、招商银行、民生银行等民营股份制银行为外资企业提供金融支持,且政府要给予这些银行相应的政策支持。引进适量的外资银行,为外资企业提供金融支持。当前中国图们江地区韩国外资较多,所以可以引进在韩国国内相对信誉度好的银行在中国图们江地区设立分支机构，随着投资来源地的逐步丰富，可以引进更多相应的外资银行，以确保外资企业运行流畅，保证中国图们江地区经济的健康发展。

（四）建立中国图们江自贸区，促进外资引进

以中国图们江地区为基础建立自贸区，以中韩自由贸易协定（FTA）为基础，先建立中韩自贸区，在此基础上建立中、俄、韩、日多方自贸区，并在建立中国图们江自贸区的同时，利用"亚投行"和"丝路基金"深化图们江区域合作开发。[①] 同时要借鉴和学习我国几大自由贸易区的发展经验，在中国图们江地区实行"准国民待遇"和"负面清单"制度，创新利用外资模式，从而实现外商投资规模的扩大。[②] 由于成立自贸区，关税必然会降低，这必将使中国图们江地区的多边贸易活动大幅度提升，进而使得各国国内闲置的资本、劳动力、资源等生产要素在自贸区自由流动和充分利用，为多方投资提供经济基础，使高质量外资进入中国图们江地区。而外资企业和图们江地区的企业可以通过合资以及合作的形式在企业文化、管理经验以及技术方面进行交流学习，通过技术转移效应与技术溢出效应促进图们江地区企业的技术改进与更新，最终实现共赢。以中国图们江自贸区为核心形成中国图们江地区新增长极，通过其示范效应与辐射效应，带动吉林省腹地长春市以及吉林市，即长吉图先导区经济发展，甚至带动东北亚地区经济发展，进而实现图们江地区经济的一体化。

总之，中国图们江地区具有得天独厚的区位优势，伴随着"一带一路"倡议的不断推进以及中国整体经济基本向好，高质量外资的注入无疑会为中国图们江地区的经济发展提供动力，并且中国图们江地区的发展对长吉图先导区发展、中国东北地区发展，乃至东北亚区域发展都具有重要意义。

[①] 郭文君：《关于将图们江区域合作开发纳入"一带一路"战略的思考》，《东疆学刊》2016年第2期。

[②] 李铁：《吉林沿边开放问题研究》，吉林人民出版社2014年版。

中国图们江地区对外招商引资现状与政策

在《中国图们江区域合作开发规划纲要》《国务院办公厅关于支持中国图们江区域（珲春）国际合作示范区建设的若干意见》《沿边地区开发开放规划》等政策纲要以及国家"一带一路"倡议的大力推动和支持下，中国图们江地区开发开放程度进一步加深，国际合作示范区、边境经济合作区、空港开发区、产业园区等开发开放经济形势蓬勃发展，使得中国图们江地区对外招商引资事业取得了进一步的发展。

一　中国图们江地区对外招商引资的发展特点

截至2014年底，中国图们江地区对外招商引资合同总数达554个，合同金额为214095万美元，外方实际出资137279万美元。[①] 中国图们江区域（珲春）国际合作示范区不断壮大，和龙国家级边境经济合作区获批成立，中国图们江地区对外招商引资事业取得了较大发展，具有明显的发展特点。

（一）外商投资量稳步增长

2014年，中国图们江地区对外招商引资合同项目有38个，比2013年增加4个；合同外资金额23279万美元，比2013年增加22231万美元，增长了21倍；新增外商直接投资额为15302万美元，比2013年增加1686万美元，增幅达12.4%。2011年以来，中国图们江地区对外招商引资合同项目数和合同金额呈现大幅下降趋势，2014年出现回升趋势，其中对外招商引资合同金额增幅较大。中国图们江地区外商直接投资呈现出了稳步增长的趋势。

---

① 延边州统计局编：《延边统计年鉴（2015）》，中国国际图书出版社2015年版。

2014年，中国图们江地区外商投资企业共有746户，总投资额达到172874万美元。其中，中外合资企业116户，占15.6%；中外合作企业16户，占2.1%；外商独资企业452户，占60.6%；外商投资企业分支机构153户，占20.5%；外商投资股份有限公司1户，占0.1%；其他外商投资企业8户，占1.1%。可见，中国图们江地区外商投资企业中，外商独资企业占主要地位。

（二）外商投资产业分布不合理

截至2014年末，中国图们江地区外商投资产业分布具体情况如表1所示。

表1　中国图们江地区主要行业外商投资的产业分布情况

行业	合同项目 数量（个）	合同项目 比重（%）	合同外资 金额（万美元）	合同外资 比重（%）	外方实际出资 金额（万美元）	外方实际出资 比重（%）
农、林、牧、渔业	40	7.22	12849	6.00	3097	2.26
采矿业	4	0.72	6545	3.06	143	0.10
制造业	265	47.83	134150	62.66	103716	75.55
电力燃气	3	0.54	10797	5.04	180	0.13
建筑业	5	0.90	9331	4.36	2373	1.73
交通仓储业	6	1.08	8254	3.86	7988	5.82
信息服务业	46	8.30	2668	1.25	626	0.46
住宿和餐饮业	57	10.29	2616	1.22	2616	1.91
批发和零售业	56	10.11	3877	1.81	1736	1.26
房地产业	4	0.72	8729	4.08	2609	1.90
社会服务业	47	8.48	8267	3.86	7782	5.67
卫生福利业	3	0.54	406	0.19	451	0.33
文体娱乐业	8	1.44	4231	1.98	1705	1.24
科学地质业	9	1.62	249	0.12	606	0.44
水利、教育等	1	0.18	1126	0.53	1651	1.20
合计	554	100	214095	100	137279	100.00

资料来源：根据《延边统计年鉴（2015）》数据整理及计算得出。

从三大产业划分来看，第一产业中农、林、牧、渔业合同项目40个，占7.22%；合同外资金额12849万美元，占6.00%。第二产业中采矿业、制造业、电力燃气、建筑业合同项目共277个，占50.00%；合同外资金额160823万美元，占75.12%。第三产业中交通仓储业、信息服务业、住宿和餐饮业、批发和零售业、房地产业、社会服务业、卫生福利业、文体娱乐业、科学地质业、水利、教育等合同项目共237个，占42.78%；合同外资金额40423万美元，占18.89%。因此，中国图们江地区外商投资主要集中在第二产业，虽然第三产业外商投资合同数占比较大，达到42.78%，仅次于第二产业，但合同金额小，仅占合同外资总额的18.89%。

（三）外商投资来源过于集中

截至2014年末，中国图们江地区外商投资主要来源分布具体情况如表2所示。

表2　　中国图们江地区外商投资主要来源分布情况

国家（地区）	合同数（个）	合同外资金额（万美元）	外方实际出资（万美元）
朝鲜	14	480	391
中国香港	36	71171	18808
中国台湾	8	3060	4133
日本	50	9657	9655
韩国	369	105487	85089
马来西亚	3	583	70
新加坡	1	228	737
尼泊尔	1	10	10
英国	1	1794	3319
百慕大	1	580	508
俄罗斯	10	559	189
西班牙	1	10	8
德国	1	51	51
荷兰	1	698	668
加拿大	7	2070	422
美国	39	6425	6328
开曼群岛	1	3649	3702
维尔京群岛	2	1500	2134

续表

国家（地区）	合同数（个）	合同外资金额（万美元）	外方实际出资（万美元）
委内瑞拉	1	4	4
澳大利亚	4	389	355
塞舌尔	1	125	125
叙利亚	1	1	—
爱尔兰	1	1345	—
合计	554	209876	136706

注：未列入无合同数和实际出资额的国家。
资料来源：根据《延边统计年鉴（2015）》数据整理及计算得出。

由表2可见，中国图们江地区外商投资的来源主要集中在韩国、中国香港和日本等亚洲国家和地区，其中韩国对中国图们江地区投资最多，合同数占总量的66.61%，合同外资金额占50.26%，实际出资额占62%左右。从洲际情况来看，在中国图们江地区投资的主要外商中，亚洲投资商合同外资金额为190677万美元，占90.85%；南美洲、北美洲投资商合同外资金额为13648万美元，占6.50%；欧洲投资商合同外资金额为5037万美元，占2.40%；澳洲投资商合同外资金额为389万美元，占0.19%；非洲投资商合同外资金额为125万美元，占0.06%。因此，中国图们江地区外资主要来源于亚洲地区。

（四）外商投资地区分布不均衡

中国图们江地区包含的各县市外商投资分布情况如表3所示。

表3　　中国图们江地区内各县市外商投资分布情况

地区	合同外资金额（万美元）	外方实际出资（万美元）
州直属	82519	20881
延吉市	36569	37936
图们市	11125	8210
敦化市	13212	9516
珲春市	33275	25901
龙井市	9962	8033
和龙市	4942	2705
汪清县	9278	2229

续表

地区	合同外资金额（万美元）	外方实际出资（万美元）
安图县	13213	21868
总计	214095	137279

资料来源：根据《延边统计年鉴（2015）》数据整理及计算得出。

可见，在中国图们江区地区，除中国图们江地区州直属外，延吉市外资利用占该地区总数的17.1%，外方实际出资占该地区的27.6%。这主要是因为延吉市为中国图们江地区的首府城市，经济社会发展水平较高，各项基础设施较为完善，从而能够吸引更多外资。仅次于延吉市的是珲春市，其主要凭借中国图们江区域（珲春）国际合作示范区和三国交界口岸优势吸引外商投资。其中利用外资情况最差的是和龙市，仅占该地区的2.3%；外方实际出资占该地区的1.6%。

（五）地区开发开放缓慢

在国家商务部、外交部以及吉林省政府等部门的大力支持下，中国图们江地区中韩（延边）产业园建设进一步推进，主要依托韩国浦项、农心、韩正、惠人等韩资企业，形成了包含珲春国际物流产业园区、延吉健康科技产业园区、安图生态食品产业园区、图们电子信息产业园区在内的"一园四区"发展模式。[①] 中国图们江区域（珲春）国际合作示范区作为中国图们江地区对外开放的重要窗口，在机制体制完善、项目建设和政策支持等方面进一步发展，2014年实施重点项目180个，总投资1003亿元，其中10亿元以上项目20个，5亿元以上项目17个，亿元以上项目91个，并成功引进俄罗斯苏玛集团、韩国浦项等外资企业。[②] 除此之外，延吉开发开放试验区被列入国家研究设立范围，试验区方案已编制完成，并报国家发改委；延吉空港经济区筹备建设工作已基本完成，尚待吉林省政府批准；图们朝鲜工业园进一步发展，2014年落户企业增至20家；2015年3月，和龙国家级边境经济合作区正式获国务院批准，为中国图们江地区开发开放开辟了一个新的窗口，也有利于和龙市改善利用外商投资情况较差的局面。

[①] 王军：《李景浩向韩企推介中韩（延边）产业园》，2015年8月31日。
[②] 延边州政府综合处开发办：《延边开发开放工作总结》，2014年。

二 中国图们江地区对外招商引资中存在的问题

（一）外商引导、评级和审批政策不完善，引进外资的质量不高

中国图们江地区在对外招商引资的引导和审批政策上还存在不完善的问题。一是对外招商引资的审批尚未实现最简化，2009年国务院批复的《中国图们江区域合作开发规划纲要——以长吉图为开发开放先导区》中规定，对区域内建设项目的审批、核准、备案给予优先支持，[①] 但相比自由贸易区的审批政策仍存在一定复杂性，外商投资的自由程度不够高；二是对已引进外商企业的质量评级和考核制度欠缺，难以全面把握中国图们江地区内各外商企业带动地区发展的能力，从而使得中国图们江地区对外招商引资质量不高；三是中国图们江地区对外招商引资政策中，重点支持新能源、新材料以及装备制造等产业项目，[②] 对投入第一、第三产业外资缺乏实质性的引导措施。近年来，随着中国图们江地区开发开放程度的不断提高，对外招商引资量显著增加，外商企业也有所增加，但是质量不高，主要表现在以下几个方面。

第一，对外招商引资金额少，且以小型企业为主，缺乏大型企业。中国图们江地区近年来不断扩大对外招商引资，利用外资量虽然逐年提高，但总量仍旧较少，对地区经济的带动作用不强。截至2014年末，中国图们江地区实际利用外资0.4亿美元，而吉林省实际利用外资额为76.53亿美元，中国图们江地区实际利用外资量仅占吉林省的0.52%。[③] 而且，中国图们江地区引进的外商企业以中小企业为主，实力较弱，经营效益不稳定。大型企业屈指可数，主要有韩国浦项、农心、韩正、惠人，以及俄罗斯苏玛集团等，难以起到支撑外商经济发展的作用。

第二，外商投资产业结构不合理。与我国大部分欠发达地区相同，中国图们江地区外商投资产业仍旧主要集中在第二产业。从外商合同投

---

① 《中国图们江区域合作开发规划纲要——以长吉图为开发开放先导区》，2009年。
② 国务院办公厅：《国务院办公厅关于支持中国图们江区域（珲春）国际合作示范区建设的若干意见》，2012年4月13日。
③ 根据《吉林省2014年国民经济和社会发展统计公报》和《延边朝鲜族自治州2014年国民经济和社会发展统计公报》数据整理。

资金额来看，第二产业外资占总量的75%，第一、第三产业外商投资量较少，分别占6%和19%。而按照产业结构升级的要求，要大力发展第三产业，提高第三产业比重。中国图们江地区外商投资过于集中于第二产业，多为产业链低端的加工制造业，虽然会在提高地区工业基础和扩大就业上起到一定作用，但是不利于劳动者素质提升以及技术外溢效应产生，[1] 并在一定程度上也限制了中国图们江地区的产业结构升级。

第三，外商投资技术含量不高，地区产业优势未能突出。[2] 中国图们江地区外商投资企业普遍实力不高，资金少、技术弱现象明显，外商投资项目科技含量低，这样不仅难以保证良好效益，而且不利于中国图们江地区高科技引入和利用，不利于产业附加值的提高。中国图们江地区外商投资量较少，因而在引进外资时过于注重规模，而忽视了科技创新能力较强的中小型高技术外资企业。[3] 此外，中国图们江地区优势特色产业以农业和服务业为主，而在这一领域的外商投资比重低，未能突出中国图们江地区的产业优势，没有很好地发挥出外商投资在带动地区优势特色产业发展中的作用。

（二）对外招商引资政策投入不均，地区内外资分布不平衡

中国图们江地区的对外招商引资政策多为大区域内的整体规划，除珲春市、延吉市及和龙市等单独设合作区、开发开放区的地方外，中国图们江地区内其他县市缺乏单独的、完善的对外招商引资政策。同时，在中国图们江地区对外招商引资政策中，缺乏实质性的鼓励和引导外资投向经济落后县市的条款，而且支持经济落后县市对外招商引资环境建设的实质性政策文件也较少。

中国图们江地区外商投资主要集中在延吉市、珲春市。其中，除州直属地区外，延吉市受益于首府城市地位，经济水平和基础设施发展水平较高，从而外商投资量最高，2014年末合同外资金额达到36569万美元。和龙市外商投资额最少，合同外资金额为4942万美元。[4] 由图1可

---

[1] 王晓红、沈家文：《我国利用外商直接投资的现状与趋势展望》，《国际贸易》2015年第2期。

[2] 谭红梅：《中韩FTA框架下深化吉韩经贸合作的路径分析》，《图们江合作》2015年第2期。

[3] 王晓红、沈家文：《我国利用外商直接投资的现状与趋势展望》，《国际贸易》2015年第2期。

[4] 根据《延边统计年鉴（2015）》计算得出。

以看出，各县市地区生产总值的高低与外商投资金额存在着一定的相关性，中国图们江地区外商投资主要集中在地区内经济社会发展水平较好的县市，其中珲春市主要占据中国图们江区域（珲春）国际合作示范区优势，虽然地区生产总值居第三位，但外商投资额居第二位。中国图们江地区内外商投资呈现出了两极分化现象，合同外资金额最高和最低县市间相差7倍多。因此，外商投资较多的县市会获得更多的发展机会和经济增长点，而外商投资较少的县市则难以获得发展的优势条件，这便会在一定程度上拉大地区内各县市的差距，造成中国图们江地区的不均衡发展。

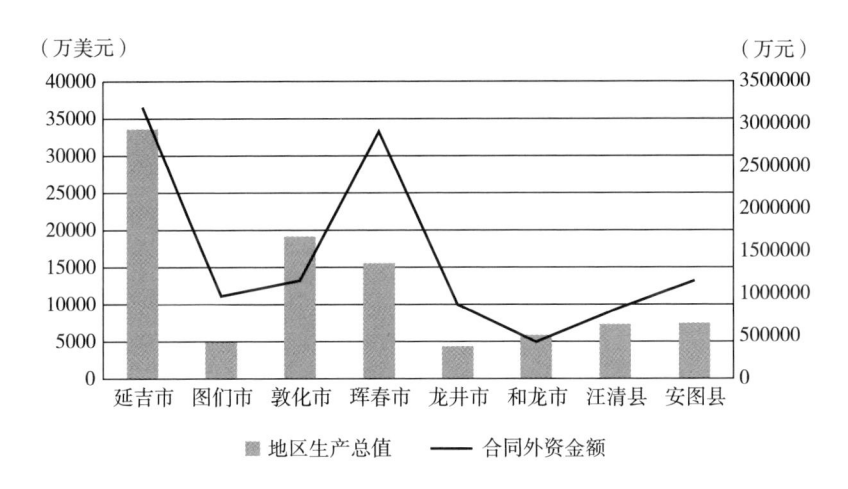

图1 中国图们江地区内各县市地区生产总值与合同外资金额相关性

（三）投资环境建设政策尚有不足，外商投资环境不完善

中国图们江地区在对外招商引资的政策上，对投资环境建设的规划要求较为重视，但是仍存在一些问题，主要表现在政策覆盖面不全、具体落实不到位，软环境建设缺乏具体措施等。

第一，在支持中国图们江地区对外招商引资的"纲要""指导意见"等诸多政策中，建设要求主要集中在交通、口岸、金融机构、能源、水利、环保等基础建设方面，而忽视了外商人员的生活设施建设。对外招商引资的扩大必然会伴随着大量的外籍人员的入驻，而中国图们江地区较为重视外商投资项目、配套经济设施和公共服务的建设，却忽略了外商在中国图们江地区内生活环境的建设，符合外籍人士生活习惯的住宅、餐饮、教育等设施较少，而且外商家属的生活、工作、教育安置能力差，这在一定程度上也影响了外商投资的长期投资意向。

第二，对于交通设施建设政策的具体落实效率不高，2009 年国务院批复的《中国图们江区域合作开发规划纲要——以长吉图为开发开放先导区》要求，要完善区域内综合交通运输体系，以畅通区域对外通道和省级通道为重点，构建南北纵横、东西贯通、布局合理、衔接顺畅、高效一体的立体交通网络。[①] 但中国图们江地区内外连接路网仍不完善，地区县市内的城市道路不畅通等问题依旧存在。随着中国图们江地区外商投资规模的不断扩大，货物、人员、资本的流动频率会极大提高，因此需要更加完善的道路交通及金融服务支持，而中国图们江地区在这些方面还存在设施不完善的问题。一方面，中国图们江地区高速公路、铁路只向西通往长春方向，而直接通往吉林省南部、辽宁省的高速公路、铁路尚未建设完成。因此，中国图们江地区与吉林省南部及外界省份的大宗货物陆路运输还需绕行长春、吉林等地，从而增加了时间成本和运输成本。此外，中国图们江地区内道路狭窄问题突出，各县市内主要道路以及各县市间国道、省道和高速公路宽度不够，道路拥堵现象近年来已经逐渐显现，这会严重影响中国图们江地区的外商投资倾向，限制中国图们江地区未来的发展。

第三，中国图们江地区对外招商引资的软环境建设政策欠缺，在"纲要""指导意见"等诸多政策支持中，对于提高外商服务质量的具体规划要求及指导意见较少，只简要提出了"创新涉外经济和管理机制，提升和完善涉外管理和服务功能，创造良好的商务环境"[②]的要求，没有建立具体的服务标准。中国图们江地区外商投资服务质量欠佳，外商服务人员综合素质不高，精通外商投资业务和专业知识的人才较少，普遍缺乏外商投资业务经验，因而造成难以推出丰富的发展项目吸引外资，外商投资业务办理效率不高。中国图们江地区大部分外商投资服务人员未能深入、系统掌握中国图们江地区，乃至整个东北三省的人文、地理知识，在向外商推介中国图们江地区时，难以突出强调中国图们江地区

---

① 《中国图们江区域合作开发规划纲要——以长吉图为开发开放先导区》，2009 年。
② 《中国图们江区域合作开发规划纲要——以长吉图为开发开放先导区》，2009 年。

与东北其他地区的比较优势，难以让外商看到中国图们江地区的投资亮点。另外，中国图们江地区外商投资多语言服务能力弱，仅仅在韩语、日语上具有一定优势，而英语和其他欧美小语种服务能力相对较差，与欧美投资商进行沟通存在一定障碍。最后，地区对外招商引资宣传能力不高。中国图们江地区在国内外的宣传力度仍旧不足，知名度相对较低。中国图们江地区内的宣传活动缺乏整体性和联系性，许多地区内举办的民俗旅游、特色产品的大型宣传活动和宣传节都较为分散独立，缺乏连贯性和整体性，也没有很好地与外商投资宣传联系起来。因此，虽然做了许多宣传活动，但是并没有获得足够的成效。

（四）人才引进政策力度不足，外商投资项目缺乏人才支持

在《中国图们江区域合作开发规划纲要——以长吉图为开发开放先导区》《国务院办公厅关于支持中国图们江区域（珲春）国际合作示范区建设的若干意见》等政策规划中，都曾提出了关于人才引进和培养的内容，而且中国图们江地区内也出台了《延边州引进朝鲜技能人才工作暂行规定》。但是，政策对人才的鼓励力度不强，人才奖励和保障制度不完善，使得中国图们江地区的建设人才依旧不足。中国图们江地区要科学合理利用外资，实现外商投资企业和项目的良好发展和推进，就需要雄厚的人才队伍作为支持，然而中国图们江地区受限于地区发展水平，人才资源不足，难以为外商投资的发展提供足够支持。中国图们江地区的人才不足主要有以下两点原因。

第一，中国图们江地区经济社会发展水平滞后，工作待遇普遍偏低。从2014年统计数据来看，中国图们江地区生产总值为900.8亿元，仅占吉林省的6.5%；城镇居民人均可支配收入为1.98万元，尚不及吉林省平均水平2.32万元。[①] 近年来，中国图们江地区虽然取得了较大发展成就，但相对来看发展仍旧滞后。如今年轻人才为追求更好的生活条件和发展空间，多倾向于经济较为发达的大中城市，这就使得中国图们江地区不仅难以留住本地人才，而且难以吸引外来人才。

第二，中国图们江地区内缺少知名大型企业，引进的大型外资企业较少，难以满足本地高校人才就业需求。如今高校人才倾向于大型企业，

---

① 根据《吉林省2014年国民经济和社会发展统计公报》和《延边朝鲜族自治州2014年国民经济和社会发展统计公报》数据整理。

特别是中国图们江地区内的延边大学培养了大量的本地区朝鲜族人才，其毕业后大部分就职于三星、现代、LG 等韩资企业，但中国图们江地区却没有这类大型企业，因而难以留住大量的本地高校人才。

三　中国图们江地区对外招商引资发展的政策选择

（一）放开外资引入政策，建立外资评级和产业引导制度

第一，放开政策限制，提高外商投资量。党的十八届三中全会报告提出，要放宽投资准入，加快自由贸易区建设，扩大内陆沿边开放。[①] 中国图们江地区位于东北亚沿边开放地区，现有中国图们江区域（珲春）国际合作示范区与和龙国家级边境经济合作区等经济开发开放区，具备外商投资的区位优势和政策优势，并享有"先行先试"政策。因此，中国图们江地区要充分利用本地区的优势，制定具有科学性、创新性的对外招商引资政策，加强对外招商引资的宣传工作，适度放宽资金准入。同时要借鉴和学习我国几大自由贸易区的发展经验，试行"准入前国民待遇"加"负面清单"的外商投资模式，将外商投资项目由核准制改为备案制，将外商投资企业合同章程审批改为备案管理。[②] 这样，可以提高外商投资的自由程度，简化对外商投资的审批流程，从而扩大对外招商引资的规模。此外，中国图们江地区要紧跟国家"一带一路"倡议，利用地区内中朝、中俄的铁路、陆路运输通道，以及珲春"借港出海"开辟的海上通道，加强与"一带一路"沿线东亚、东南亚、中东、非洲诸国，以及俄罗斯、蒙古国和西亚、欧洲各个国家的经济联系，把握交通优势和政策优势，吸引更多国家外商来中国图们江地区投资。

第二，建立外资评级和产业引导的政策制度，优化外商投资结构，提高外资质量。党的十八大报告指出，"提高利用外资的综合优势和整体效益，推动引资、引技、引智有机结合"[③]。一方面，要通过实质性的政策引导，不断优化外商投资的产业结构。中国图们江地区要通过奖励政

---

① 新华社：《中国共产党第十八届中央委员会第三次全体会议公报》，2013 年 11 月 13 日。
② 李铁：《吉林沿边开放问题研究》，吉林人民出版社 2014 年版。
③ 本书编写组编著：《党的十八大报告辅导读本》，人民出版社 2012 年版。

策不断鼓励和引导外商投资本地区的优势特色，并紧跟产业结构升级的要求，引导外资流向第三产业。通过优惠奖励措施和宣传引导等方式，使外商更多地投向中国图们江地区的黄牛、人参、食用菌等特色农产品产业以及高技术含量的现代农业领域，还要大力引入电子科技、信息技术、文化创意、节能环保等领域的外资。同时，还要建立对外资的评级机制，培育优质的外资企业，加快外商投资的传统加工制造业转型，提高科技投入和产业附加值。另一方面，要不断优化外商投资的国别结构。中国图们江地区外商投资主要来源于亚洲国家和地区，以韩国为主，而资金实力雄厚的欧美国家在中国图们江地区的投资较少。因此，要加强与美国、英国、法国、德国等发达欧美国家的经济交流，引入其资金和技术，从而提高中国图们江地区外商经济实力。

（二）政策引导外商投资落后地区，促进区域协调发展

第一，政策鼓励经济落后县市开发外商投资项目。中国图们江地区内各个县市均有各自的特色产业，如汪清县食用菌产业、龙井市苹果梨产业、和龙市大米产业、安图县长白山旅游和特产产业等。因此，要建立奖励落后地方引进外资的机制政策，使其要充分结合自身的发展优势，开发外商投资项目，一方面可以更好地吸引外来投资者，凸显本地投资价值；另一方面也可以使落后县市的优势产业发展壮大，提高影响力，并带动地区经济的快速发展。

第二，给予进驻经济落后县市的外商企业更多政策优惠。由于中国图们江地区经济落后县市的投资环境相对较差，因此在不断完善落后县市各项投资配套基础设施的同时，要完善对外资的奖励机制，加大对进驻经济落后县市外商企业的政策优惠。一方面，在保证外资质量的前提下，可以相对其他地区，适度放宽落后地区的外资准入，并给予优先办理权限，并为外商企业选址建设、信息咨询等提供便利。另一方面，给予外商企业在收税和其他应缴费用上更多的减免，通过减少外商企业交易成本，促使外商企业进驻。

（三）提高政策落实度和覆盖面，进一步优化投资环境

第一，提高基础设施建设政策的落实效率，加强交通设施建设。交通设施的完善程度会在很大程度上影响到中国图们江地区外商投资中人员和货物的流动。首先，加快中国图们江地区与黑龙江省东部、吉林省南部以及辽宁省的直通、短距离公路、铁路建设，特别是要加快高速公路、高速铁路的建设。根据《沿边地区开发开放规划（2013—2020年）》的空间布局，以丹东市为核心的鸭绿江国际经济合作带与中国图们江地区联系极为密切，[①] 因此加强中国图们江地区的南向公路、铁路建设尤为重要。其次，要完善中国图们江地区内道路网建设，一方面要完善中国图们江地区内各县市间的高速公路运输，加强现有公路的修缮和扩宽。还要完善省内铁路网，建设汪清—珲春、珲春—龙井铁路线，使中国图们江区域（珲春）国际合作示范区与省内各县市以及黑龙江省、辽宁省的联系更加便利，同时还能够使珲春与和龙的两个合作区连接起来，促进两个合作区的协同发展。另一方面要根据城市目前交通流量，重新规划道路，对城市主干道进行拓宽，开辟新的分流分支道路，设置单行线等，提高市内道路的交通承载能力。

第二，将对外招商引资政策延伸至外商的生活设施建设，建设适宜外商的生活环境。政府在本地基础设施建设上，要考虑到外商到本地食宿、定居以及外商家属的安置问题。因此，可以在外商企业集中的区域设立异域风情区，经营具有各国风情的餐饮、住宿、娱乐场所。地方政府要通过与当地地产商沟通，在楼盘内部分房屋建设上融入外国的居住风格，以方便外商定居。此外，要通过制定政策，保障外商随同家属的安置问题，包括亲属的就业指导和孩子的教育等。

第三，强化外商投资的软环境建设制度，提高对外商的服务质量，优化对外招商引资宣传形式。首先，要提高外商服务人员的业务能力。可以通过组织人员到上海、天津、广东自由贸易试验区参观学习，组织定期业务培训，邀请其他地区专业人士讲座等形式，不断提高中国图们江地区外商服务人员业务水平，提高办事效率。其次，使外商服务人员深入了解中国图们江地区在吉林省乃至整个东北地区的比较优势，从而起到吸引外商的更好效果。再次，还要培养多语言人才，注重英语及其他小语种人才的引入和培养，提高与各国外商的沟通能力。最后，要增强中国图们江地区内各种地区特色宣传活动、宣传节日的连贯性、联系性，使各类宣传活动构成一个整体，并将其与对外招商引资的宣传密切联系起来，从而使对外招商引资实现更好的宣传效果。

---

① 李铁：《吉林沿边开放问题研究》，吉林人民出版社 2014 年版。

(四)完善人才奖励与保障政策,强化人才支持

第一,进一步细化人才奖励和保障措施,提高人才的待遇。中国图们江地区要建立一套系统的人才奖励制度,包括高层次人才专项补助制度、生活补助制度、创新人才资助制度、住房保障制度、留学人才奖励制度等,从而提高引进人才的待遇。在外商服务人员和外资项目工作人员等其他外商投资相关从业人员的招聘上,优先选择工作经验丰富、高学历、专业知识能力强的人才,适当提高其薪资水平,保证"五险一金"及其他福利,并为其创造广阔的晋升空间。对于外来人才,要给予其住房补贴、安家费等,在条件允许下可以为其安排住房。这样,可以为中国图们江地区吸引更多的人才。

第二,引入大型知名企业,满足人才就业需求。中国图们江地区可以先利用本地朝鲜族聚居区的优势,率先引进三星、现代、LG 等大型韩资企业,满足朝鲜族人才倾向大型韩资企业的就业需求,从而可以为中国图们江地区吸引更多的本地朝鲜族优秀人才,减少本地大量人才和劳动力外流,壮大人才队伍。同时,随着大型外资企业的逐步入驻,中国图们江地区的外商投资环境和地区发展水平也会随之显著提升,人才资源也会逐渐丰富,从而有利于吸引更多欧美大型信息产业和高端制造业外资企业,从而也会在全国范围内吸引人才流入,从而为中国图们江地区的外商投资发展提供更多的人才支持,并提高中国图们江地区外商直接投资的质量。

总之,中国图们江地区处于沿边开放地区,并享有国家"先行先试"的有利政策,在对外招商引资方面有着很大的发展空间。所以,中国图们江地区要根据当前对外招商引资中的问题,发现政策的不足,从而放开外资引入政策,建立外资评级和产业引导制度,以政策引导外商投资落后地区,提高政策落实度和覆盖面,完善人才奖励与保障政策。坚持以政策为导向,促进中国图们江地区对外招商引资水平的不断提高。

第六篇　中国图们江地区对外劳务合作

中国图们江地区对外劳务合作的现状及发展前景[*]

从中国图们江地区对外劳务合作基本现状着手，剖析中国图们江地区发展对外劳务合作中存在的问题，分析中国图们江地区对外劳务合作的发展前景，以期使中国图们江地区对外劳务合作工作持续、快速、健康发展。

一 中国图们江地区派出劳务人员的现状

中国图们江地区发展对外劳务合作工作始于1989年。经过十多年的努力，从无到有，从小到大，扎扎实实地发展并取得了显著的成绩。

第一，派出劳务人员逐年增多。1989年，中国图们江地区派出劳务人员仅270人次，到2001年底累计派出劳务人员达到83875人次。中国图们江地区派出劳务人数连续7年居吉林省之首。

第二，派出劳务人员的领域逐年拓宽。中国图们江地区开始是向俄罗斯等国家派出劳务人员，现已发展到俄罗斯、韩国、利比亚、日本、新加坡、西班牙、朝鲜、塞班等20多个国家和地区，涉及渔业捕捞、建筑、机械加工、运输、服装加工、海上运输、农业、林业等多种行业。

第三，派出劳务人员具有明显的经济和社会效益。据统计，到2001年中国图们江对外劳务合作收入已达2.98亿美元，同比增长20%。中国图们江地区派出劳务人员创造了巨大的经济效益，也带来了良好的社会效益，增加了中国图们江地区人民的实际收入，提高了中国图们江地区人民生活消费水平，扩大了国内需求量。

---

[*] 本文主要内容原载《北方经贸》2003年第8期。

第四，派出劳务人员的外经公司不断壮大。中国图们江地区现有延边合作公司、延边海外经济技术合作公司、延边国际经济技术合作公司、珲春国际公司、吉林省工程建设有限公司、吉林省新创国际工程有限公司等8家经国家对外经贸部批准，具有派出劳务经营权的公司，是全国外经公司最多的地区之一。

第五，派出劳务人员的培训机构日臻完善。中国图们江地区有吉林省唯一的外派海员和渔工中等专业学校，1994年还成立了中国图们江地区出国人员培训院，专门负责对外劳务合作出国前培训教育工作。2001年中国图们江地区培训院共培训出国人员1380人次。

第六，派出劳务人员的管理更加规范化。清理整顿招收外派劳务市场，严厉打击以对外劳务合作为名进行的诈骗行为。同时，中国图们江地区政府于1993年制定了《关于加强国际劳务合作管理的暂行规定》，1994年又下发了《关于加强全州劳务输出管理的通知》，中国图们江地区外经贸局制定了《关于对国际劳务合作委托代理单位资格审定的通知》，在此基础上，2001年4月颁发实施《延边朝鲜族自治州对外劳务合作管理条例》，这些文件规定对加强中国图们江地区对外劳务合作起到了积极的作用。

总之，经过十多年的发展，中国图们江地区对外劳务合作已具备了功能齐全的"窗口"公司，有了条件完备的培训基地和经验丰富的管理人才。对外劳务合作：一是拓宽了中国图们江地区参与国际市场竞争的渠道；二是减轻了就业负担，为失业人员提供了部分就业机会；三是在日本、韩国的工作实践中学习和掌握了先进的技术和管理经验，回国后运用于中国图们江地区经济建设，有利于推动本地区技术和整体管理水平的提高；四是增加了中国图们江地区人民的实际收入，提高了中国图们江地区人民生活消费水平，扩大了国内需求量；五是对中国图们江地区发展外向型经济等方面起到了积极的推动作用。同时，对外劳务合作也为中国图们江地区进一步扩大对外开放打下了有利基础。但中国图们江地区对外劳务合作中也存在着问题。如有关部门外派劳务人员对意义认识不够；对外劳务合作的市场狭窄，规模大、技术含量高的项目少；派出劳务人员素质普遍低、队伍不稳定；有关对外劳务合作的规章制度不健全造成了管理制度上的混乱等。①

---

① 南相福：《在全州外贸工作会议上的讲话》，2002年。

二　中国图们江地区发展对外劳务合作具有巨大的发展潜力

中国图们江地区作为东北亚区域经济合作中的一个重要组成部分，有着丰富的劳动力资源优势，对外劳务合作具有巨大的发展潜力。[①]

（一）中国图们江地区具有较雄厚的劳务后备力量

中国图们江地区不仅拥有一支多层次、多类型、文化水平比较高的职工队伍，而且劳务后备力量也比较雄厚。中国图们江地区可以利用的劳动力资源绝大多数具有初中以上文化程度，广泛分布于建筑、农业、林业、轻工、医疗卫生等行业。据统计资料，2001年中国图们江地区失业人员实有登记数为13180人；2000年中国图们江地区职工数为486205人，其中离岗职工数为138720人；2001年中国图们江地区农村劳动力37万余人，其中剩余劳动力为15万人。这些失业人员、离岗职工及拥有大专以上文化程度的知识分子比例很高。因此，根据国际劳务人员市场由劳动密集型逐步向技术资本密集型转变的趋势，也可以派出技术人才和管理人员。

（二）中国图们江地区发展对外劳务合作具有独特的人际关系优势

同中国图们江地区朝鲜族有血缘关系的很多同胞分布在世界几十个国家和地区，可谓点多面广、信息灵通，这是拓展中国图们江地区对外劳务合作的极好媒介。通过他们牵线搭桥，穿针引线，可以扩大中国图们江地区的对外劳务合作。尤其是韩国与中国图们江地区的特殊人员关系，韩国一直是中国图们江地区对外劳务合作的主要对象国。韩国劳动力缺员55万人。[②] 韩国大企业凭借其优厚的条件，从中小企业挖走大量的专业技术人员，使中小企业缺员现象尤为严重，它们由于其技术资金力量薄弱，更加需要从国外输入大批廉价劳动力。同时，韩国每年都有大量的海外承包工程项目，在海外承包工程中，也大量雇用了廉价的外国劳动力。我们必须充分发挥本地区与韩国的特殊人员关系，拓展韩国

[①] 崔明谟：《大力支持企业开展国外经济合作》，《国际经济合作》2001年第5期。
[②] 范爱军、方学芹：《中、日、韩三国劳务人员的现状、问题及对策研究》，《世界经济》2002年第4期。

的劳务市场。

（三）中国图们江地区的周边国家存在着广阔的国际劳务市场

俄罗斯西伯利亚和远东地区具有丰富的矿产资源、森林资源以及石油水利资源和贫乏的劳动力资源，决定了在该地区拓展劳务市场的远大开发前景。该地区森林覆盖面积达 2.57 亿公顷，木材蓄积量为 223 亿立方米。矿产丰富，远东地区能源资源储量占比很大。但由于缺乏劳动力，无法开发利用丰富的资源。据俄罗斯有关部门预计，开发西伯利亚和远东地区缺少 800 万劳动力。所以，中国图们江地区应利用与它毗邻的地理位置优势，制定和调整中国图们江地区对外劳务合作的战略，适应对劳动力需求的状况，拓宽中国图们江地区对外劳务合作。

日本是从 1988 年开始进入自身劳动力供给不足的时代。按照日本政府的统计，要想使日本经济增长保持在 4%左右，每年就需要补充 1%的劳动力。日本每年需要补充 60 万个劳动力。但是，一方面，日本人口自然增长率偏低，人口老龄化速度快，国内劳动力人口接近于零增长；另一方面，随着日本生活水平的提高，日本人就业观念也在转变，他们只追求高工资、高待遇的工作；加上随着日本经济服务的个性化与多样化和家政服务社会化水平的提高，涌现出大量新的就业机会，这就意味着日本正面临着历史上最为严重的劳动力缺口。据不完全统计，日本有 70%左右的企业劳动力不足，尤其是中小企业的劳动力严重不足。据日本预测，日本 2000 年的劳动力缺口为 260 万人，2010 年将达到 910 万人。按产业划分，造船、建筑、机械等制造业、运输业、商业服务业的劳动力不足尤为明显。另外，日本有 544 万公顷可耕土地，而农业人口只有 882 万人，所以第一产业也严重缺少劳动力。因此，只要我们中国图们江地区奋发努力，开拓前进，可以在广阔的日本国际劳务市场上争得一席之地。

（四）注意把握国际劳务市场需求的发展趋势

当前经济发达国家普遍存在人口增长缓慢、劳动力短缺问题，经济增长所造成的大量劳动就业机会，因缺乏劳动力而形成岗位空缺。据统计，20 世纪 90 年代以后，仅计算机软件人员就缺 100 万人；中国香港也是海员劳务的重要市场；在新加坡建筑业、造船业工作的外籍劳务人员有 20 多万人。新加坡每年可为世界各国提供 30 多个工种就业机会，其中海员劳务和护士是从其他亚洲国家输入；马来西亚缺口劳动力预计为 60

万人，其中许多行业包括公共交通司机、佣人、厨师等行业都缺乏熟练劳动力；中东、非洲等石油输出国家，长期以来则以各种形式的劳务输入和工程承包等引进大量外国劳动力，对各类劳动力始终保持旺盛的需求；美国建筑业投资规模达到7000多亿美元，但美国严重短缺建筑工人以及中、低级管理人员、管理工程师；欧洲的建筑业规模也很大，但是本地人对建筑业就业不感兴趣，雇主希望由移民来填补空缺；在法国，外籍劳务通常从事清理垃圾工作或在杂货店、咖啡馆、饭店当服务员；英国一直短缺家庭佣人和公共交通司机；韩国也短缺公共交通服务人员。

总之，在分析中国图们江地区对外劳务合作的现状、存在问题和发展潜力的基础上，为了适应加入WTO后的新形势，为了规范中国图们江地区对外劳务合作的秩序和进一步拓宽中国图们江地区对外劳务合作以及使中国图们江地区对外劳务合作健康发展，应采取行之有效的对策：一是中国图们江地区建立和完善对外劳务合作的管理机制，简化对外劳务合作的出国手续，提高办事效率。[①] 二是中国图们江地区清理整顿、规范对外劳务合作的正常秩序。三是中国图们江转变思维方式，积极鼓励、扶持民间与个人自我劳务输出，实现对外劳务合作渠道多样化。四是中国图们江把握加入WTO后带来的机遇，抢占先机，努力开拓对外承包劳务市场。五是中国图们江地区加强对国际劳务市场的调查研究，建立境外劳务信息网络。六是中国图们江地区尽快建立外派劳务综合培训基地，提高对外劳务合作的素质和技术层次，同时提高经营管理者水平。大力发展中国图们江地区的对外劳务合作，以推动中国图们江地区外向型经济跨越式发展。

[①] 邢厚媛：《西雅图回合之后的国际承包劳务市场及我们的对策》，《国际经济合作》2001年第5期。

中国图们江地区对外劳务合作中的问题及对策*

随着我国加入 WTO，我国与世界经济相互融合、相互依存的趋势进一步增强的大背景下，中国图们江地区与全球经济的联系也会越来越密切，这为中国图们江地区发展外派劳务人员带来了新的机遇，同时也使其面临着挑战。如何从本地区的实际出发，面对入世的机遇和挑战，制定行之有效的战略措施，已经成为我们必须解决的现实课题。为此，本文从中国图们江地区发展外派劳务人员的基本情况着手，在剖析中国图们江地区发展外派劳务人员中存在问题的基础上，提出政策性建议与对策。

一　中国图们江地区发展对外劳务合作的基本情况

中国图们江地区发展外派劳务人员工作是从 1989 年开始的，当年派出劳务人员仅 270 人次，到 2002 年底派出劳务人员达到 14949 人次（见表1），比上年增长 14.6%，其中，当年新外派劳务人员 3835 人，比上年增长 5.4%，外派劳务人员收入达 4.77 亿美元，比上年增长 59.0%。到 2003 年底派出劳务人员达到 15693 人次，比上年增长 5.0%，其中，当年新外派劳务人员 4200 人，比上年增长 9.5%，外派劳务人员收入达 6.53 亿美元，比上年增长 36.9%。1989—2003 年可以分三个阶段。第一阶段是从 1989—1991 年，初步发展阶段；第二阶段是从 1992—1997 年，高速发展阶段（平均每年递增 30%）；第三阶段是从 1998—2003 年，稳步发展阶段。开始是向俄罗斯等国家派出劳务人员，现已发展到韩国（1994

---

* 本文主要内容原载《东北亚研究》2005 年第 2 期。

年开始)、塞班（1992年开始）、朝鲜（1996年开始）、俄罗斯、利比亚（1993年开始）、日本（1990年开始）等20多个国家和地区，涉及渔业捕捞、建筑、机械加工、运输、服装加工、海上运输、农业、林业等多种行业。

表1　中国图们江地区外派劳务人员的基本情况

年度	派出人数（人次）	新派人数（人次）	在外人数（人次）	外汇收入（亿美元）
1990	724	664	246	—
1995	6948	3549	5265	—
2000	11526	3709	9402	2.40
2001	13042	3640	11114	3.00
2002	14949	3835	11493	4.77
2003	15693	4200	11686	6.53

资料来源：根据《延边外向型经济论》和延边州对外贸易经济合作局的数据整理。

中国图们江地区现有延边对外技术合作公司、延边国际经济技术合作公司、延边创业公司、珲春国际公司、吉林省工程建设有限公司、吉林省新创国际工程有限公司等12家经国家对外经贸部（现在是国家商务部）批准、具有派出劳务经营权的公司和30多家从事外派劳务的外经窗口公司和中介公司，是全国外经公司最多的地区之一。中国图们江地区有吉林省唯一的外派海员和渔工中等专业学校，1994年还成立了中国图们江地区出国人员培训院，1991年成立的"延边海员培训中心"，1994年该中心发展为"延边海洋中等专业学校"，1995年延边国际经济技术合作公司与韩国远洋渔业协会成立了"延边远洋船员学校"，专门负责外派劳务人员出国前培训教育工作。2002年培训院共培训外派劳务人员3000多人。同时，中国图们江地区建立健全以中国图们江人员培训院为中心的12个专业技能培训基地和龙井市智新镇、和龙市龙城镇、图们市凉水镇等6个乡镇的外派劳务资源基地。这"两个基地"的建设为中国图们江地区对外劳务合作的持续发展奠定了基础。

派出劳务人员的管理更加规范化。清理整顿招收外派劳务市场，严厉打击以外派劳务人员为名进行的诈骗行为。中国图们江地区政府于1993年制定了《关于加强国际劳务合作管理的暂行规定》，1994年又下发了《关于加强全州劳务输出管理的通知》，州外经贸局制定了《关于对国际劳务合作委托代理单位资格审定的通知》，2001年4月颁发实施《延边朝鲜族自治州对外劳务合作管理条例》，另外还制定了《延边朝鲜族自治州关于加强对外劳务合作管理的若干规定》，这些文件规定对加强中国图们江地区外派劳务人员方面起到了积极的作用。2004年1月19日成立了吉林省第一家"延边对外劳务合作协会"，规范了行业管理，加强了信息交流和资源共享，建立了政府与企业的沟通平台。

可见，经过十多年的发展，中国图们江地区外派劳务人员已具备了功能齐全的"窗口"公司、条件完备的培训基地和经验丰富的管理人才等良好基础。通过发展外派劳务人员：一是拓宽了中国图们江地区参与国际市场竞争的渠道；二是减轻就业负担，为失业人员提供部分就业机会；三是在日本、韩国的工作实践中学习和掌握先进的技术和管理经验，回国后运用于中国图们江地区经济建设，推动了本地区技术和整体管理水平的提高；四是增加了中国图们江地区人民的实际收入，提高了中国图们江地区人民生活消费水平，扩大了国内需求量；五是对中国图们江地区发展外向型经济等方面起到了积极的推动作用，同时外派劳务人员也为中国图们江地区进一步扩大对外开放打下了有利基础。

二 中国图们江地区在发展对外劳务合作中存在的问题

尽管中国图们江地区对外劳务合作工作取得了显著的成绩，但是，我国"入世"以后，从中国图们江地区要实现向外向型经济转变的目标着眼，还存在着很大的差距。

（一）派出劳务人员的市场狭窄，规模大、技术含量高的项目少

中国图们江地区派出劳务的市场尽管由小到大，已经拓展到20多个国家和地区。其中，派出劳务人员的80%以上主要集中在韩国、塞班、俄罗斯，以及韩国因海外承包工程而派出的海员、海工（见表2）。但是，对这些国家和地区的市场开发力度不够，合作伙伴不多，覆盖面不大，市场占有率不高，发展后劲不足，并且过于依赖韩国。对潜力很大的非

洲、南美洲市场的开发还是个空白。同时，中国图们江地区对外承包劳务企业还未形成州内优势行业强强联合、优优合作的局面。企业还无力承揽有规模、上档次、效益高的工程项目。因此，中国图们江地区对外承包劳务企业在国际承包劳务市场中缺乏竞争力。

表2　中国图们江地区劳务输出国家和地区的分布情况

年度	派出人数	韩国（人次）	所占比例（%）	俄罗斯（人次）	所占比例（%）	朝鲜（人次）	所占比例（%）	利比亚（人次）	所占比例（%）
1989	270	0	0	210	77.8	0	0	0	0
1990	724	0	0	95	13.1	0	0	0	0
1991	1184	0	0	573	48.4	0	0	0	0
1992	2500	0	0	551	22.0	0	0	0	0
1993	4812	0	0	1687	35.1	0	0	350	7.3
1994	6364	997	15.7	1507	23.7	0	0	1210	19.0
1995	6948	1556	22.4	1235	17.8	0	0	1467	21.1
1996	8790	3587	40.8	326	3.7	116	1.3	1325	15.1
1997	9460	4451	47.1	1058	11.2	116	1.2	620	6.6
1998	8000	3439	43.0	1391	17.4	497	6.2	310	3.9
1999	10255	3965	38.7	1285	12.5	461	4.5	437	4.3
2000	11526	4404	38.2	1396	12.1	876	7.6	257	2.2
2001	13042	4729	36.3	947	7.3	1042	8.0	308	2.4
2002	14949	5011	33.5	915	6.1	1320	8.8	393	2.6
2003	15693	4295	27.4	1054	6.7	1572	10.0	625	4.0
年度	派出人数	日本（人次）	所占比例（%）	塞班（人次）	所占比例（%）	海员海工（人次）	所占比例（%）	其他（人次）	所占比例（%）
1989	270	0	0	0	0	60	22.2	0	0
1990	724	15	2.1	0	0	614	84.8	0	0
1991	1184	49	4.1	0	0	562	47.5	0	0
1992	2500	95	3.8	662	26.5	1192	47.7	0	0
1993	4812	110	2.3	1050	21.8	1615	33.6	0	0
1994	6364	95	1.5	1122	17.6	1302	20.5	0	0

续表

年度	派出人数	日本（人次）	所占比例（%）	塞班（人次）	所占比例（%）	海员海工（人次）	所占比例（%）	其他（人次）	所占比例（%）
1995	6948	98	1.4	836	12.0	1586	22.8	131	1.9
1996	8790	128	1.5	985	11.2	1595	18.1	170	1.9
1997	9460	153	1.6	1358	14.4	1098	11.6	728	7.7
1998	8000	184	2.3	776	9.7	1062	13.3	359	4.5
1999	10255	190	1.9	1319	12.9	1411	13.8	1187	11.6
2000	11526	170	1.5	1987	17.2	1796	15.6	640	5.6
2001	13042	259	2.0	2834	21.7	2300	17.6	623	4.8
2002	14949	268	1.8	4329	29.0	2566	17.2	147	1.0
2003	15693	172	1.1	4999	31.9	2813	17.9	163	1.0

资料来源：根据延边州对外贸易经济合作局数据整理。

（二）派出劳务人员素质普遍低，队伍不稳定

对外承包劳务是一项复杂的系统工程，即需要普通的劳务人员，也需要高级层次的管理人员和技术人员。国际上需要的劳务人员除掌握至少一门专业技术以外，还必须掌握一门外语。而中国图们江地区派出劳务人员中掌握一门以上专业技术和一门外语的劳务人员甚少。中国图们江地区派出的劳务人员大部分是经济效益不好企业的普通职工和农民，一部分是熟练工人。派出劳务人员的90%以上主要集中在农业、林业、捕鱼业、建筑业、中小型加工业，很少派出一专多能的综合型人才和国际上需要的高级工程技术人才以及管理人才，从而形成了体力劳务多、脑力劳务少、低级劳务多、高级劳务少的局面。同时，劳务人员不稳定，选派出国劳务人员比较困难。许多公司在劳务出口管理上缺乏长远规划，没有一套有效的稳定出口劳务人员的措施，未能建立起一支稳定的外派劳务队伍。这样，只能轮流选派，既加大了外派劳务人员的成本，又进一步加剧了外派劳务人员素质的下降。

（三）有关外派劳务人员的规章制度不健全，造成了管理制度上的混乱

中国图们江地区政府有关部门制定和颁布了1个"规定"，2个"通知"，1个"条例"，但是在实际工作中，因关于外派劳务人员的法规不够完善、管理体制不健全、相关部门的职责不明确、政策落实不够、监

督检查不严、宣传力度不强等原因，未能真正地形成适应本地区有效的外派劳务人员管理制度，造成了经营秩序上比较混乱的局面。例如，一些没有对外经营许可权的单位和个人，未经许可，非法经营外派劳务活动；一些不法分子利用群众出国迫切的心理，以虚构的手段进行诈骗活动。同时，一些群众不知道申报劳务出国需要通过的渠道和办理程序，靠道听途说，盲目报名交钱，导致上当受骗。

（四）缺乏国际劳务市场的劳务供求信息

中国图们江地区派出劳务人员机构缺乏掌握国际劳务市场的供求信息，渠道不畅。其表现：一是信息量少，从宏观到微观，从大的工程项目到零散劳务的需求的信息量均不足。这样，就难以抓住机遇，及时做出反应，以便提供劳务。二是信息网络不健全，难以扩大国际劳务市场供求的信息量；信息的传递工作也受到许多障碍。三是信息不能够综合利用。因此，不能及时掌握国外紧缺的劳动力需求，对东道国的政策导向、商情也不够了解，这种信息障碍势必影响中国图们江地区外派劳务人员的发展。同时，中国图们江地区一些对外承包劳务企业没有能够深入地研究国际承包劳务市场的行情，捕捉的信息不够准确，即使承揽了项目，也没有对项目的可行性进行认真的研究，在项目实施过程中出现许多问题，致使企业和外派劳务人员蒙受重大的经济损失，也损害了对外承包劳务企业乃至中国图们江地区的形象。

（五）有关部门对劳务输出的战略意义认识不够

中国图们江地区各有关部门对于将剩余劳动力转化为经济优势的可能性与迫切性认识不够深刻。因此，在实践中缺乏对劳务输出这项工作的具体管理手段，没有章法可依，只顾眼前利益，不顾长远利益，缺乏危机感和竞争意识，远未树立通过劳务输出这种对外经济合作形式吸引外资，学习掌握国外先进生产管理经验的战略目标。在相当大程度上，不少部门和领导对于组织商品出口往往是积极的，但对劳务输出都没有很好地抓起来。因此，在某种意义上说，中国图们江地区的劳务输出仍处于初级阶段，没有真正实现劳务输出的目的。

（六）派出劳务机构的管理人员整体素质不高

从中国图们江地区对外承包劳务企业管理人员素质结构看，大多数是从社会上招聘来的，以前没有从事过这项工作，缺乏这方面的知识和经验。从事一般性工作的人员多，专业人员少，懂外语、懂业务、懂管理、会谈判的人员少，难以适应中国图们江地区劳务输出这项工作的需要，一些项目因管理不善而失败，都与缺乏素质全面的人才有直接关系。

三　中国图们江地区发展对外劳务合作具有发展潜力

中国图们江地区作为东北亚区域经济合作中的一个重要的组成部分，有着丰富的劳动力资源优势，对外劳务合作具有巨大的发展潜力。[①]

（一）中国图们江地区劳务后备力量也比较雄厚

中国各地的高等院校、成人高校为中国图们江地区的各行各业不断地输送了高素质的人才，并存在着大量的富余劳动者，所以中国图们江地区的人才库是比较充实的。中国图们江地区可以利用的劳动力资源绝大多数具有初中以上文化程度，广泛分布于建筑、农业、林业、轻工、医疗卫生等行业。据统计资料，2001年中国图们江地区失业人员实有登记数为13180人（见表3）；2000年中国图们江地区职工数为486205人，其中离岗职工数为138720人；2001年农村劳动力37万余人，其中剩余劳动力为15万人。[②] 这些失业人员、离岗职工、农村剩余劳动力构成雄厚的后备力量。中国图们江地区拥有大专以上文化程度的知识分子比例很高，因此，根据国际劳务人员市场由劳动密集型逐步向技术资本密集型转变的趋势，也可以派出技术人才和管理人员。

表3　　　　　　中国图们江地区城镇失业人员就业情况

年份	登记失业人员		失业人员就业	
	人数（人）	失业登记率（%）	人数（人）	占比（%）
2000	17842	3.5	11663	65.4
2001	13180	3.8	6545	49.7
2002	20483	4.0	—	—
2003	23389	—	21048	90.0

[①] 李钟林、沈万根、林今淑：《延边外向型经济论》，延边大学出版社2003年版。
[②] 根据《延边统计年鉴（2001）》和《延边统计年鉴（2002）》数据整理。

（二）中国图们江地区发展对外劳务合作具有独特的人际关系优势

同中国图们江地区朝鲜族有血缘关系的很多同胞分布在世界几十个国家和地区，可谓点多面广、信息灵通，这是拓展中国图们江地区对外劳务合作的极好媒介。通过他们牵线搭桥，穿针引线，可以扩大中国图们江地区的对外劳务合作。尤其是由于韩国与中国图们江地区的特殊人员关系，韩国一直是中国图们江地区对外劳务合作的主要对象国。韩国劳动力缺员55万人。韩国大企业凭借其优厚的条件，从中小企业挖走大量的专业技术人员，使中小企业缺员现象尤为严重，由于其技术资金力量薄弱，更加需要从国外输入大批廉价劳动力。同时，韩国每年都有大量的海外承包工程项目，在海外承包工程中，也大量雇用了廉价的外国劳动力。我们必须充分发挥与韩国的特殊人员关系，完全可以开拓韩国的劳务市场。

四　中国图们江地区发展对外劳务合作的对策措施

在上述分析的基础上，为了适应入世后的新形势，为了规范中国图们江地区外派劳务人员的秩序和进一步拓宽中国图们江地区外派劳务人员渠道以及使中国图们江地区外派劳务人员健康发展，提出如下几点政策性建议和对策措施。①

（一）建立和完善外派劳务人员的管理机构，进一步规范外派劳务人员市场秩序

第一，建立和完善外派劳务人员的管理机制，简化外派劳务人员的出国手续，提高办事效率。鉴于中国图们江地区有关政策规定得不到认真贯彻执行和政府协调不力情况，建议学习亚洲劳务输出大国的做法，我们应成立一个由中国图们江地区政府主管领导牵头，州外贸局、州工商局、州劳动局、州公安局等职能部门有关领导组成的外派劳务人员管理协调机构，加强中国图们江地区外派劳务人员工作的宏观管理和微观

---

① 邢厚媛：《西雅图回合之后的国际承包劳务市场及我们的对策》，《国际经济合作》2001年第5期。

指导。第二，清理整顿，取缔非法，规范中国图们江地区外派劳务人员的正常秩序。有关部门要根据国家和省有关文件精神以及中国图们江地区政府的有关规定，各部门形成合力，坚持不懈地对从事外派劳务人员活动的单位进行清理整顿，经认真审查具有合法经营权的单位要重新予以鉴定并向社会张榜公布。对非法经营外派劳务人员的单位应予以取缔，严厉打击以外派劳务为名的诈骗行为，规范中国图们江地区外派劳务人员的正常秩序。第三，强化法规建设。外派承包劳务工作政策性极强，其成败与有没有政策法规遵循关系极大。因此，我们必须要贯彻落实好《延边朝鲜族自治州对外劳务合作管理条例》和国家对外经贸部、财政部联合发布的《对外劳务合作备用金暂行办法》（2002年1月1日起执行）。同时，要结合中国图们江地区的实际情况，尽快出台具体的外派劳务人员的管理条例办法细则，使中国图们江地区外派劳务人员工作有法可依、有章可循。

（二）转变对外承包劳务的方式方法，实现外派劳务人员渠道的多样化

第一，以外派普通劳务为主转变为外派普通劳务和技术劳务并重。中国图们江地区的外派劳务人员大多数是从事"三D"（脏、累、险）的工作，技术含量低。在国际劳务市场上普通劳务价格持续下降，已由过去月收入500美元降至现在的200—300美元。所以，中国图们江地区普通劳务价格低的优势已经丧失。日本、韩国、新加坡对高技术人才的引入限制较少，对普通劳务的审批手续则较为烦琐。因此，中国图们江地区不仅要继续组织好外派普通劳务，还要有计划地扩大外派技术层次的劳务。第二，加强对国际劳务市场的调查研究，建立境外劳务信息网络。我们应该充分运用现代化的手段，外派公司的信息部门要做好国际劳务市场的调查研究，在系统全面地收集国际劳务需求信息的基础上，尽快建立国际劳务需求和国际外派承包劳务信息网络，及时做好信息的收集、筛选、整理、传递、发布以及反馈工作。同时，创造条件与国际劳务信息机构联络，交换劳务市场信息，以便获得及时可靠的劳务信息，为中国图们江地区的外派劳务人员工作稳步、健康发展提供信息。第三，转变思维方式，积极鼓励、扶持民间与个人自我劳务输出，实现外派劳务人员渠道多样化。亚洲许多国家在劳务输出的实践中均建立了政府机构、民间、个人三种招募渠道，这种官方、民间、个人三种招募渠道一齐上的举措充分发挥了各方面的积极性和能动性。我们必须要打破过去似乎只有官方组织外派承包劳务人员垄断的格局，发挥中国图们江地区社会各界、民间和个人的作用，形成多元化的外派承包劳务机制，不断拓宽外派承包劳务的渠道。

（三）努力开拓国际外派劳务人员，培育和创新对外承包劳务大市场

第一，巩固成果，进一步树立中国图们江地区人员的国际形象。采取积极有效的措施，保证现有外派承包劳务项目的实施，履行好项目合同，对出现问题的项目要认真总结经验教训，扭转对我们不利的局面，以最有说服力的诚实信用赢得国外对中国图们江地区的信任。同时，努力提高中国图们江地区外派劳务人员的素质，使每位外派劳务人员都成为中国图们江地区形象的宣传者。第二，把握"入世"带来的机遇，抢占先机，努力开拓对外承包劳务市场。我国"入世"后，进一步改善对外经济贸易发展的国际环境，享受WTO各成员贸易投资自由化的便利，各国的公共工程、建筑市场进一步向我国开放。我们必须善于发挥中国图们江地区的优势，抓住机遇，抢占对外承包劳务市场。第三，健全和完善中国图们江地区的劳务市场。通过健全和完善中国图们江地区的劳务市场，可以大致了解中国图们江地区劳务人员的基本情况，劳务市场应建立系统的劳务管理制度，对现有的技术人员、剩余劳动力等都要建立档案，定期分析、归类和储存各类外派劳务后备人员的有关信息，便于外派劳务人员工作中的决策，以利于进一步扩大发展中国图们江地区的外派劳务人员后备力量。同时能够稳定外派劳务人员队伍建设。

（四）尽快建立外派劳务综合培训基地，提高外派劳务人员的素质和技术层次，同时提高经营管理者水平

第一，充分发挥中国图们江地区劳务人员培训院作用，进一步抓好"两个基地"建设。今后，基地建设的重点是加大对汉族劳务市场的开拓力度，加强对汉族外派劳务人员的培训工作。在原有（12+6）18个基地的基础上，建立5个左右质量高、影响面广、带动作用强的技能培训基地和选拔基地。同时，与中国对外承包工程商会联系，争取在中国图们江地区建立全国对韩劳务（研修）人员培训基地和选拔基地，扩大中国图们江地区外派劳务的规模。尽快建立与国际劳务市场要求相适应的外派劳务综合培训基地。不仅培训外事纪律、保密守则和民族气节，而且进行专业技术、外语等方面的培训。树立长远的外派劳务人员战略目标，

有组织、有计划地培养劳务人员，努力提高劳务人员的全面素质。第二，可以考虑在延边大学设立相关专业进行长期培训，也可以利用中国图们江地区各地的技工学校培训普通劳务人员，提高劳务人员整体素质。我们要重点加强对外派劳务人员的技能培训，形成一支以专业技术劳务为主的外派劳务队伍。这样，就能形成一支能够适应国际劳务市场需求，高、中、低多层次的有竞争力的外派劳务人员大军，促进中国图们江地区外派劳务人员的全面发展。第三，加快培育对外承包劳务管理人才。对外承包劳务是一项极其复杂的综合业务，最迫切需要的就是复合型、外向型、开拓型的对外承包劳务管理人才。对外承包劳务的竞争，归根到底是人才的竞争。作为对外承包劳务企业，必须要有一大批国际工程管理方面的人才，在投标报价、工程技术、财会、金融、索赔等项目管理的各个环节都用得上、顶得住、做得好，才能在对外承包劳务市场上承揽大项目，获得较好的经济和社会效益。

  总之，国际对外劳务合作是大势所趋，是中国图们江地区经济发展必不可少的条件。为此，我们必须有一个明确的认识，大力发展中国图们江地区对外劳务合作，以推动中国图们江地区外向型经济跨越式发展。

第七篇　中国图们江地区旅游产业发展

中国图们江地区发展旅游产业的问题及对策[*]

联合国计划开发署（UNDP）为推动中国图们江地区开发，在 1991 年 10 月 24 日联合国纽约总部召开的新闻发布会上，向全世界介绍了一项拟用 20 年时间投资 300 亿美元，东北亚 3 亿人民从中受益的特大项目——图们江地区开发项目。从此以后，图们江地区开发获得周边国家政府的认可，各国积极参与图们江地区国际合作开发。在这样的大背景下，如何抓住机遇，扩大优势，迎接挑战，加快中国图们江地区旅游产业的发展，已成为中国图们江地区必须解决的现实课题。

一 中国图们江地区发展旅游产业中存在的问题

（一）旅游项目开发速度缓慢

由于资金不足，中国图们江地区开发旅游资源的水平比较低，新旅游景点建设也比较缓慢。除长白山旅游区和边境风光旅游区基础设施建设较好以外，中国图们江地区朝鲜族民俗旅游和历史人文旅游资源开发建设仍比较缓慢。加之中国图们江地区旅游景点在开发上具有一定的相似性，没有形成特色，旅游景点单调、布局分散，不能给游客带来轻松、愉快的精神上的满足。这直接导致外地游客到中国图们江地区来旅游的停留时间短，不能给游客留下对中国图们江地区旅游景点的深刻印象，从而不仅降低了中国图们江地区旅游产业的知名度，而且严重影响了中国图们江地区旅游产业收入的增加。

（二）旅游客源市场单一

中国图们江地区接待外国游客中韩国游客占绝大多数，最高年份

---

[*] 本文主要内容原载《经济纵横》2007 年第 12 期。

1996年达到了96.2%，最低年份2001年也达到了60.6%，2005年入境的韩国游客在中国图们江地区接待外国游客中占87.8%。因此，多年来一直支撑中国图们江地区入境旅游市场的客源是韩国游客。现阶段，到我国旅游的韩国游客已达284.49万人次，成为我国的第二大客源国。最近，日本、俄罗斯和欧美国家的游客也开始到中国图们江地区观光旅游，但总游客数量不多，增长速度也比较缓慢。中国图们江地区旅游客源市场单一，过于依赖韩国游客，所以中国图们江地区旅游业的发展在很大程度上受到韩国经济发展的影响。

（三）旅游商品缺乏特色

旅游商品的开发在旅游业的发展中占据重要的地位。国际上，旅游商品的平均销售水平通常占旅游总收入的30%左右，旅游发达国家的比重通常为40%—50%，中国香港旅游购物收入占旅游总收入的50%—60%，而中国图们江地区的比重仅有10%左右。这是因为：一是旅游商品的品种单一。没有根据旅游景点的特色，设计和生产适合不同旅游者需求的具有纪念意义的旅游商品。中国图们江地区的旅游纪念品主要是各种土特产品礼品，几乎没有具有较大纪念意义和收藏价值的旅游商品。二是旅游商品开发和设计上不够精美和奇特，产品的附加值较低。如土特山珍产品包装上不够精致，大大降低了对游客的吸引力。三是中国图们江地区没有自己的名牌旅游产品。一方面影响了产品的知名度，降低了旅游者的购买欲望；另一方面降低了旅游商品对中国图们江地区旅游景区的宣传功能。

（四）旅游服务质量不高

中国图们江地区旅游业经过几年的整顿和发展，旅游服务质量有了较大的改善，但总体上与先进地区相比较有一定的差距。在导游服务水平、旅游企业的规范服务方面存在着很多问题。例如，很多导游人员私自向游客索取小费，旅行社侵犯消费者的知情权，不向旅游者介绍旅游产品或旅游服务的详细内容，有的旅行社对旅游者投诉或反映的情况不认真调查处理，有些旅游饭店、宾馆治安较混乱，服务质量较低等。这些都严重影响了中国图们江地区旅游业的形象。

二 中国图们江地区旅游资源开发的优势

(一) 独具特色的旅游资源

中国图们江地区有丰富的旅游资源,现有 7 个国家级旅游景区,其中有长白山国家级旅游景区,它包括天池、瀑布、森林、峡谷 4 大景观和温泉、岳桦林、高山苔原、高山花园、地下森林、虎林园等特色景观;中国图们江地区和龙八家子仙峰、图们江上游中朝边境的图们江源、图们江下游中朝俄边境的珲春图们江、帽儿山 4 个国家级森林公园和龙仙景台和珲春防川 2 个国家级重点风景名胜区。还有汪清满天星等 3 个省级风景名胜区、安图等 2 个省级旅游开发区和 65 个中国图们江地区级旅游景区景点。

(二) 加大了旅游资源的建设

中国图们江地区各县市集中抓本地的旅游景区、景点的开发与建设。延吉市开发了海兰江民俗旅游度假区,图们市、龙井市、和龙市不断地巩固和扩大对朝边境旅游项目;珲春的对俄、对朝边境旅游线路进一步扩大。汪清白草沟朝鲜族美食街建成营业和龙仙景台风景区、珲春防川风景区建设取得新进展;加强长白山和平旅游度假区、海兰湖旅游度假区、敦化六顶山旅游区、龙井万亩园、松茸保护区、福满生态沟、万宝药材园、长白山文博城、珲春八连城、和龙贞孝公主墓等景区景点的建设。

(三) 加大了旅游设施的建设

经过近几年的准备和政府各部门的努力,加大了旅游服务设施的建设。已开通了中国图们江地区至俄罗斯、中国图们江地区至朝鲜的陆海联运航线,开通了延吉至北京、天津、上海、沈阳、大连、青岛、烟台、长春、哈尔滨、深圳、三亚等国内航线,延吉至韩国首尔国际航线,年输送能力达 50 余万人次;中国图们江地区投资 9200 万元的长白山旅游公路改造工程竣工通车,使延吉至长白山的全线旅游公路达到了二级水平;中国图们江地区已形成以延吉为中心,辐射中国图们江地区各县市的四通八达的公路网;铁路方面也开行了旅游列车或直达列车,年吞吐量为 150 万人次等。这些都改善了中国图们江地区旅游的交通设施。

（四）推出了精品旅游线路

中国图们江地区推出了 5 条精品旅游线路，使各景区景点有机地联系起来。这 5 条旅游线路是：山城环线，延吉—图们—安图—龙井—长白山；边境旅游，珲春—朝鲜的罗津—先锋—俄罗斯的海参崴；冰雪环线，吉林雾凇—长白山滑雪—哈尔滨冰城；名山名湖线，长白山—敦化—镜泊湖；关东文化线，沈阳—长春—敦化—长白山—延吉。此外，中国图们江地区有白山大厦、大宇饭店等 43 家星级饭店，其中四星级 7 家、三星级 17 家，标准客房 4500 间；延边中国国际旅行社有限公司、延边文化国际旅行社有限公司等 63 家旅行社，其中国际社 29 家，国内社 34 家；旅游餐馆、商店 100 多家；旅游汽车 230 多辆；旅游直接从业人员达到 1.5 万人。

三　中国图们江地区发展旅游产业的对策建议

（一）大力吸引资金，开发旅游项目

旅游项目开发是扩大旅游经济总量的核心。但旅游项目开发需要大量资金的投入，如长白山国家级森林公园、图们市日光森林公园、珲春防川国家风景区综合开发项目、二道白河生态旅游城、图们娱乐城、汪清满天星的朝鲜族文化风情博览城项目等一大批旅游资源的开发都需要大量的投资。要动员全社会的力量，提高参与旅游资源开发的意识，积极吸引大量的国内外资金。在利用外资过程中，除传统的中外合资、中外合作等方式外，还应积极探索国际上盛行的方式，更好地吸引外资，提高外资的利用效率。做到既要引资又要引制、引技、引智和引客源，不断提高中国图们江地区旅游资源开发的档次和管理水平，吸引游客，增强中国图们江地区旅游产业的竞争力。

（二）提高知名度，扩大游客市场

重视旅游宣传，尤其是对主要客源国的宣传，是旅游产业赖以生存发展的重要手段。以往中国图们江地区在这方面作了努力，但还不够，必须加以改进。据香港旅游协会资料，每增加 1 美元的旅游宣传方面的投资，可增加 123 美元的旅游收入。世界旅游产业发达国家都十分重视旅游宣传投资。因此，中国图们江地区应进一步加强对旅游产业的宣传工

作,加大对旅游宣传资金的投入,每年划出一部分经费。也可动员各有关旅游企业支付一定的宣传费用,群策群力,把旅游宣传工作做好。对主要客源国,旅游宣传应有的放矢,具有针对性,避免千篇一律的做法。因为不同的客源国有不同的爱好。在宣传方式上,也宜多样化,如通过举办旅游产品展销会、各行业交流会;办好长白山生态旅游节、冰雪节、松茸节、苹果梨节等旅游节庆活动;组织旅游企业参加韩国、俄罗斯、日本、东南亚国家或地区,以及国内的杭州、广州、北京、烟台等旅游交易会,并制作中国图们江地区旅游光盘和画册,编辑发行《中国图们江地区旅游简报》等。同时,积极与周围的牡丹江、哈尔滨、吉林、长春、白山等地搞好资源整合和区域合作,共同策划旅游线路,联合开展宣传促销,形成开放、联动的旅游市场。通过这些旅游宣传措施不断地提高中国图们江地区旅游产品的知名度,不断地开拓国内外游客市场,为扩大发展中国图们江地区旅游产业创造良好的营销环境。①

(三)提高旅游商品的档次,增加旅游收入

旅游商品的购买日益成为旅游产业发展的重要因素。旅游产业发展至今,资源吸引性的旅游已不再一枝独秀,旅游商品的购买越来越成为发展旅游产业的重要项目。一方面,旅游购物在旅游收入中所占的份额越来越大。在许多地方,旅游购物的收入占旅游总收入的近一半。在中国香港,旅游购物收入占旅游总收入的50%—60%。正因为如此,许多旅游发达国家和地区不惜支出巨额的宣传促销费用来扩大购物在旅游总收入中的比重。另一方面,旅游商品已成为树立旅游地形象的手段,成为活生生的广告。许多旅游地借助优质的旅游商品来推销自己;反过来,旅游者通过各具特色的旅游商品了解旅游地。旅游商品还代表着当地的文化品位和素质,甚至成为当地的一种象征。然而,中国图们江地区的海外游客每人花费为210美元,国内游客的平均花费为250元左右,旅游购物只占其中的很小部分。这样不仅不能增加中国图们江地区旅游收入,而且也不能达到通过旅游商品来吸引游客的目的。为此,要提高旅游者在中国图们江地区旅游的购物支出,努力改善中国图们江地区旅游商品档次低、设计不具特色、没有中国图们江地区自己品牌的状况。要设计开发出档次齐全、文化底蕴深厚,集实用性、纪念性、艺术性、礼品性

---

① 沈万根:《中国图们江地区发展旅游产业的问题及对策》,《经济纵横》2007年第12期。

于一体的旅游商品。提高旅游商品的附加值，扩大旅游商品的销售，带动中国图们江地区相关产业的发展。

（四）抓好旅游业队伍建设，提高服务质量

旅游服务是旅游产品的核心，旅游服务质量是旅游业的生命线。为此，要使中国图们江地区旅游业得到充分的发展，应该提高旅游专业队伍的素质、旅游的管理水平、旅游的服务质量等"软件"建设。一是加速旅游培训中心的建设，有计划、有目标地做好旅游专业人员的培训工作，采取先培训、后上岗的方式，以提高旅游专业队伍的素质。二是提高从事旅游业的专业人员的经营管理水平。依托吉林省延边大学教育资源优势，对旅行社经营者进行长期培训，努力提高自己的业务水平，尽快从经验型经营者向专业型经营者转变。三是改革导游管理机制，建立专职导游和社会导游管理体系，使导游人员平时有人管理，上岗时有人检查监督。实施 IC 卡工程，在网络上对导游人员进行记分管理，从而提高旅游服务质量。四是加强旅游人才市场建设，健全人才市场网络，搭建旅游人才信息交流的平台，依托中国图们江地区朝鲜语人力资源优势，大力培育"双语"导游人才，努力实现旅游人才资源的市场化配置。

中国图们江地区边境旅游面临的困难及对策

2013年，中国提出"一带一路"倡议，共同建设"丝绸之路经济带"，为中国图们江地区边境旅游合作带来了新的发展机遇。2015年，国务院颁布了《关于支持沿边重点地区开发开放若干政策措施的意见》，其中明确指出："重点开发开放试验区、沿边国家级口岸、边境城市、边境经济合作区和跨境经济合作区等沿边重点地区"。2018年，全面落实党的十九大精神，围绕乡村振兴等发展战略，大力扶持贫困地区，特别是边境落后区域，以旅游产业促经济发展，更是实现全面小康社会的重要之举。在新的历史机遇下，党和国家的"一带一路"倡议，旅游扶贫、精准扶贫等战略，为中国图们江地区边境旅游发展提供了新的生机与活力。中国图们江地区拥有得天独厚的地缘优势、丰富的自然资源以及少数民族文化资源优势，但发展中也存在着诸多问题亟待解决。因此，通过将党和国家方针政策与中国图们江地区实际更好地相结合、将边境旅游融入全域旅游中，从而促进中国图们江地区边境旅游更好地发展，经济快速增长。

一　中国图们江地区边境旅游发展基本情况

（一）边境旅游接待人数及收益情况

2012—2018年，中国图们江地区边境旅游产业不断发展谋变。从支柱产业到主导产业，边境旅游正描绘中国图们江地区旅游崛起的新蓝图。在这一发展阶段，中国图们江地区边境旅游发展具体有如下特点。

第一，接待海内外游客人数和旅游收入不断增加。2012—2018年，中国图们江地区接待游客总数量从1015.4万人次增长到2422.56万人次；旅游产业总收入从138.2亿元增加到473.84亿元。2012—2014年，中国图们江地区旅游接待人数逐年呈平缓上升趋势。2015年开始，旅游人数急剧增加。归其原因，很重要的一点是2015年中国图们江地区内高铁的开通，让外地游客能够通过更加便捷的交通方式来到中国图们江地区感受独具特色的朝鲜族文化。

第二，边境县市接待游客人数迅速增长。2017年，龙井市共接待国内外游客93万人次，同比增长15%；安图县全年接待游客总数达到352.05万人次，同比增长15%，为中国图们江地区边境城市中接待人数最高的县市，实现旅游收入54.21亿元，同比增长20%；和龙市共计接待游客110万人次，增长率为各县市最高，达到85%；图们市共计接待游客150万人次；珲春市共计接待游客305万人次。

第三，中国图们江地区旅行社出入境人数发展良好。2016年中国图们江地区旅行社接待入境游客75657万人次，2018年接待入境游客86153万人次，增长率由3.3%提升到9.18%，呈逐年上涨趋势。2017年通过中国图们江地区旅行社出境游客，数量尽管有较小波动，但仍旧呈良好发展态势。

第四，中国图们江地区跨境旅游合作日渐增多。多年来，中国图们江地区按照做活边境旅游的发展思路，不断开发新线路和新产品，2010年以来，中国图们江地区在稳固珲春—罗津、图们—稳城等传统跨境旅游线路的基础上，又先后开通延吉—海参崴航空旅游线、延吉—平壤—金刚山航空旅游线等旅游线；珲春—海参崴自驾游线于2016年试运行。2016年，中国图们江地区入境人数为715000人，超过吉林省省会长春市262900人。

（二）边境交通设施建设情况

随着中国图们江地区边境旅游不断发展，中国图们江地区各项基础设施日渐完善，边境交通设施具体有如下特点。

第一，公路主体框架基本形成。中国图们江地区境内共有三条高速公路和两条国道。中国图们江地区响应国家振兴东北战略，修建龙井到三合口岸的高速公路、汪牡高速及龙蒲高速。除和龙市外，其他县市均有高等级公路过境、境内县市通过一级公路及二级公路全部相连接。此外，标准客车也逐渐完善。

第二，铁路网日渐完善。2015年9月，长珲城际铁路正式开通运营，开通后，长春至延吉的运行时间缩短5个小时左右。此外，中国图们江地区敦化至白河高速铁路,其中新建的长白山站位于首批国家自然保护区、国家5A级旅游景区的长白山腹地。

第三,航空运输吞吐量增加。2018年,延吉朝阳川国际机场旅客量达1513262人次,同比增长8.33%,成为东北地区首家突破150万人次的支线机场。此外,2009年开通运营的长白山机场,陆续开通国内多条航线,长春市到长白山只需40分钟航程。

二 中国图们江地区边境旅游发展面临的困难

近年来,中国图们江地区以党和国家的政策支持为核心,以自身丰富的自然、旅游资源为依托,边境旅游业发展取得了长足的进步,但中国图们江地区边境旅游发展也存在着诸多问题,限制了经济发展,较发达地区存在一定的差距。

(一)边境旅游产品缺乏文化内涵

第一,缺乏专项性的边境文化体验旅游产品。中国图们江地区开展的边境旅游产品类型主要有边境观光游、红色边境游以及少数民族风情游等,游客与边境旅游目的地的互动依然停留在对自然旅游资源或少数民族文化旅游资源的浅层次感官欣赏,缺乏深层次的边境文化体验。

第二,缺乏有特色的边境少数民族旅游活动。在进行自然风光游、民族风情等观光旅游后,游客收获更多的是旅游活动中拍摄的照片、观赏过的表演、品尝过的美食以及购买的旅游纪念品等,而对中国图们江地区朝鲜族特色歌舞艺术文化、饮食文化和手工艺品文化等却知之甚少。

(二)边境旅游设施缺乏特色

第一,公共交通设施建设缺乏特色。中国图们江地区现有的铁路、航空等公共交通工具的车厢布置与设计缺乏边境特色内涵,无法让旅行者在途中感受中国图们江地区边境旅游的特色所在,无法真切感受并了解中国图们江地区朝鲜族地域特色。

第二,酒店建设等缺乏少数民族特色。中国图们江地区各边境城市为了满足旅游者的需求,纷纷建设了众多星级、连锁酒店,意在提高旅游酒店的接待水平和服务质量,却忽视了酒店与当地边境少数民族建筑文化的融合,缺乏应有的边境少数民族文化特色与内涵,即使有些酒店内设有朝鲜族特色的火炕房间，但过多融入现代化元素，影响了朝鲜族原有的味道。①

（三）旅游从业人员缺乏专业性

第一，从业人员综合素质不高。中国图们江地区边境旅游业从业人员素质、受教育程度普遍不高，缺乏专业知识，部分朝鲜族从业人员普通话还不够标准与清晰，更无法掌握外语，这样便造成与外来游客沟通存在障碍，无法了解游客需求的现象，难免会使提供的服务不尽如人意，从而影响了中国图们江地区边境旅游形象。

第二，人才流失问题严重。由于边境地区受经济、待遇以及生活条件的限制，大多数旅游专业的学生宁可找专业不对口的工作，也不愿意去经济较为不发达的地区从事边境旅游，导致人才严重流失。

（四）跨国旅游发展不均衡

第一，俄罗斯整体的旅游产业基础设施比较完善，但其远东地区相对要落后于西部地区。远东地区旅游业发展的突出问题是接待能力较弱，表现在旅游住宿设施不足，酒店服务质量不高，办理手续复杂，公路状况欠佳等方面，这严重制约和影响了旅游者对赴俄罗斯边境旅游的需求，从而限制了中国图们江地区与俄罗斯边境旅游合作。

第二，2018年以来，中朝关系迈向新台阶，边境旅游发展有了新进展，但由于朝鲜一直以来对于政治、经济具有封锁性，发展落后于其他国家，旅游业的发展基础相对较差。其表现在旅游基础设施落后、旅游产品单一、旅游服务和管理不完善、旅游政策具有多变性等。因此，朝鲜长期以来的封闭性，使朝鲜的旅游企业失去了国际竞争力，影响了中国图们江地区对朝鲜边境旅游业的合作共赢。

三 中国图们江地区边境旅游发展的对策

随着边境旅游相关政策的不断落实，中国图们江地区边境旅游业必将进一步发展。② 面对不断发展中所出现的各种问题及困难，中国图们江

---

① 刘海洋、许丽萍：《基于RMP的边疆民族地区民俗旅游产品开发研究——以延边朝鲜族自治州为例》，《黑龙江民族丛刊》2017年第5期。

② 金京灿、沈万根：《珲春边境经济合作区发展现状及前景》，《商业经济》2015年第11期。

地区应深度开发边境旅游产品的文化内涵,打造边境特色主题旅游设施,提升边境旅游从业人员专业化水平,寻求高层次积极性的政府合作,从而促进中国图们江地区边境旅游更好更快地发展。

(一) 深度开发边境旅游产品的文化内涵

第一,党的十九大报告提出了新时代下文化建设的目标以及文化建设的着力点。中国图们江地区作为中国最大的朝鲜族聚居地,拥有浓郁的少数民族文化。中国图们江地区边境旅游产品应在现有的专项性边境文化旅游产品的基础上,增加边境研学旅游。边境研学旅游可以促进中华文化的传播与发扬,以知识性与教育性为主要教育特征,决定了研学教育对旅游产品的文化内涵的需求。对于国内的中小学生而言,是一个开阔学生眼界、丰富学生知识、培养学生民族意识的机会;对于国外的中小学生而言,是一个了解中国历史、宣传中国文化的机遇。

第二,中国图们江地区旅游商品多以朝鲜族风情游产品为主,旅游活动有品尝朝鲜族特色饮食,观赏朝鲜族歌舞表演等。旅游活动局限于观光、购物等,旅游体验感不足。因此,可以通过设计中国图们江地区朝鲜族特色菜肴 DIY 活动,在专业人士的辅助下制作菜品,如最为有名的朝鲜族泡菜和打糕等。在食品制作的过程中,游客或多或少地会对加工的食材、器皿以及做法等进行最为直观的了解,进一步调动游客的参与性和体验性。此外,设置食材、器具等商品展柜,以备游客参观购买,增加旅游附加值的产生,也促进旅游收入的增加。[①]

(二) 打造边境特色主题旅游设施

第一,建设边境特色主题交通。自 2015 年起,长珲城际铁路的开通,使游客更加便捷地来到中国图们江地区度假休闲。在城际铁路列车中,应当增加对于中国图们江地区各边境城市景区概况、餐车餐食中主打朝鲜族食品的介绍,以独特的饮食特色让游客更加深入地感受朝鲜族文化。此外,部分列车工作人员可将统一的工装制服更换为具有浓郁特色的朝鲜族服饰等,让游客进一步融入氛围。

第二,打造边境特色主题酒店。朝鲜族独具特色的住房及其室内设计,为中国图们江地区边境旅游业酒店发展提供创新来源。比如传统的

---

① 王朝阳:《资源型城市旅游资本运营的策略、路径及建议》,《中国社会科学》2016 年第 10 期。

朝鲜族住房多为瓦房，屋顶为四面斜坡等。这些朝鲜族民族内外部装修建筑风格和工艺等很多都是外来游客从未体验到的。因此，中国图们江地区各边境地区在开发建设旅游酒店的过程中，在对其硬件水平进行提升的同时，应与当地朝鲜族特色的建筑更好地融合。通过对酒店的整体内外部装饰陈设、服务人员服饰等设计，为来此的游客提供全要素、全方位的边境少数民族建筑环境体验。①

（三）提升边境旅游从业人员专业化水平

党的十九大报告指出，对从事旅游岗位的服务人员，特别要注重业务能力与素质的培养，企业要定期组织岗位教学。因此，第一，要高度重视对从业人员的培训工作，加强对其进行旅游职业规范与教育，加强服务质量监督体系。要将高层管理人员有计划地送到旅游业发展水平高的地区进行学习，吸取更为先进的管理经验，提高旅游管理整体水平。同时应加强对从业导游进行专业的不同语言类别培训，消除其与游客之间的语言沟通障碍，才能更好地满足游客的需求。

第二，建立健全人才集聚与保障机制。中国图们江地区应提升对于高尖端技术人才的吸引力，加强与高等院校、企业的合作，着力培养出一批会经营、善管理、懂市场的专业高层次旅游管理人才。同时，健全人才保障机制。一方面，中国图们江地区要着力完善人才岗位待遇、津贴补助、医疗保障等制度，切实解决引进人才住宿、工资福利、子女入学等最为实际的问题。另一方面，中国图们江地区要努力营造良好的社会舆论环境，更好地实现吸纳人才、留住人才的最终目的。

（四）寻求高层次积极的政府合作

第一，拓展和完善中俄旅游交通网。② 在"一带一路"倡议下，中俄双方应在珲春—符拉迪沃斯托克—海参崴—乌苏里斯克等线路的基础之上，增建高等级跨国高速公路，同时增开珲春市到符拉迪沃斯托克的客运铁路，实现短时高效的运输方式。此外，中国图们江地区境内有延吉朝阳川机场与长白山机场两大航空运输机场。延吉朝阳川机场至今尚未开通到俄罗斯符拉迪沃斯托克的直飞航班。因此，两国应通过政府间的沟通合作，开通延吉—符拉迪沃斯托克、海参崴等地的直飞国际航班，

---

① 刘海洋、许丽萍：《基于 RMP 的边疆民族地区民俗旅游产品开发研究——以延边朝鲜族自治州为例》，《黑龙江民族丛刊》2017 年第 5 期。

② 安虎森：《区域经济学与空间经济学的相关理论》，《新经济地理学原理》2014 年第 4 期。

在旅游旺季时,实现包机专线游。

第二,借助国家高层构建朝鲜半岛合作新局面。[①] 2018年,朝鲜宣布将构建朝鲜半岛永久和平机制等,朝鲜正逐渐向世界敞开国门,开放经济。这无疑是为中国图们江地区边境旅游提供了更大的发展空间。要促成三大经济带与"一带一路"倡议相联结。朝韩两国提出的"朝鲜半岛新经济地图"构想,其核心是在朝鲜半岛上建立三个经济带。中国图们江地区作为中国"一带一路"倡议中振兴东北的重要区域,应积极打造长白山观光带,与朝鲜半岛西海岸经济带相联结。2018年4月,朝鲜半岛交通恢复,为中国图们江地区发展提供了新契机。因此,在朝鲜现有京义国际铁道基础上,中朝双方应积极合作,发挥"一带一路"倡议积极作用,增建中朝国际铁道,提高交通运输的便利性,促进两国的经济社会繁荣稳定。此外,在现有的珲春圈河—朝鲜元汀—罗先等线路基础之上,增加其他目的地线路,使旅游路线不断向多元化发展。

总之,随着中朝关系的缓和,在延龙图新区建设、兴边富民行动以及旅游兴州战略下,中国图们江地区应抓住"一带一路"倡议带来的巨大利好,把握区域政策机遇,充分挖掘中国图们江地区拥有得天独厚的地缘优势等旅游业发展潜力的同时,通过深度开发边境旅游产品的文化内涵、提升边境旅游从业人员专业化水平、打造边境特色主题旅游设施以及寻求高层次积极性的政府合作等措施,将有助于提升中国图们江地区边境旅游的核心竞争力,从而促进中国图们江地区边境旅游业更好的发展。

[①] 笪志刚:《浅析东北亚区域旅游合作发展新机遇》,《东北亚经济研究》2018年第4期。

中国图们江地区文化旅游产业与生态农业融合

——以安图县万宝镇为例

　　文化旅游产业与生态农业融合发展，能够有效促进中国图们江地区经济结构调整、农业产业结构优化、农村经济发展提质增效。乡村振兴战略，将为二者的融合发展提供政策保障与行动遵循。本文从文化观光旅游产品、现代生态农业培育技术及其产品市场发展等方面，对万宝镇的文化旅游产业和现代生态农业融合发展的可行性展开剖析，探寻了两大重点产业深度融合发展过程中存在的一些问题，并提出了在乡村振兴背景下如何实现两大产业融合发展的新思路和解决路径，期望能够为中国图们江地区乡村经济发展提质增效提供参考，努力构建中国图们江地区乡村振兴发展新局面。

　　"十四五"时期，推进乡村振兴是党当前工作的重中之重，把加快实现乡村振兴作为深入贯彻落实党推进中华民族伟大复兴的一项重大任务，并作出重要部署，对促进中国图们江地区乡村经济繁荣发展、建设美丽边疆具有重要指导意义。2021年在建党百年的时间节点，站在实现中华民族伟大复兴的战略高度下，党的十九届六中全会全面总结党的百年奋斗的重大成就和历史经验。为了切实把党的百年奋斗重大成就和历史经验转化为推动中国图们江地区高质量发展的强大动力，中国图们江地区在巩固拓展脱贫攻坚成果上持续发力，在文化旅游产业与生态农业融合发展上持续发力，在乡村振兴上持续发力，促进产业融合发展高质高效、乡村宜居宜业、农民富裕富足。本文通过分析中国图们江地区安图县万宝镇文化旅游产业与生态农业融合发展总体水平，并基于研究结论提出相应对策建议，以期能够为中国图们江地区安图县万宝镇加快实现两大产业融合创新发展提供一定的科学决策基础。

一 中国图们江地区文化旅游产业与生态农业融合发展可行性

文化旅游产业主要是以人文旅游资源为有效服务和满足人们的文化、休闲、旅游、娱乐消费等活动需求，提高人们的文化娱乐活动质量而逐步开发和发展出来的综合产业。生态农业是指从生态学角度出发，以现代化农业科学技术和管理手段为基础，兼具旅游生态、社会和其他经济效益等内容的现代农业形态。二者的融合发展创新也不是双方简单的相互叠加，而是系统各组成要素之间的相互作用、相互影响和相互融合。

（一）融合发展环境——乡村振兴全面推进

近年来，中国图们江地区"美丽乡村"建设工作持续开展，农村庭院整治有序进行，"美丽庭院、干净人家"创建工作得到有效落实，安图县万宝镇农村人居环境得到全面改善。近年来，安图县万宝镇全面贯彻落实了中国图们江地区关于农村"三清一改一建"的人居环境整治行动，其村庄存在的"陈年垃圾""黑臭水体"等环境问题已经得到有效解决。另外，乡村振兴发展稳步推进，《延边州乡村振兴战略规划（2019—2022年）》为中国图们江地区实现文旅产业与乡村生态农业融合发展创新提供了政策支持和策略遵循。近年来，万宝镇文化旅游产业的发展，为万宝镇带来大量的境内外游客，带动住宿、餐饮、旅游产品等终端消费，经济功能得以充分发挥，不仅为万宝镇文化旅游产业与生态农业融合发展提供了良好契机，更给当地农民带来良好的经济收益。万宝镇乡村文化旅游产业的蓬勃发展，也为促进万宝镇的居民进行文化交流、开阔视野、增长文化见识等提供更多机会，有效地防止贫困返贫现象，达到长效扶贫效果，为两大产业融合发展创新提供经济基础和产业支撑。[1]

（二）融合发展基础——旅游产品独具特色

万宝镇文化旅游产业与生态农业实现有效的深度融合创新发展，必须要以特定的文化旅游产品为主要依托，全面准确掌握民族地区文化旅游产业与生态农业的基本共性与重要交汇点，并做好产品整合研究。万

---

[1] 延边朝鲜族自治州统计局编：《延边统计年鉴（2020）》，中国统计出版社2020年版。

宝镇的"红旗村",作为我国朝鲜族第一村,村寨自身所具有的自然景观与人文氛围给旅游者提供了更深层次的精神体验,也迎合了旅游者自身追新求异的心态,为民族地区文化建设与旅游产品开发奠定了参考点;在此基础上,万宝镇把生态农业中的稻田文化、蓝莓和人参栽培和采摘体验等因素融入本地区文化旅游产业,丰富了万宝镇文化旅游内容,实现其乡村文化旅游产业建设中文化旅游项目的有效设计。

(三) 融合发展条件——技术融合发展高效、多元

所谓的技术融合,是指利用新型的技术生产经验和科学管理规范来取代旧技术,并以此进行技术融合,为文化旅游产业与生态农业融合发展创造条件。就目前情况来看,民俗旅游是文化旅游业的主流,万宝镇从科学技术层面实现了整合协调,发展观念也不断创新,有效把握了乡村民俗旅游文化与现代生态农业的深度结合,将稻田湿地文化、稻田景观、蓝莓栽培和人参培植技艺等融合起来,突破了旅游单一性对旅游服务功能的严格限制,让广大游客从中深刻体验到了文化旅游与自然生态农业融合发展的多元化功能,从而有效地迎合了广大游客追求多样化旅游的诉求。

(四) 融合发展前景——供不应求的市场局面

以生态农产品作为文化旅游产业的发展载体,进行更深层次人文旅游,实现两大产业的融合共赢。对于生态农业来说,伴随着消费者消费层次的日益提升以及对多元化的生活体验要求,消费者更向往原汁原味的田园景色和宁静原生态的乡村自然环境以及不带雕琢的生活愉悦体验,而不再仅限于传统农业的制造与供给,[①] 这就在很大程度上让生态产业逐渐具备了文化旅游属性。在市场需求多样化背景下,文化旅游产品与生态农产品实现更深层次的交融,有力地推动了农村经济发展方式的转型升级,对增强乡村经济发展活力、实现乡村振兴又快又好发展具有重要作用。近年来,万宝镇大力推动人参产业的转型发展,推广非林地栽参种植,创建万宝镇人参品牌,树立品牌形象与品牌效应;大力发展食用菌产业,行业规范化生产水平逐步提高。对促进万宝镇依托人参、木耳等生态农业种植与民族特色文化旅游产业实现高效融合发展带来了巨大动力。

---

① 张祝平:《乡村振兴背景下文化旅游产业与生态农业融合发展创新建议》,《行政管理改革》2021 年第 5 期。

二 万宝镇文化旅游产业与生态农业融合发展面临困境

（一）产业功能弱、商品率低

一是万宝镇蓝莓和人参种植仍处于产业化开发的起步阶段，广大农民、商企业等对蓝莓和人参行业广泛的发展前景和巨大经济效益的了解认识比较缺乏，对行业发展的积极性和创业意识的培养能力不强。二是缺乏强大的产业龙头。尤其是蓝莓成熟期比较集中，且不易对其储存与运送，因此规模化蓝莓生产往往需要配备完备的加工保鲜体系及加工储存设备。蓝莓加工相关公司由于规模小、实力不强，无法切实发挥促进本地区整个行业健康发展的功能。三是观念意识亟须进行尽快转变。由于蓝莓和人参的生产周期比较长，农户不敢承担由于生产周期长可能会产生的巨大经济风险，因此，种植呈分散发展，未能形成农业生产规模化、集约化，且农户对于企业化经营运作的意识仍然不强，在很大程度上严重限制了万宝镇蓝莓及人参相关行业的做大和做强。

（二）产业融合发展模式亟待优化

蓝莓适宜在阳光充足、土壤疏松、土层比较深厚且通透性好、有机质含量不低于2%且土壤pH在4.0—5.5的环境下栽培和生长，否则易引起结果不良，严重会导致整株死亡，所以对环境及土壤的条件要求高；而人参是多年生植物，种植过程中吸收土壤中大量的营养物质，造成种植后的土壤土质下降、土壤微生物活性降低、pH失衡随栽培年限的延长而加重且种植过后的土地三年左右不能种植其他作物等问题。以万宝镇人参产业和蓝莓产业为例，万宝镇人参种植和蓝莓栽培是以零散农户为主体的分散经营方式居多。一方面，由于受种植技术的限制以及田间管理不到位等多种因素影响，造成部分蓝莓及人参种植地区的林地水土流失和土地肥力下降问题。另一方面，中国图们江地区人参和蓝莓加工企业多为成长型企业，在产品开发和收购等方面存在资金、技术和管理的多重制约，使企业产能达不到设计规模，难以做大做强。旅游市场方面，对远距离客源市场的开拓和宣传力度不强，对传统客源市场依赖大，主要以中国图们江地区内游客为主,省内外其他地区游客份额占比较小。[1]另外,体验方式基本也是处于饮食和观光的初级阶段,对旅游的娱乐和购物功能开发不足,与旅游相关的基础配套设施不是很完备,田野中依旧存在道路泥泞,硬化公路尚未达到处处通、村村通等问题,使得各个生态农业园区交通不便,不能满足游客舒适的体验感。同时受劳动者素质及人参和蓝莓生产方式的影响,其品质受到了一定的影响。

(三)产业融合发展深度低

生态农业与文化旅游产业融合[2]是近几年发展起来的新型发展模式,其融合的深度及广度都需要不断地开拓和完善,万宝镇从事生态农业和文化旅游产业的人员中朝鲜族青年劳动者较少,外地移居边境民族地区的汉族从业者文化程度又普遍较低,给万宝镇生态农业与文化旅游产业融合发展带来了"人才"缺失问题。万宝镇是朝鲜族第一村所在地,虽然以朝鲜族民俗风情特色有一定的影响力,但缺乏专业人才队伍对其进行科学合理的规划以及组织开发,未能有效把生态农业特色通过文化旅游进行展示与推广,产业融合深度与广度仍然有巨大提升空间。另外,民俗旅游呈现游客停留时间短、互动性强、消费频率快等特点,万宝镇文化旅游产业中互动的旅游活动有采摘特色农产品和朝鲜族特色食品的制作,受到保鲜技术和服务意识的局限,造成产品不方便远距离携带和保存,限制了产业的进一步融合发展。加之文化旅游与生态农业结合受到季节性影响较大,旅游淡季从11月延续到次年5月,旅游内容和产品衔接不够。[3]

三 万宝镇文旅产业与生态农业融合发展创新路径

(一)增强产业联动性,提高商品率

万宝镇进行农村生态农业产业化经营,对提高生态农业整体素质和

---

[1] 刘禹希:《乡村旅游振兴农村经济探析》,《广东蚕业》2021年第3期。
[2] 张祝平:《乡村振兴背景下文化旅游产业与生态农业融合发展创新建议》,《行政管理改革》2021年第5期。
[3] 汪丽霞:《延边州生态农业综合发展水平时空特征及发展对策研究》,延边大学2016年。

效益具有重大推动作用。通过加强万宝镇政府对当地文化旅游产业及生态农业领域的龙头企业的政策及财政补贴的扶持力度，明确龙头企业、市场以及利益关系，以合同、协议等方式促使双方成为经济利益共同体，对产业发展的每一个环节做好有效衔接，形成产农一体化生产经营。根据产品市场需求，适当扩大优势农产品种植规模，进一步优化水稻、蓝莓和人参等作物的品种和质量结构，结合万宝镇各村的农业资源优势，各村针对自身发展优势，对其主导产业和主导产品进行精准培育，比如，红旗村——稻田湿地建设、兴农村——蓝莓和木耳培育、江源村——人参种植等，由"点"成"片"，形成规模化、专业化、市场化的发展格局，逐步实现"一村一业""一村一品"，增强生态农产品的核心竞争力，从而扩大市场份额，提高商品率。同时，按照现代农业发展的要求，健全机构，充实人员，稳定队伍，创造条件。通过建立农业科技示范园、乡村领导干部指挥田、鼓励农技人员实行科技承包等有效途径，加速万宝镇各村农业技术的开发和应用，促进大范围增产增收。

（二）创新发展理念和发展方式

万宝镇想要真正实现经济发展、村民生活富裕，必须加快调整地区产业结构发展模式，创新发展理念，推动本地区三次产业的协同发展。文化旅游业有利于促进本地区社会经济发展方式，加快产业结构发展模式优化升级，推进两大产业有效融合发展，给村民带来巨大社会和经济效益的同时，极大促进农村经济多元化的协同发展。

第一，将民俗旅游项目与生态农业相衔接，丰富旅游业态，开发稻田湿地公园、人参和蓝莓等特色农产品采摘等项目，将优秀稻田湿地文化、生态农业文化、民俗特色等与乡村文化旅游有效融合，持续完善旅游基础设施，吸引各地游客，将万宝镇打造成集乡村民俗旅游、生态观光等多功能于一体的新型生态田园旅游新城镇，[1] 以农村旅游产业开发作为发展战略重点，拓宽发展渠道和发展路线，带动农村生态农业健康发展，推动万宝镇生态农业朝着高附加值、高新技术、高经济收益等发展方向和发展模式转变。

第二，因地制宜，因"材"引进，积极借鉴外来先进栽培技术，创

---

[1] 汪丽霞：《延边州生态农业综合发展水平时空特征及发展对策研究》，硕士学位论文，延边大学，2016年。

新发展高产、低害种植技术，并积极运用现代科学技术加强对产业融合过程中出现的生态环境恶化等问题的解决力度。积极与中国图们江地区高校进行深度合作，[①]一方面借助中国图们江地区高校先进科学技术和人才对栽培关键技术、种子基因等进行创新发展，研发出与土壤、环境等因素更加契合的栽培技术和优良种子。另一方面也为中国图们江地区高校提供实验基地，从而更好地为民族地区培养技术人才，努力打造无公害化的生态农业发展示范基地，实现文化旅游产业发展与万宝镇生态农业发展的互相转化。

第三，运用大数据分析、人工智能等先进科学信息技术，优化生态农业生产方式和转换发展模式，积极面向两大产业搭建信息资源共享平台。针对消费者个性化需要，运用信息联通、系统分析、信息共享和深层发掘等方式发展线上生态农产品直播、农产品动漫"成长史"等各类线上文化旅游服务项目，推动万宝镇文化旅游产业和生态农业的融合发展。政府部门和有关企业也应该加大对科学技术投资扶持，尤其是对种植新技术、新产品研发等给予财政补贴，以此来助力万宝镇文化旅游产业和现代生态农业的融合发展。

（三）强化产业融合形成品牌效应

第一，利用新媒体和网络工具等扩大对万宝镇文化旅游的宣传力度，借助微信、抖音等多种网络社交媒体渠道加大对万宝镇文化旅游服务信息线上线下推广力度，把美丽"万宝"的品牌形象深深印入人民大众心中，从而树立良好品牌形象。建立健全完善的文化旅游营销体系，对万宝镇旅游资源进行有效整合，推动万宝镇文化旅游企业朝着智能化方向发展。另外，人才是关键，要打造一支具备高素质、能力强、基础扎实的营销团队，对文化旅游产业发展的各个环节进行严加把控，保证营销工作的顺利进行。

第二，发挥自媒体功能，加大对万宝镇生态农业产品的宣传力度，构建万宝镇生态农业产业信息服务平台并定期对万宝镇生态农业资讯、行情等讯息进行发布，为社会大众创造获得农业行业资讯的途径。通过运用宣传册、报刊、广播、电子媒体、会展等多种方式方法，系统全面

---

① 沈万根：《民族高校助推边疆民族贫困村精准脱贫困境及路径》，《民族高等教育研究》2021年第1期。

地介绍万宝镇生态农业的制作工艺流程、生产发展过程，提高社会大众对于万宝镇生态农业发展的认识，提升本地区生态农业的社会知名度。创新发展电商营销模式，科学运用互联网手段，把人参、蓝莓等生态农产品信息通过互联网信息服务平台进行展示与信息共享，扩大人参和蓝莓的销量，提升生态农业产品的销售额，促进乡村经济发展。[①]

第三，在社会大众对文化旅游产业和生态农业融合认知得到普及的基础上，对两大产业融合取得的成果进行广泛宣传，加深社会大众对产业融合过程的了解，形成良好的社会口碑。此外，文化旅游产业和生态农业融合发展的主要功能是生态环境保护，要运用多方传播途径和宣传手段对生态环境保护加以宣传，使生态环境保护理念得以认可并被践行，进而真正地实现两大产业的融合发展，提高万宝镇农村经济发展效益。

四 结语

中国图们江地区文化旅游产业与生态农业融合发展虽然仍处于初期发展阶段，但对其表现出来的发展活力以及所取得的成就需要予以肯定。同时，在产业融合过程中所面临的发展问题我们也应正确对待并科学应对，将中国图们江地区的区位优势、自然资源以及良好的产业基础设施加以合理利用，探索生态农业与文化旅游业长效结合体制，才能有更广阔的发展前景。

---

① 赵金中：《河南省生态农业和乡村旅游的耦合协调发展研究》，《中国农机化学报》2019年第8期。

第八篇　中国图们江地区乡村振兴实践

中国图们江地区乡村振兴重点
破解问题及路径设计

乡村振兴战略的提出和实施将会使我国乡村发展出现一系列的新变化。中国图们江地区作为欠发达地区，其贫穷落后、空心化严重的乡村地区需要在乡村振兴战略实施的驱动下逐步打赢脱贫攻坚战，摆脱贫困生活状态，实现乡村经济社会蓬勃发展。中国图们江地区通过乡村振兴应破解乡村人口流失、民族传统文化淡化、乡村治理体系不健全、乡村生态保护薄弱及乡村经济萎靡五个重点问题。为此，应从科学的顶层设计出发，以建设现代乡村为根基，以培养现代农业人为驱动力，实现乡村脱贫致富目标，建设中国图们江地区美丽乡村。

一 问题的提出

伴随新时代我国社会主要矛盾的转变，顺应工业化和城镇化发展规律，我国在积极借鉴新农村建设和美丽乡村建设经验的基础上，[①] 将乡村振兴战略上升为国家发展战略，显现出国家现代化建设过程中乡村建设的重要价值。随着我国进入乡村振兴和脱贫攻坚叠加推进时期，实施乡村振兴战略也已进入最为关键的阶段。在此背景下，贫困地区较为集中的边疆民族地区将成为我国破解乡村发展不充分、城乡发展失衡问题的主战场。在当前和未来较长时期内，中国图们江地区最突出的问题之一便是乡村衰落问题，主要表现在乡村永久空心化严重、乡村经济萎靡、返贫风险较大、乡村传统文化消亡等方面。乡村振兴不仅关系到地区发

---

① 豆书龙、叶敬忠：《乡村振兴与脱贫攻坚的有机衔接及其机制构建》，《改革》2019 年第 1 期。

展,对边疆民族地区而言,还关系到国家边疆稳定和国防安全。因此,对于中国图们江地区来说,乡村振兴问题显得尤为重要。自党的十九大以来,为实现我国建成社会主义现代化强国,乡村振兴战略成为处理城乡关系的行动指南,引起了学术界的广泛关注,理论研究日益深入,从各个角度对乡村振兴战略进行了探讨。李周从产业兴旺、生态宜居、治理有效、生活富裕四个转变升级入手,剖析了乡村振兴战略的内涵,并提出乡村振兴战略实施后我国乡村应有的变化;[1] 叶兴庆也是从四个变化着手,在此基础上提出两大原则、三个关键,并强调要关注边远村落和贫困群体;[2] 张军通过对乡村价值的再思考,概括梳理出乡村振兴的主要内容,并提出相应的对策建议;[3] 谈慧娟、罗家为对乡村振兴战略的时代逻辑和多维意涵进行了整理分析,并提出以盘活资源效率与重建文化价值为核心的发展路径。[4] 可以说,相关研究主要从内涵界定、实施价值和路径探索三个方面取得了较多的研究成果,为边疆民族地区的乡村振兴研究提供了理论支撑。

然而,乡村振兴需要的是全面富裕,边远地区、民族地区的乡村振兴是乡村全面振兴的题中应有之义,通过乡村振兴消除"老少边穷"地区的贫困,才能更好地体现出乡村振兴战略实施的意义,符合社会主义的本质要求。因此,学者们对民族地区的乡村振兴也进行了大量研究。梁爱文指出,西部民族地区乡村建设存在着建设主体不清晰、盲目效仿城市风格、缺乏特色和个性等现实偏误,提出生态、产业、文化、人才、组织五个维度的实施路径;[5] 邓磊针对西部民族地区乡村"空心化"现象进行了分析,指出乡村振兴的核心是人,乡村振兴首先要破解人口流失的问题;[6] 潘文良、张国平以云南民族地区为研究核心,从分类规划的视

---

[1] 李周:《乡村振兴战略的主要含义、实施策略和预期变化》,《求索》2017年第12期。
[2] 叶兴庆:《新时代中国乡村振兴战略论纲》,《改革》2018年第1期。
[3] 张军:《乡村价值定位与乡村振兴》,《中国农村经济》2018年第1期。
[4] 谈慧娟、罗家为:《乡村振兴战略:新时代"三农"问题的破解与发展路径》,《江西社会科学》2018年第9期。
[5] 梁爱文:《乡村振兴视域下西部民族地区美丽乡村建设新探》,《黑龙江民族丛刊》2018年第5期。
[6] 邓磊:《西部民族地区乡村振兴的核心是人》,《华中师范大学学报》(人文社会科学版)2019年第1期。

角，提出了稳健增长型、快速打造型、公共财政兜底型三类乡村振兴策略。①

从研究对象的地域分布来看，西南地区的相关研究成果颇具规模，但针对广大北方地区，特别是中国图们江地区的研究则相对较少，这不利于提升中国图们江地区乡村振兴战略实施的水平和效果。因此，本文将视线锁定在中国图们江地区，探讨乡村振兴问题，以期为中国图们江地区实施乡村振兴战略的具体措施提供参考，也为其他边疆民族地区提供借鉴。

二　中国图们江地区乡村振兴面临的难题

中国图们江地区是朝鲜族聚居区，在长期的发展演变过程中，形成了独有的发展特征，并衍生出乡村振兴战略实施过程中需破解的几个重点难题。

（一）乡村人口流失严重

中国图们江地区朝鲜族作为跨境民族，是东北边疆的主要少数民族之一。但是，其定居历史仅有100余年，② 加之其民族特性，使得守土观念并不强烈。这种历史特征和民族特性是导致中国图们江地区乡村"空心化"严重的历史原因。

随着工业化、城市化进程日益加速，中国图们江地区乡村人口大量流向城市。特别是1992年中韩建交后，大批朝鲜族人口加入涉外劳务输出大军中，并利用赚取的外汇收入在城市买房定居。不仅常住人口的减少引发了严重的乡村"空心化"，而且离乡、出乡人口永不回乡的趋势不断加剧，直接引发乡村永久性"空心化"的问题，使一些乡村走向消亡。据统计，近10年来，中国图们江地区行政村数量比10年前减少了21个，乡村人口减少了近1.5万人，减少2%。

人口的大量外流导致乡村振兴无能为力，这是中国图们江地区面临

---

① 潘文良、张国平：《云南民族地区分类规划乡村振兴战略初探》，《云南农业大学学报》（社会科学版）2018年第12期。

② 1881年（光绪七年）清政府令朝鲜移民"薙发易服"，成为"中国之民"。

的首要问题。中国图们江地区乡村发展过程中面临着几个典型困难，如"谁来引路""谁来种田""谁来振兴""谁来传承"等，其困难原因都指向"人"。首先，乡村振兴缺乏引路人。由于能人、青壮年劳动力离乡进城，村领导面临后继无人的窘境，大多数村支书、村主任平均年龄在50—60岁，不仅老龄化严重，而且没有年轻干部愿意从事该工作，导致向外获取资源、引领村民发展产业的能力低下，工作方式几乎看不到创新性和前瞻性。其次，缺乏优质劳动力。懂技术、懂经营的现代农民和有知识、有热情的青壮年劳动力严重匮乏。由于中国图们江地区多年的劳务输出，乡村人力资本处于紧缺状态。只有"人"的问题解决了，才能产业兴旺，村村通路、村村通信号，漂亮的传统民居才有存在的意义。

（二）民族传统文化传承面临挑战

长期以来，因人口资源的外流，中国图们江地区乡村社会结构发生了巨大变化，传统民族文化不断弱化，失去了原有特色化的内容。传统习俗只是由一批年长者来维持，后继人才严重匮乏，节庆活动开始被普通聚餐所取代，婚姻礼仪不断简化。据实地调查，在普通朝鲜族家庭中许多传统饮食的工艺已近消失，民族传统节日习俗、人生礼仪等活动的程序、意义及内涵被遗忘或简化，民族特有的社会组织也逐渐解体。这给中国图们江地区乡村的治理带来了挑战，乡村居民的离心倾向越来越严重，加剧了民族乡村的衰弱。

地域文化的民族性弱化使得民族传统文化的保留和传承面临巨大挑战。生活在中国图们江地区的各民族在历史上形成了特色鲜明的传统文化，而这些传统文化都是以乡村为依托形成和发展的。在融入中华民族大家庭的过程中，朝鲜族对当代中国社会做出过重大贡献，朝鲜族文化遗产以乡村部落为核心，形成了独有的民族特质和价值观。因此，如何加强对朝鲜族乡村的文化保护，防止过度的商业化开发，对历史文化名村和拥有历史名人故居的乡村进行修缮保护和宣传，使之成为朝鲜族乡村的名片，充分发挥其文化传承载体的作用是亟待解决的重要问题之一。

（三）乡村治理体系不够健全

中国图们江地区乡村社会发展水平不高，因而乡村治理水平低、治理体系不健全。首先，乡村收入水平低，脱贫后返贫风险较大。调查发现，2020年中国图们江地区乡村年收入分布呈"中间大、两头小"的特征，年收入为6000—8000元的比例占近60%。经济上的滞后必将引起思想意识的落后,影响整体乡村治理的成效。其次,协助乡村进行社会治理的社会组织较为缺乏。在中国图们江地区兴起了"协会+农户""协会+基地+农户""协会+公司+农户"三种模式的社会组织,而这些社会组织主要分布在家庭养殖业和特色种植业上,以经济利益为核心。因此,其社会治理功能必然减退。此外,公益性社会组织面向乡村和农业的程度仍不够,发挥的影响有限。最后,由于长期以来"等、靠、要"思想的常态化,村民的自治能力较差,对乡村社会公众性事务的参与热情不高,村务无人问津,乡村治理无从谈起。

构建有效的乡村社会治理新体系是必要的发展方向。党的十九大报告中特别强调:加强农村基层基础工作,健全自治、法治、德治相结合的乡村治理体系。自治是基础、法治是保障、德治是根本,完善的乡村治理体系对于促进乡村可持续发展及保障乡村振兴战略的积极效果具有重要意义。中国图们江地区乡村治理面临着自治缺位、法治不健全、德治真空等困境,不利于乡村居民积极主动参与到乡村经济社会发展过程当中。乡村振兴战略的实施提供了"三治融合"(自治、法治、德治)的治理新思维,[①]按照乡村治理新思维,去激发乡村居民的积极性和主动性,提高凝聚力,使乡村居民真正成为乡村振兴战略实施的主角。

(四)乡村生态环境恶化

随着我国城市化进程不断加快,中国图们江地区乡村面貌发生了巨大改变,但也对原本脆弱的乡村生态环境造成了诸多不良影响。首先,水资源锐减,影响河流流量。随着用水量的增加和水污染的严重,许多河流水流量严重减少,一些小溪濒临消失,很多水源地失去了原有的水源供给能力。以图们江为例,年径流量由2000年的83.3亿立方米减少到2016年的72.9亿立方米。其次,生物种类骤减,生态环境质量下降。以蜻蜓为代表的昆虫、以青蛙为代表的两栖类动物、以鸽子为代表的鸟类是该地区减少最明显的物种。此外,落后的垃圾处理方式也对乡村生态环境产生了不利的影响。

习近平总书记指出,"农村要留得住绿水青山、系得住乡愁",而这样的生态环境现状无法"系得住乡愁"。中国图们江地区85%以上的面积

---

① 邢成举、罗重谱:《乡村振兴:历史源流、当下讨论与实施路径——基于相关文献的综述》,《北京工业大学学报》(社会科学版)2018年第9期。

是乡村，乡村的生态环境质量对整个区域的环境质量至关重要。对于中国图们江地区来说，相比于"谁来种田"，"谁来居乡"是更深刻的现实课题。保护好乡村的生态环境，才能满足城乡居民对美好生态环境的追求，才能实现美丽乡村的建设，吸引更多的人到乡村生活和发展。坚持"绿水青山就是金山银山"的发展理念，从改善乡村居民生活环境设施、减少农业生产对生态环境的污染和破坏、减少工业污染、加强江河湖泊及土壤的治理、扩大生态区保护五个方面①入手来保护乡村生态环境，对中国图们江地区而言至关重要。

（五）乡村经济萎靡

"富饶的贫穷"这一描述形象地反映了中国图们江地区乡村经济落后的现状。首先，该地区拥有丰富的自然资源。该地区位于举世闻名的"长白林海"，活立木储量近4.5亿立方米，森林覆盖率近85%，拥有人参、五味子、灵芝、紫貂、梅花鹿等优势资源，近50种可开发利用的矿产资源和较为丰富的水利资源。其次，该地区拥有丰富的人文景观资源。龙井红色文化遗迹群、海兰江平岗平原、渤海遗迹、中国民俗风情园、中朝俄边境游等都是富有少数民族特色、边境特色的人文景观。尽管拥有如此丰富的资源，但农村居民可支配收入至今仍低于全国平均水平，原有4个国家级贫困县，而且贫困程度深，部分属于连片特困地区。因此，中国图们江地区必须重视乡村经济建设和发展，因地制宜发展地区特色产业，通过"农业+手机""农业+互联网"等全新的生产组织方式，推动农业产业化、规模化、信息化、智能化发展，提高乡村竞争力。振兴乡村经济是中国图们江地区乡村振兴的基础性方向。

三　中国图们江地区乡村振兴的路径设计

针对中国图们江地区的乡村发展特征和主要问题，需要在充分考虑面临的机遇和挑战的前提下，设计相应的乡村振兴发展路径。中国图们江地区所有的乡村振兴措施都应当围绕"人"来设计，概言之，中国图们江地区乡村振兴的核心是"人"。

---

① 张军：《乡村价值定位与乡村振兴》，《中国农村经济》2018年第1期。

（一）科学的顶层设计是出发点

第一，制定乡村中长期发展规划。一个乡村的持续健康发展，离不开科学合理的乡村规划。目前，我国很多村庄都尚未制定乡村中长期发展规划，其发展规划只是上一级行政单位发展规划的一部分，基于城市视角编制的乡镇规划使城乡二元特征更加明显，而且普遍只强调物质环境建设。中国图们江地区要充分利用优质丰富的高校资源，聘请相关专家，以一个乡村为基础单位，制定乡村中长期发展规划，为乡村发展奠定总体基调。规划内容不仅应涉及物质建设，还需包含改善农户生计、促进村集体经济发展和乡村治理等内容。其核心应该是由原来的"自上而下"转变为"自下而上"，制定出反映乡村居民需求，尊重乡村居民参与的发展规划。

第二，推进乡村特色化振兴。中国图们江地区在以往的乡村发展过程中热衷于新建房屋、新修道路和设施，而忽视了乡村产业对乡村发展的增收作用，文明乡风、公共服务、乡村治理等方面的建设也未能得到充分的重视。这种标准化的道路和乡村建设使得中国图们江地区的特色逐渐淡化，不利于特色化振兴。要把特色化振兴与乡村传统文化的继承和弘扬融合在一起，作为中国图们江地区乡村振兴的重要组成部分。加强对传统村落物质文化和非物质化的保护、修复及传承，如传统建筑、传统道路、传统农耕设施等物质实体和传统民俗、礼仪、手工艺以及农耕法等非物质文化，都属于乡村传统文化的范畴，以此来推进特色化振兴，避免"一刀切"。[①]

（二）建设现代乡村是发展根基

第一，加强基础设施建设。基础设施建设是乡村振兴的重要基础，中国图们江地区实现乡村振兴的过程中，政府必须要加大对乡村基础设施的投入。加强乡村道路、乡村通信等基础设施建设，不能停留在"村村通路""村村通信号"的层面上，应促进乡村能够拥有更高标准的公路，普及4G信号，将来甚至普及5G信号，使这些基础设施跟上城市水平，进一步减少城乡之间的差距，这不仅是为乡村居民的生活提供便利，更是为乡村集体产业的发展和壮大提供基础条件。此外，根据调研，中国图们江地区近50%的乡村没有垃圾处理设施和污水处理设施，远远落

---

① 廖军华：《乡村振兴视域的传统村落保护与开发》，《改革》2018年第4期。

后于全国平均水平。因此，在此基础上还要强调垃圾处理、污水处理等基础设施的建设。

第二，完善乡村公共服务。现代乡村的建设不仅要依靠优质的基础设施，也要依靠完善的公共服务体系。但是，在短时间内使城乡之间教育、医疗等方面实现无差异化具有较大难度。中国图们江地区除了通过直接、间接的方式来提高乡村公共服务以外，还要推进全域服务策略，把全域的概念应用到乡村公共服务当中。地方政府应根据这种需求，开拓符合乡村需求的服务领域、完善服务项目、优化服务形式、提高服务质量，实现全域服务，完善乡村公共服务体系。

（三）培养现代农业人是内生动力

第一，激发内部资源。中国图们江地区乡村人口稀少，劳动力资源相对匮乏，合理利用有限的乡村人力资源对于该地区尤为重要。"治贫先治愚，扶贫先扶智。"培养现代农业人，要从激发内部资源、开发内部潜能着手，通过教育引导自主参与。引导自主参与，就必须保证参与理念的正确。而树立正确参与理念只能通过教育提高综合素质。当前，中国的乡村教育只停留在以农业技术的推广和普及为重点的农民技术教育。日后，中国的乡村教育要提升到以农民意识教育为重点的农民专业教育层次，只有通过意识教育才能更好地解决内部分歧和问题。同时，中国图们江地区乡村老龄化严重，大部分贫困户属于因病致贫，贫困程度较深。因此，要注重对老年人群体的培训，增加关于健康和营养、心理教育、乡村可持续发展等方面的内容。此外，可以设计一些适合老年人参与的传统产业，使老年人发挥应有的作用，提高老年人的自尊感和成就感，使其为实现全员参与脱贫攻坚做出贡献。

第二，吸引外部资源。利用当前"乡村振兴""脱贫攻坚""城市压力""返乡创业"等概念成为社会关注焦点的有利时机，中国图们江地区要积极创造"乡村氛围"，吸引更多的离乡人员回乡创业并生活，特别要加强对朝鲜族外出务工人员的吸引力度。充分利用大众媒体对乡村发展进行报道，转变城市居民对乡村的偏见和误解。加强对农作物种植、农业科技技术、乡村休闲旅游等方面的宣传报道，利用互联网弘扬乡村文化和历史，分享乡村创业、乡村发展的成功案例，挖掘乡村潜在的创业者。同时，针对离乡人员、城市失业人员、即将退休或退休人员等潜在回乡人员进行乡村讲座，组织举办绿色乡村体验活动，定期进行回归乡村的可行性评估和咨询服务，逐渐引起该群体对乡村的兴趣，形成"乡村氛围"，更好地吸引外部人力资源，为中国图们江地区乡村振兴提供新动力。

（四）乡村脱贫致富是落脚点

第一，扶持支柱产业。乡村开发效果的好坏、是否能够持续发展，这取决于乡村是否发展了最恰当的重点产业。中国图们江地区的乡村开发要立足于本地的产业基础、民族特色、气候条件等资源禀赋，因地制宜地选择特色产业，并做好重点产业定位，优先发展并实现其专业化、产业化和标准化生产，做成区域性知名品牌。在选择过程中应引导乡村居民自主参与，发出心声，汇集想法，并联合高校和研究机构，让专家以乡村居民的想法为基础，判断其是否具有可行性，并作为制定中长期发展规划的重要依据，为计划实施的持续性提供理论支撑。同时，政府部门和相关专家在流通、销售等环节上需加强指导，打造农产品营销公共服务平台，推广农社、农企等产销对接，探索农产品直销网点，推进乡村电商发展，建成电商产业园，促进线上线下的互动发展，壮大乡村重点产业，提升"自我造血"能力，使其摆脱贫困，奔向小康。

第二，促进产业融合发展。打造乡村支柱产业是产业融合发展的根基，而乡村三次产业融合发展是实现支柱产业更好地发挥脱贫致富作用的助推器。中国图们江地区可以尝试多元化的融合主体，如家庭农场、农民合作社、农业龙头企业等。鉴于该地区内各类企业实力薄弱的现实情况，应该把更多的资源投入家庭农场和农民合作社的培育，这样更加符合该地区的实情。支持家庭农场自主延长产业链，发展产地初加工、农产品直销等模式；支持农民合作社发展农产品流通，与超市、学校、企业进行直供直销对接。[①] 同时，发展乡村全域旅游，利用乡村废弃学校和空闲房屋发展"观光+体验+采摘+农家乐+学习"的休闲农业模式，让乡村居民在产业融合发展中获得更多的利益，实现乡村经济高质量发展，实现脱贫攻坚的阶段性目标，推进乡村振兴的历史进程。

---

① 王乐君、寇广增：《促进农村一二三产业融合发展的若干思考》，《农业经济问题》2017年第6期。

四 结语

  边疆民族地区的乡村发展问题一直受到国家的高度重视，建设富强美丽的少数民族特色乡村是民族地区脱贫致富的有效路径，是乡村振兴战略实施的重要目的。中国图们江地区作为我国边疆地区的重要组成部分，地处东北亚中心区域。因此，其乡村振兴不仅关系到边疆繁荣稳定，而且与我国对外相关利益有着密切的联系。可以看出，乡村振兴是中国图们江地区必须要完成的一项任务。

  中国图们江地区要正确对待乡村振兴面临的挑战，围绕着"人"的首要问题，针对"乡村空心化"、民族特色削弱、乡村经济萎靡等核心问题，正确规划乡村振兴路径。为了使乡村振兴路径有效实施，中国图们江地区要出台相应的保障措施。一是继续加大财政扶持力度，并提高支出效益；二是加强党建脱贫机制，积极抽调一批高学历年轻党员干部到乡村组织，落实乡村振兴战略；三是提高生态环境保护制度的奖罚力度；四是完善农业经营体系和社会化服务体系，构建农业产业链社会化服务平台；五是继续加快新型城镇化建设，促进城乡融合发展。只有落实这些措施，中国图们江地区才有可能实现人的振兴、经济的振兴、绿色的振兴，最终实现真正意义上的乡村振兴。

中国图们江地区乡村实用人才队伍建设的思路*

我国乡村振兴这一主要目标和任务的提出，向中国图们江地区乡村实用人才队伍建设提出了更新、更高的要求。中国图们江地区是欠发达的边疆地区，乡村经济社会发展的整体水平低，乡村振兴的任务极为繁重。如何从中国图们江地区乡村经济社会建设的实际情况出发，建立健全科学有效的乡村实用人才队伍建设机制，将直接影响着我国民族地区的乡村建设。为此，就中国图们江地区乡村实用人才队伍建设中存在的问题进行调查研究和分析，为加强中国图们江地区乡村实用人才队伍建设提出行之有效的对策。

一 中国图们江地区乡村实用人才队伍建设情况

为了贯彻落实科学发展观，统筹城乡发展，推进社会主义乡村振兴，中国图们江地区各级政府大力实施人才强农战略，培养有文化、懂技术、会经营的新型农民，在加强乡村实用人才队伍建设等方面做出了不少的努力，取得了可喜的成绩。

第一，加强组织领导，建立乡村实用人才保障机制。中国图们江地区根据党管乡村实用人才的原则，建立了党委统一领导、组织部门牵头抓、有关部门各司其职和密切配合以及社会力量广泛参与的乡村实用人才工作新格局，切实加强了对乡村实用人才工作的组织领导。同时，为了保障乡村实用人才工作的顺利开展，各级政府建立了乡村人才工作资金保障机制。各级政府每年在财政预算中安排一定比例的乡村人才资源开发专项资金，专门用于乡村实用人才工作和乡村实用人才队伍建设。

---

* 本文主要内容原载《中国人力资源开发》2010年第12期；《延边大学学报》2010年第4期。

第二，加强项目建设，实施乡村实用人才培训工程。中国图们江地区通过组织实施乡村实用人才培训的"阳光工程""新型农民科技培训工程""绿色证书培训工程""创业培植工程""电波入户工程"五大工程以及加强乡村职业教育工作，使每年约有几万人次的乡村劳动力接受了中短期培训和技术指导，使一部分人成长为掌握一定技能的乡村实用人才。如通过"绿色证书培训工程"，获得绿色证书人数约占乡村实用人才的33.6%。

第三，加大培训力度，推动乡村实用人才工作的深入开展。中国图们江地区以"农民培训中心"和科普、宣传媒体为载体，做好农业技术培训和咨询工作，积极为"三农"服务。中国图们江地区农科院在各县市举办各类技术培训班，大力推广农业实用技术；各级农业推广站举办农民实用技术培训，把最新最好的农业技术传授给农民，提高广大农民的科技意识和实际操作能力。

第四，强化人才工作机制，优化乡村实用人才的发展环境。一是对乡村实用人才培养、吸引、激励等方面的政策和制度进行积极探索，形成较为完善的乡村实用人才政策制度体系。二是在《延边日报》设立"人才强州、人才兴农"宣传专栏，对各类乡村实用人才典型进行宣传，并刊发乡村实用人才工作和服务项目的综述。三是积极开办乡村实用人才测评和信息服务等新业务，逐步完善乡村实用人才市场功能。

通过中国图们江地区各级政府的不断努力，培养出一批新型乡村实用人才。在中国图们江地区8个市（县）中，有1051个行政村，农业总人口有72万人，乡村劳动力有39万人，其中乡村实用人才为28585人，占农业总人口的3.97%，占农业劳动力的7.3%。[①] 这些乡村实用人才的主要分类如下：一是农民技术人员，包括农民高级技师、农民技师、农民助理技师、农民技术人员，占乡村实用人才总数的41%，占农业总人口的1.63%；二是农村生产能手，包括种植能手、养殖能手、捕捞能手、加工能手，占乡村实用人才总数的46%，占农业总人口的1.82%；三是经营能手，包括企业经营人才、乡村经纪人、农民合作组织带头人，占乡村实用人才总数的11%，占农业总人口的0.46%；四是能工巧匠，包括技能带动型人才、文体艺术类人才，占乡村实用人才总数的2%，占农

---

① 根据延边朝鲜族自治州农委数据整理。

业总人口的0.06%。这些乡村实用人才为推进中国图们江地区乡村振兴发挥了积极的作用。①

二 中国图们江地区乡村实用人才队伍建设中存在的问题

由于受自然环境、经济条件的限制和历史等原因，在中国图们江地区乡村实用人才队伍建设中存在着不少问题，严重制约了中国图们江地区乡村经济社会的全面持续发展。其突出表现在以下几个方面。

第一，乡村实用人才队伍总量不足。乡村实用人才占中国图们江地区农业总人口和乡村劳动力的比重分别为3.97%和7.3%，而吉林省的平均水平分别为5.7%和12.7%。在民族地区，有一技之长的乡村实用人才相对较多，复合型乡村实用人才相对较少。加上文化程度偏低，有大专以上学历的约占乡村实用人才的8%，占农业总人口的0.03%；有中专及高中学历的约占乡村实用人才的57.3%，约占农业总人口的2.3%。

第二，乡村实用人才布局不合理。现有乡村实用人才的专业结构也不尽合理，文史、政治等专业人才较多，理工、经济等专业乡村实用人才较少，特别是缺少电子商务、金融、法律等专业乡村实用人才。在乡镇第一线就职的乡村实用人才中，在工业经济一线工作的专业技术乡村实用人才不足30%，而大量专业技术乡村实用人才多聚集在党政机关中，现有的乡村实用人才远远满足不了少数民族地区乡村经济结构调整和农业产业化发展的需要。

第三，乡村实用人才年龄老化。在中国图们江地区各类乡村实用人才和专业技术人才队伍年龄有老化的趋势，35岁及以下的分别仅占总数的13.4%和11.3%，46岁及以上的却分别占总数的29.6%和26.2%。高层次人才年龄老化的趋势更为明显，35岁及以下的仅占总数的1.2%，而46岁及以上所占比例却高达57.8%，② 呈明显的倒金字塔形。这极不利于少数民族地区乡村经济的持续发展。

---

① 根据延边朝鲜族自治州农委数据整理。
② 根据延边朝鲜族自治州农委数据整理。

第四，乡村实用人才培训缺乏针对性。现在真正通过农业技术推广机构和农业职校培养出来的实用人才不多，大多数乡村实用人才是靠长期实践经验积累而自然成长起来的"土专家""田秀才"。政府部门组织的专家服务团送科技下乡针对的是普通人群，讲的是常规技术和知识，像蜻蜓点水，一鳞半爪。现有的"阳光工程"培训仍然还停留在种植、养殖等传统产业的基本技术上，对农产品加工、品牌营销、乡村建设、信息技术服务、乡村经纪人、合作社带头人等的培训还没有跟上去，导致中国图们江地区乡村实用人才分布不均匀、结构不合理，无法适应乡村产业多元化发展的需求。

第五，乡村实用人才缺乏科学管理服务。中国图们江地区乡村实用人才往往是以家族模式运作，各自为战，谈不上科学管理。政府对现有的乡村实用人才管理工作常常是单一的和分散的，还没有形成一套具体的、可操作性强的以及统筹协调的管理服务模式。同时，中国图们江地区乡村实用人才开发缺乏规划，乡村实用人才培养与需求脱节，队伍壮大进程缓慢，用人机制还不够灵活，留住人才、培养人才、吸引人才的政策不够完善。

三 中国图们江地区乡村实用人才队伍建设的对策

按照我国乡村振兴的目标和任务，加快乡村实用人才队伍建设的步伐，培养造就一大批适应中国图们江地区乡村振兴所需要的乡村实用人才势在必行，其将为实现中国图们江地区乡村经济跨越式发展提供强有力的乡村实用人才保障和智力支持。因此，应从以下几个方面进行中国图们江地区乡村实用人才队伍建设。

（一）转变观念，树立"实用人才是乡村第一资源"的理念

第一，要转变对乡村实用人才存在的模糊认识，打破传统的乡村实用人才开发理念，牢固树立"实用人才是乡村第一资源"的理念，积极发挥乡村实用人才在乡村经济社会发展过程中的领军作用。[①] 把开发乡村

---

① 李宁：《乡村振兴背景下推进人才强农战略路径研究》，《农业经济》2018 年第 10 期。

实用人才资源作为人才工作的切入点和突破口，围绕乡村振兴的发展目标，加大乡村实用人才资源开发力度，加强乡村实用人才队伍建设，培养造就"永久性"乡土人才，为中国图们江地区乡村振兴提供实用人才保证。

第二，要提高对乡村实用人才队伍建设重要性的认识。乡村实用人才是乡村致富的带头人，是指在乡村各条战线上涌现出来的掌握一定实用技能和专业知识并扎根于乡村的各类人才，[1] 主要包括种养殖能手、能工巧匠、经营能人和乡村科技人员等。这些乡村实用人才是在中国图们江地区乡村经济发展中做出了积极贡献并得到了群众认可的新型农民。他们是农业、乡村可持续发展的骨干力量，是我国乡村振兴中的"乡村第一资源"。因此，加强乡村实用人才队伍建设，对于推进农业产业化，促进城乡统筹发展，实现中国图们江地区乡村振兴都具有重要的现实意义。

第三，要成立"乡村第一资源"开发领导小组。乡村实用人才资源开发工作重点在乡镇，所以中国图们江地区各乡镇要成立"乡村第一资源"开发领导小组和乡村实用人才服务站，将"乡村第一资源"开发工作列入乡镇党委、政府年度目标考核中去，以确保乡村实用人才资源开发工作落到实处。同时，农业、畜牧、林业、水利、财政、科技、劳动、教育、卫生等主管部门要充分发挥职能优势、相互协调、认真落实，构建齐抓共管的工作格局，形成乡村实用人才资源开发的整体合力，同时在乡村振兴背景下需要推进乡村实用人才的教育培训与政策支持的融合，共同为中国图们江地区乡村经济发展做出应有的贡献。[2]

（二）深化改革，制定乡村实用人才成长的激励政策

第一，要对乡村第一线的在职专业人才在职称评聘方面给予政策倾斜。为了激发在职乡村专业人才扎根中国图们江地区乡村振兴工作的积极性，应改革乡村专业人才职称评聘制度。在乡村农业生产第一线直接从事农业、畜牧、兽医、工程等专业技术工作的广大从业乡村实用人才，均可评定相应的农民技术职称。定向开展人才引进，促进中国图们江地

---

[1] 冯丹丹：《民族地区农村实用人才激励机制的构建及路径选择》，《中南民族大学学报》（人文社会科学版）2018年第6期。

[2] 薛建良、朱守银、龚一飞：《培训与扶持并重的农村实用人才队伍建设研究》，《兰州学刊》2018年第5期。

区乡村实用人才回流,① 中国图们江地区农民技术人员职称的评定可不受学历、资历、任职年限及外语要求等方面的限制,应主要以农业生产实绩、技术水平、业务能力、实践经验为主要依据,即根据成果和业绩评定职称。被授予专业技术职称的实用人才,可直接对农户进行有偿技术承包、技术指导和培训,可优先参加技术培训和进修,可优先到农业院校接受培训并享受待遇。

第二,要制定乡村实用人才成长的激励政策。为了鼓励乡村实用人才留在中国图们江地区乡村发展,要完善乡村实用人才的工资和绩效等福利待遇的激励制度和内部管理机制,② 要制定乡村实用人才表彰奖励制度,定期评选和奖励有突出贡献,有示范、辐射和带动作用的乡村实用人才,以稳定中国图们江地区乡村实用人才队伍。因势利导,鼓励各类"田秀才""土专家"兴办民办科研实体和发展型经济实体,为此,各级政府要在经济上给予一定的扶持资金。对乡村经济发展做出突出贡献的乡土人才,政府部门应给予精神和物质奖励,并优先选任村干部或纳入村级后备干部,优先承包乡村资源,优先获得农业开发项目、农业贷款、技术资料、先进农机设备等;在技术推广、新品种试验等方面也要给予倾斜,使乡土人才的作用得到充分的发挥。

第三,要制定乡村实用人才挂职锻炼成长的政策。如可以尝试在村支"两委"成员、乡村青年党员、入党积极分子中选拔人员到乡镇挂职锻炼1—2年,分期分批,长期坚持。这不仅有利于挂职的乡村干部熟悉党的方针政策、惠农政策,也有利于提高乡村干部自身综合素质和加强中国图们江地区乡村实用人才队伍的建设。同时,要推行机关干部和乡村干部之间的交流平台。选拔部分农、林、水、牧、渔和涉农的教育、卫生、科技、城建等部门的专业技术人员,被选人员必须脱离原工作岗位,专职在乡村第一线工作1—2年,形成制度,长期坚持,将更多实用人才配置到乡村干部队伍。③ 这不仅有利于机关干部积累乡村工作经验,也有利于促进中国图们江地区乡村实用人才队伍的发展壮大。

---

① 周晓光:《实施乡村振兴战略的人才瓶颈及对策建议》,《世界农业》2019年第4期。
② 王鹏程、王玉斌:《乡村管理服务型人才振兴:困境与选择》,《农林经济管理学报》2019年第3期。
③ 赖德胜、陈建伟:《人力资本与乡村振兴》,《中国高校社会科学》2018年第6期。

(三) 加强培训，提高乡村实用人才的实际操作技能

第一，要全面实施乡村实用人才培训工程。要继续实施"一村一名大学生"的项目，有重点地选送现有中国图们江地区乡村实用人才和应届高中、中专毕业生到农业大专院校进行学历委托培养，实现村村都有一名大学生的目标，并使之尽快成长为致富带富的能手和学习运用乡村实用技术的骨干。同时，要深入实施"新型农民科技培训工程""绿色证书培训工程""创业培植工程"等五大工程，不仅要为中国图们江地区每个村组培养和造就一批能工巧匠、实际生产能手，还要培养一大批既掌握一定的基础理论，又具有较强实践技能和发展后劲的中国图们江地区乡村实用人才。

第二，要实施多种形式、多渠道实用技术培训。一方面要通过党校、职业高校、成人高校、职业学校、乡村农民学校等主阵地、主渠道进行集中培训，根据人才层次而采取不同的培训方式，[①] 以提高中国图们江地区乡村实用人才的实际操作技能。同时，还要通过广播电视、互联网、卫星网等现代远程教育手段，定期组织乡村实用人才进行实用科技知识的理论集中辅导，提高理论素养，加大思想政治素质的培养和提高。[②] 另一方面，各部门、乡镇要紧密结合市场所需和群众所求，通过举办短期培训班、发放技术资料、现场技术指导、科技咨询服务、技术交流研讨、外出考察学习、能工巧匠"带徒弟"传授技艺、"一帮一"和"手把手"等多种方式开展乡村实用人才技术短期培训，以增强中国图们江地区乡村实用人才的实际操作技能。

第三，要建成乡村实用人才培训基地。中国图们江地区要建立和完善乡村实用人才培训开发机制，创造条件把乡村实用人才市场和乡镇乡村人才市场等机构建成培训基地，构建城乡融合的乡村实用人才职业教育培训体系，充分利用中国图们江地区农业广播电视学校等各种师资力量，结合各村的主导产业和资源优势，大力培养乡村实用人才、特色人才，并且在管理好现有乡村实用人才示范基地的前提下，要积极鼓励、支持农业技术人员分流领办、创办各类科技示范基地，形成样板，做给乡村实用人才看，带着乡村实用人才干。这不仅有利于增强乡村实用

---

① 刘爱玲、薛二勇：《乡村振兴视域下涉农人才培养的体制机制分析》，《教育理论与实践》2018 年第 33 期。
② 冯丹丹、阎占定：《对农村实用人才思想政治教育的思考》，《学术论坛》2013 年第 6 期。

才队伍的实际操作技能，也有利于促进中国图们江地区乡村实用人才队伍建设。

（四）深入挖潜，建立乡村实用人才信息库

第一，要开展调查摸底，为乡村实用人才队伍建设提供强有力的保障。乡村实用人才在乡村振兴中起着一定的示范辐射和带动作用，[1] 因此，要对中国图们江地区乡村实用人才队伍状况进行调查摸底，在调查摸底的基础上，结合中国图们江地区各县市的主导产业和资源优势制定乡村实用人才队伍建设的总体规划和乡土人才的选拔标准、考核办法，按照经营管理人才、种养能手、能工巧匠、农业技术推广人才等分类建立乡村实用人才信息库并进行管理。要定期开展乡村实用人才调查统计工作，不断补充、完善信息库基本数据，并及时掌握一批优秀乡村实用人才的基本信息，为进一步用好、用活现有的中国图们江地区乡村实用人才资源奠定基础。

第二，要储备人才资源。中国图们江地区要坚持"不求所有，但求所用"的原则，将一些高学历、高层次农业技术人才的所在单位、专业特长、联系方式等相关信息储备起来，适时请他们为中国图们江地区各乡镇经济建设献计献策，实现农业技术人才的"柔性流动"。要积极组织农业技术专家和专业技术人员兼职担任少数民族地区各乡镇的"周末专家""季度顾问"等职务，要积极培育、管理好新乡贤队伍，[2] 通过兼职服务、定向服务、技术开发、项目科技咨询等方式，为本地区乡村经济的发展作技术指导，帮助农民解决生产经营中的一些实际问题，帮助更多的农民做大产业，尽快致富。

此外，中国图们江地区应积极引导和鼓励本地区乡镇籍的高校毕业生到乡村基层就业和自主创业，同时也为乡村两级实用人才队伍培养后备力量；鼓励科技、管理、销售人员下乡承包和开发经济项目，从事生产经营，为搞活乡村经济、培养乡村实用人才拓宽路子；为回乡的劳务输出人员、高校毕业生、复员军人提供良好的创业条件，搭建施展才华

---

[1] 谭贤楚、邓辉煌：《民族山区转型期间农村的实用人才及其成长机制——基于恩施州的实证研究》，《理论月刊》2015 年第 7 期。

[2] 蒲实、孙文营：《实施乡村振兴战略背景下乡村人才建设政策研究》，《中国行政管理》2018 年第 11 期。

的平台；拓宽引进各类急缺人才领域，鼓励乡村实用人才扎根家乡，[①] 为中国图们江地区乡村振兴提供强有力的人才智力支持。

总之，要正确认识欠发达的中国图们江地区乡村实用人才队伍建设的重要性，牢固树立"实用人才是乡村第一资源"的理念，并制定乡村实用人才成长的激励政策，加大乡村实用人才的培训力度，建立乡村实用人才信息库等行之有效的对策，从而促进中国图们江地区乡村经济社会建设健康发展。

---

① 朱贵水、谢文庆：《加强农村实用人才队伍建设的研究》，《教育与职业》2012年第27期。

中国图们江地区培育新型职业农民的实践路径

乡村振兴关键在人才，乡村人才振兴关键在农民。加强对农民的培育，使其发展成为具有较高文化素质、农业生产水平的新型职业农民，是改善农业从事者素质偏低现状，实现乡村振兴，推进农业农村现代化进程的基础性工作。中国图们江地区位于我国东北边疆地区，经济发展实力较为薄弱，人力资源流失严重。"老、少、边、穷"等属性制约了中国图们江地区农业农村现代化发展。新型职业农民的培育有利于提高现代农业综合效力，是推进中国图们江地区现代农业转型升级的迫切需要。① 因此，在乡村振兴背景下对中国图们江地区新型职业农民培育问题进行研究，借此提高中国图们江地区农业农村现代化水平、助推中国图们江地区人才振兴、促进中国图们江地区农村经济社会高质量发展，实现中国图们江地区乡村振兴的总体目标。

一 中国图们江地区新型职业农民培育取得的成绩

党的十九大以来，中国图们江地区积极实行乡村振兴战略，不断完善乡村人才振兴政策。在党和国家的政策支持下，中国图们江地区稳步推进新型职业农民培育工程，不断加强对新型职业农民队伍的建设力度，努力推进中国图们江地区乡村现代化进程，并已取得长足进步。

（一）中国图们江地区新型职业农民队伍得到壮大

中国图们江地区新型职业农民培育工作已开展数年，新型职业农民

---

① 刘凤英、王朝武、傅莉辉主编：《新型农业经营主体带头人》，中国农业科学技术出版社2019年版。

的数量得到了显著的增加。党的十八大以来，中国图们江地区实行新型职业农民培育试点行动，各县市陆续开展"新型职业农民培育工程"培训班，逐渐培养了一批新型职业农民。同时，中国图们江地区积极推进人才振兴政策，到2021年已累计培训新型职业农民3648人，新型职业农民队伍得到壮大。中国图们江地区积极推动返乡创业工程，实现1.5万人返乡创业，拓展了新型职业农民的培育对象。这些新型职业农民对整个中国图们江地区乡村发展发挥了重要作用。

（二）中国图们江地区培育模式逐渐成形

中国图们江地区通过遴选的方式选择该地区内的优秀新型职业农民赴国外进行培训，学习国外先进经验，回国后向其他参与新型职业农民培训的学员传授经验、知识，发挥带头人作用。中国图们江地区农村实用技术教育中心定期组织新型职业农民带头人到外省市进行参观考察学习。各县市根据该地区的具体情况分别探索有针对性的新型职业农民培训模式。如：和龙市，对参加新型职业农民培训的学员，通过"实地走访、电话回访、微信群交流"等多种形式，开展"一对一""一对多"后续跟踪指导服务。一是组织指导教师，针对有不同需求的学员进行分别指导。二是针对农忙高峰期，与学员进行电话沟通，关心农事进展情况，考察学员是否可以学以致用，并根据学员反馈做好相关记录，为之后课程、专业安排提供参考。三是依托培训班，分类建立"新型职业农民微信交流群"。将培训学员和培训教师全部加入所属群，提供学员与老师交流的沟通平台，也便于接收培训后的学员反馈信息。

（三）中国图们江地区拓宽培育对象收入渠道

中国图们江地区不断推进新型职业农民培育工程，培训规模也在增大，参与培训农民数量越来越多。参与培训的农民在农业生产技术和科学文化素质方面都有所提高，部分农民能够将培训的知识技术学以致用。培训有利于拓宽培育对象收入渠道，从而提高其收入。一方面，中国图们江地区注重互联网技术和信息化技术的培训。如：和龙市开展了"金达莱丝路农村电商培育"课程，让农民学习电商相关知识，改变传统理念。利用本土农村电商平台，改变传统理念，扩宽农产品销售渠道，解决农产品销售难等问题。促使农民将自家的大米、土鸡、鸭、鹅等农产品放到网络上销售，拓宽了销售渠道，增加了农民的收入。另一方面，中国图们江地区通过农业种植技术和农业生产技术培训课程，使农场主、企业家等掌握最新的科学种植生产技术，并且能够延伸农副产品深加工产业链，带动中国图们江地区乡村产业发展，实现农民增收。

二 中国图们江地区新型职业农民培育面临的问题

新型职业农民培育工程在取得一些成绩的同时，也面临一些问题，其主要表现如下。

（一）中国图们江地区培育对象综合素质偏低

现代农业发展对农民提出了更高要求，要求农民具备更高的综合素质。对于农民来说，现代农业不再是简单的农业生产劳作，而是要求农业生产者具备一定科学文化水平和生产经营能力。2020年，中国图们江地区总人口数为204.66万人，其中城镇人口占总人口数的69.5%，乡村人口占30.5%。中国图们江地区人口由多种少数民族共同构成，其中主要少数民族为朝鲜族，共有73.03万人，占总人口数的35.68%。[1] 根据全国第七次人口普查数据得知，中国图们江地区的0—14岁的儿童占总人口数的10.96%；15—59岁的人口占64.10%；60岁及以上的老年人口高达24.93%。其中，65岁及以上人口占16.57%。[2] 根据资料，中国图们江地区人口流失情况较为严重。2010—2020年年均人口增长率为-1.34%，呈负增长趋势，人口总数在近10年间大幅度减少。人口大量流失造成中国图们江地区出现劳动力短缺问题。并且随着城镇化的推进，留守农村务农的农民越来越少，大量农村劳动力流向城镇，乡村老龄化情况较为严重，使得"谁来种地"越来越成为突出问题。

留守中国图们江地区乡村的农民受教育程度有限，多数停留在初中阶段，大专学历以上的农村劳动力选择留在农村从事农业生产工作的很难见。中国图们江地区农村从事务农的农民整体文化水平相对较低，导致农村发展缺乏人才支撑。并且，农村从事农业工作的大龄农民，其学习新文化知识、新科学技术的能力较差，对新的农业经营理念理解和接

---

[1] 延边朝鲜族自治州统计局编：《延边统计年鉴（2021）》，中国统计出版社2021年版。
[2] 根据《延边朝鲜族自治州第七次全国人口普查公报》数据整理。

受能力也较弱，导致中国图们江地区新型职业农民培育效果不佳。通过走访调查得知，很多村民想自学更多的现代农业知识，但由于对普通话书籍理解能力有限，自学效果不理想。农村从事务农工作的农民是中国图们江地区新型职业农民培育的主要对象，但大部分农民停留在能够从事较为简单的农业生产阶段，缺乏更高的文化水平、科学农业生产技术、生产经营能力和管理技巧。总体来看，中国图们江地区新型职业农民的培育对象综合素质偏低。

（二）中国图们江地区农民参与培训的积极性不高

在新型职业农民培育过程中，由于中国图们江地区农民对新型职业农民的认识不充足或者缺乏强烈的改变现状的意愿，相当部分农民虽然参与了培训，但并不是积极主动想要参与培训。通过对中国图们江地区部分农村走访调查得知，部分农民对什么是新型职业农民没有充分的理解，对参与培训的优惠政策和参与培训能给自己带来怎样的能力提升没有充分了解，导致农民参加培训的兴趣不大、动力不足。[1] 还有部分农民未能树立主人翁意识，没有认识到自己是促进乡村振兴战略成功实施的关键，并且容易安于现状。很多农民在培训过程中抱有应付差事的心态，只有少数农民积极主动参与新型职业农民培训，真正想从新型职业农民培训的课程中学到先进的知识和技能，并希望能够学以致用，实现增收。另外，在具体实施培训中，培训课程设置的理论性过强，实践教学不足，部分培训缺乏实用性。在选择培训方式时，未能完全针对各地农民的实际需求和特点调整培训方式。由此，农民对参与培训的兴趣降低，进而对培训组织者和教学者的工作热情有所影响，使得中国图们江地区新型职业农民培训并不能达到理想效果。

（三）中国图们江地区新型职业农民培育扶持政策不健全

中国图们江地区新型职业农民培育发展时间较晚，保障政策、资金扶持政策等相关扶持政策还不健全，有利于新型职业农民的土地流转优惠政策尚未完善，对土地有需求的新型职业农民未能得到具有倾向性的政策。新型职业农民采用新生产模式进行生产时，存在一定风险。但中国图们江地区缺乏相应的风险保障政策，导致农民不敢尝试新的生产模

---

[1] 孔韬：《乡村振兴战略背景下新型职业农民培育的困境与出路》，《中国职业技术教育》2019年第6期。

式，降低了农民转型和发展现代农业的积极性。中国图们江地区的耕地较为细碎化，农民想要改变传统小农耕作方式，进行规模化生产有一定难度。并且，部分存在小农保守思想的农民不愿意把土地流转承包给生产大户。另外，资金扶持政策不够完善。大多数农民缺乏资金进行生产经营，向银行贷款难度大，并且农业生产投入大、回报周期慢、存在风险高等特点，使得农民存在无法偿还贷款的风险，资金的不充足是限制新型职业农民发展的主要原因之一。政府缺少相关政策保障和补贴政策，使中国图们江地区乡村振兴进程推进困难。

（四）中国图们江地区新型职业农民培育体系不完善

在新型职业农民培育工程不断推进过程中，中国图们江地区逐渐构建了对新型职业农民培育的管理体系、绩效考评体系和政策扶持体系。但随着培育规模的扩大、参与培训人数的增加、培育项目更深入的推进，现有的培育体系还不够完善，需要进一步加强。中国图们江地区新型职业农民培育工作由教育部门、农业部门和财政部门等多个单位部门共同管理，但各个部门之间还未建立完善的管理体系，统筹衔接工作还有待加强。各部门之间没有充分的沟通协作会导致新型职业农民培育工作处于条块分割状态。各管理单位和部门只管好自己的工作，未能形成完善的体系。对于培训前培育对象的甄选，培训中培训内容的设定和参与培训后农民的意见反馈未能形成一套完善的体系。中国图们江地区新型农民的考核认证工作还不到位，部分农民虽获得认证，但培育质量仍得不到保障。部分培训内容没有特色性，进而导致很多中国图们江地区新型职业农民培育无法发挥本地特色，阻碍了新型职业农民培育的发展。

三 中国图们江地区新型职业农民培育实践路径

针对中国图们江地区新型职业农民培育面临的问题，结合中国图们江地区乡村实际情况，提出具有针对性的实践路径，从而解决中国图们江地区新型职业农民培育面临的问题，促进中国图们江地区乡村经济高质量发展，加快推进中国图们江地区乡村振兴进程。

（一）提升中国图们江地区培育对象综合素质

第一，加强政府对培育重视程度。中国图们江地区政府需要提高对新型职业农民培育的重视程度，加快建设一支符合中国图们江地区农业现代化发展需求的新型职业农民队伍。坚持以政府为主导，加强对农民各方面素质的提高。中国图们江地区政府应对农民职业培训教育狠抓落实，加快培育新型职业农民数量的同时注重质量。中国图们江地区各地政府应充分发挥宏观作用，加强对新型职业农民的宣传力度，注重对农民的引导。做好各项优惠政策的宣传工作，提高群众对新型农民的认知度。鼓励农民积极参与新型职业农民培训，使农民增强主动提高自身技能水平的意识。中国图们江地区政府应加强对新型职业农民培育工程的重视，积极推进培育工程的实施，为顺利开展培育工作提供政策保障和资金支持。

第二，提高农民文化素质。新型职业农民具备较高的农业生产技术和先进的经营管理理念。这使文化素质成为培育新型职业农民的重要基础。因此，中国图们江地区政府需结合农民整体文化水平较低现状，补齐农村教育落后短板。农业现代化发展的必由之路是科教兴农。加强对农民的引导，使其更新对现代化农业生产技术的认知，充分认识到具备先进文化知识、掌握科学农业技术的重要性，使其能够自发地、主动地去学习农业知识和生产技术。[①] 首先，中国图们江地区政府仍需大幅增加农村教育经费投入，从根本上减轻农村各个家庭经济负担并保证均能享受政府学费减免政策。鼓励未能进入高中或大学的青少年，进入农业相关的职业技术学校继续学习，并对支付学费存在困难的学生，提供相应补助。其次，针对中国图们江地区农村部分大龄朝鲜族农民，要提高其普通话水平。设立普通话提高培训班，通过培训使朝鲜族农民尽可能地提高普通话沟通能力，加强识字写字能力，减少阅读普通话农业相关书籍时的阻碍。中国图们江地区在组织新型职业农民培训时不仅要将培训相关书籍、手册翻译成汉语和朝鲜语对比书籍，还要翻译更多农业相关书籍，以满足朝鲜族农民对农业科技更深层次的知识追求。

第三，拓展培育内容。中国图们江地区在新型职业农民培育过程中，应结合乡村振兴战略实施的要求，做好培育对象的选择和识别工作。[②] 中国图们江地区各地政府应因地制宜、因时制宜针对不同对象不同需求，

[①] 朱洪启：《乡村振兴背景下的农民科技文化素质建设》，《科普研究》2021年第4期。
[②] 刘琦：《乡村振兴战略下新型职业农民精准培育策略研究》，《农业经济》2021年第2期。

创新培育方法，拓展培育内容。首先，进行广泛调研工作，在充分了解中国图们江地区农民实际需求的基础上，开展职业农民培训，并运用线上与线下相结合的形式进行，分析农民对新型职业农民培训内容的需求取向。中国图们江地区各县市应根据农业发展的具体情况与结构，结合本地的特色农产品和特色产业，制定更加有针对性和多样化的培训内容。并制定培训课程和近期远期不同的教学目标，利用多样化的培训方式进行教学。① 其次，根据不同培训内容合理安排培训师资。新型职业农民培训内容具有一定的普遍性，随着涉及内容越来越广泛，选择师资时，要考虑到不同培训内容的差异性，合理配置培训教师，为满足朝鲜族农民的需求应同时配置朝鲜族教师进行授课。最后，在农业知识基础入门课程开展到义务教育各个阶段，将青少年群体视为新的新型职业农民培育重点对象，使其能够了解到基本的现代农业知识，提高对农业的兴趣和对农民这一职业的认可度，为未来职业选择提供更多可能性，确保中国图们江地区乡村发展后继有人。

（二）提高中国图们江地区新型职业农民参与培训积极性

第一，提高农民主体地位意识。农民是新型职业农民培育的主体。提高农民主动性、积极性关键在于农民能够正确认识自己的主体地位，并具有较强的主体意识。只有农民树立主体地位意识，才能积极主动参与到培训中。中国图们江地区要实现新型职业农民主体意识的提高，促进农民从传统农民发展为新型职业农民，关键在于促进农民思想上转变。中国图们江地区各级政府需要通过加强思想政治教育工作实现农民思想的转变。② 农民积极性得到提高，才能有意愿参与新型职业农民培训，主动了解成为职业农民后带来的经济效益，从被动参与向主动参与变化。通过政府宣传使农民了解参加新型职业农民培训带来的好处，使其了解对于农民来说背井离乡外出打工并不是致富唯一的出路，留在农村成为新型职业农民一样可以实现收入提高。开展具有针对性的思想政治教育工作，重点突破农民主体意识严重不足的农户，引导农民用先进的农业现代化知识技术武装头脑，并通过已经成为新型职业农民的先进个人或

---

① 沈万根：《延边地区农村实用人才现状、问题及对策》，《中国人力资源开发》2010年第12期。

② 邓国军：《马克思恩格斯关于农民思想政治教育的思想研究》，《毛泽东邓小平理论研究》2018年第7期。

群体发挥模范精神、起好带头作用，树立新型职业农民成功典型，进而加深农民群体对于新型职业农民培育的理解，增强农民成为新型职业农民的兴趣。通过树立农民主体意识，增强农民的理想信念，明确自己的主人翁地位，使农民充分发挥首创精神，将振兴乡村作为己任，促进中国图们江地区乡村振兴。

第二，充分发挥党组织引领作用。习近平总书记曾在全国组织工作会议上强调，要发挥基层党组织领导作用，强化政治引领，发挥党的群众工作优势和党员先锋模范作用。为进一步推进中国图们江地区新型职业农民培育工程，各基层党组织应当充分发挥模范作用，做好带头引领工作。长期以来，人才缺乏问题导致中国图们江地区基层党组织建设进度较为缓慢，水平还有较大提升空间。应通过对基层党组织工作规范性的严格要求，使农民做到在新型职业农民培训过程中有组织、有纪律，提高新型职业农民培育效率和质量。为提高农村基层党组织工作质量，应当加快吸引一批有较高政治理论水平、党建业务能力过硬的年轻力量加入农村基层党建队伍，为中国图们江地区乡村党组织注入新鲜力量。农村基层党组织应积极发展农民党员，培养入党积极分子，通过给予农民更多机会和途径向党组织积极靠拢，使农民能够自觉提升自身思想水平，充分调动农民积极性。基层党组织工作人员应及时向当地农民传达党和国家方针政策的最新动态，拓宽其眼界的同时提高其思维，为中国图们江地区乡村振兴注入活力。

第三，加强新型职业农民宣传力度。中国图们江地区各级政府应通过加强对新型职业农民的宣传力度，使农民充分了解什么是职业农民，体会到新型职业农民之"新"，增强其对职业农民的职业认同感。为达到更好的宣传效果，中国图们江地区各县市政府以及相关农业职能部门应采取多样性的宣传方式，多渠道加强对新型职业农民的宣传力度。利用传统媒体进行宣传工作，可以通过中国图们江地区各地电视台进行有关新型职业农民培训信息及优惠政策的报道宣传，在《延边日报》上刊登关于普及新型职业农民相关知识的文章达到宣传目的。同时借助多种新媒体进行宣传，利用微博、微信公众号、抖音平台等多种通信网络工具进行网络宣传。对新型职业农民中的优秀个人和典型案例进行公开表彰并给予一定奖励，利用各种平台宣传报道，增加大众对新型职业农民的职业认可度。此外，还可以选派相关专业人员下乡与农民面对面进行新型农民相关知识的普及，或挑选个别优秀的新型职业农民联合村委会举办宣传讲座进行经验传授。中国图们江地区地方政府以及相关农业职能部门应加强与专门培训学校或职业学校的联合，创新宣传方式，拓展培育对象范围。通过加强对学生群体的宣传力度，解决部分职业技能培训专科院校的生源不足问题，为新型职业农民队伍吸引一批具有较高综合素质的年轻力量，为培育营造良好的社会氛围。

（三）完善中国图们江地区新型职业农民培育扶持政策

第一，增强政策扶持力度。习近平总书记曾指出，要完善职业培训政策，打造一支适应现代农业发展的高素质职业农民队伍。[①] 中国图们江地区政府应增强各方面的政策扶持力度，在中央财政专项拨款基础之上增加对农民培育的资金投入，为新型职业农民培育提供充足的资金保障。增强惠农补贴的政策扶持力度，向新型职业农民提供农业生产政策补贴。推出税收优惠政策，免征增值税，减轻农民税收压力。为新型职业农民中经营规模较大、需要启动资金较多的农民提供金融支持政策，降低贷款利息，解决农民贷款难问题。在购买农机方面提供财政扶持补贴，减少农民经济负担。帮助农民搭建农产品网络销售平台，促进农产品多渠道销售。同时，中国图们江地区政府应统筹规划，进一步推进城乡一体化进程，取消原有城乡政策差异，完善农村基础设施建设。此外，中国图们江地区政府应出台吸引人才的优惠政策，强化人才激励，吸引并留住更多的年轻力量加入人才队伍，推进中国图们江地区乡村振兴。

第二，完善土地流转政策。习近平总书记曾指出，土地流转与多种形式规模经营，是现代化农业发展的必由之路。[②] 在过去，中国图们江地区主要是一家一户分散经营，大多数农户进行小规模农业生产，缺乏市场竞争力。一部分种养殖能手需要更多的土地加大生产经营规模、拓展经营项目，而另一部分早年在韩务工回村的朝鲜族农民，已不再从事务农工作，家中的土地闲置。只有通过土地流转才能实现土地资源、劳动力资源、生产技术、资金等生产要素的合理配置和优化组合，才有助于中国图们江地区农村农户发展适度规模经营，提高农产品市场竞争优

---

① 中共中央党史和文献研究院编：《习近平关于"三农"工作论述摘编》，中央文献出版社 2019 年版。

② 中共中央党史和文献研究院编：《习近平关于"三农"工作论述摘编》，中央文献出版社 2019 年版。

势，从而促进农村农业经济发展。近年来，由于城市快速发展创造了更多就业机会，大量年轻劳动力选择到城市务工，不再从事农业生产，还有部分劳动力流向了国外。这些农民愿意将自己空闲土地承包给他人进行农业生产或其他农业经营项目。为帮助新型职业农民实现增收，应制定有利于新型职业农民的土地流转优惠政策，使土地优先流转到对有土地需求的新型职业农民。还应完善土地流转服务，为农民搭建更便利的土地流转平台。要切实保障土地转让方农民的利益，完善土地流转风险保障机制，降低土地转让方与经营者之间由于自然灾害、经营不善等原因而产生经济纠纷的风险。通过土地流转、土地入股等多种形式发展适度规模经营，统筹兼顾培育新型职业农民。

第三，构建多元融资机制。中国图们江地区政府充分发挥宏观调控作用，将培育资金纳入公共财政之中，同时要将新型职业农民培育基金设定为专项基金，确保培育工作顺利开展，能够长期进行。充分利用好国家对中国图们江地区农业和教育的财政拨款，做到新型职业农民培育专款专用。此外，中国图们江地区政府还应拓宽资金来源渠道，构建由政府、市场、社会共同参与管理的多元融资机制。为农民提供更加多元化、更加丰富的培育项目和培训内容。自中国图们江地区开展培育工作以来，所有资金投入都来源于政府的财政拨款。随着培训课程涉及内容的增多、培训规模的扩大、培训人数的增加，中国图们江地区财政负担越来越大。资金不足已经成为中国图们江地区推进新型职业农民培育工程的最大阻碍。因此，中国图们江地区政府应构建多元化融资机制。加大社会资金投入，利用多渠道吸引社会投资，采取企业筹资、民间集资的方法，寻找社会力量，构建个人、企业和其他社会力量等多主体共同参与的多元融资机制，为新型职业农民培育工程项目提供充足的资金支持和政策保障。

（四）完善中国图们江地区新型职业农民培育体系

第一，加强高校合作提供优质师资力量。在中国图们江地区开展农民培训的过程中，必须有效合理利用高校资源，加强与高校的合作，努力为中国图们江地区培育农业人才。[①] 中国图们江地区内有多所职业院校

---

① 陈楠、黄宇琨：《农业高校主体式参与新型职业农民培育模式研究》，《家畜生态学》2018年第9期。

和一所"211"综合性大学,学校的农学院设有农学、园艺、动物医学、动物科学、农林经济管理等多个农业相关专业,具有高质量的专业教师,可以为中国图们江地区新型职业农民的培育提供优质的师资力量。并且,高校拥有大量朝鲜族专业教师,可以为农村部分普通话沟通能力较弱的大龄朝鲜族农民进行朝鲜语授课,提高培育效果。中国图们江地区政府应加强与高校的合作,划分类别,进行有针对性的人才培训。对专业技能人才、基层领导干部、农业经营者和重点农户分配不同专业领域的教师进行培训,做到理论知识培训与实践能力培训相结合。高校图书馆拥有大量科研文献和图书资源,有丰富的农业相关书籍,应当好好利用这一得天独厚的文化资源。高校图书馆可以在条件允许的情况下,对新型职业农民开放借阅服务。高校图书馆拥有大量关于农业经营管理、种植养殖技术、农业加工生产等内容广泛的书籍,新型职业农民可以根据自己的兴趣和实际需求在图书馆进行借阅。高校图书馆还可以在能力范围内对新型职业农民进行定期的图书捐赠活动,为农民提供公共文化服务。中国图们江地区应积极建立高校依托型的新型职业农民培育模式。高校是资源的聚集地,必须要好好开垦,为农民培育提供优越的条件,创造宝贵的机会,成功引导农民参与培训,壮大新型职业农民队伍。提升中国图们江地区农业综合效益、提高现代农业综合效力,加速推进中国图们江地区乡村发展。

第二,健全新型职业农民认证及管理制度。中国图们江地区应健全新型职业农民认证及管理制度,有助于其职业化的快速实现,增强大众对新型职业农民的职业认可度。积极开展新型职业农民的认定工作并不是为了提高农民务农的门槛,而是为农民树立标杆和努力方向,鼓励农民由传统农民向新型职业农民转变。一方面,通过开展认证考核工作,建立奖惩机制,进而激发新型职业农民工作热情,激励其提升自身素质、提高经营管理水平并能起带头示范作用。规范新型职业农民认证标准,严格按照认证标准进行资格认证。对于学满规定学时并且通过资格考试的农民,由中国图们江地区农业部和政府颁发证书。认证标准包括对参与培训农民年龄、学历、能力等方面的规定,标准根据具体不同类型的培训有不同要求。中国图们江地区应加快设立专门的认证机构,可以由中国图们江地区各地政府组建,也可以委托专门的第三方进行认证工作,但上岗前要通过上级有关机关的相关考核。另一方面,通过对新型职业农民的考核，及时发现问题，以便及时采取有效措施加以改进，进一步提高和完善对新型职业农民培育工作，使中国图们江地区新型职业农民真正成为推进乡村振兴的有效载体。

第三，健全参与培训后反馈机制。提高中国图们江地区新型职业农民培育效果，建立完善培育体系，仅靠加强对农民的考核工作还不足够。因此，在对参与培训农民认证考核的基础上，政府和相应培训机构应健全农民参与培训后反馈机制。[①] 做好长期有效的跟踪服务，主动了解参与培训后农民的真实反馈，经过分析判断找到培训过程中出现的问题，采取有效的解决方法。中国图们江地区政府应建立农民参与培训后的反馈平台，可以采取多种方式和渠道。如：建立培训班学员微信群聊，不仅方便农民与授课专家的联系，也可以为农民提供交流的平台。向农民普及"云上智农"App，并完善 App 中咨询和反馈板块，使参与培训的农民可以利用留言等方式表达自己对培训的真实感受或提供改进建议。通过跟踪服务主动了解参与培训农民培训后的工作情况，对于依旧从事农业生产的农民，关注其在农业生产或经营管理中是否遇到问题，确保其问有所答、疑有所解。对于未继续务农的农民，帮助其寻找相适应的农业岗位。对反馈信息进行总结分析，判断出现培育效果不佳问题的原因。最后，政府部门应及时将信息反馈给培训部门或机构。通过了解培训后农民是否能够学以致用的情况，分析课程安排是否合理，从而有针对性、更加科学地调整培训内容和方法，以达到改善中国图们江地区新型职业培育效果的目的。

综上所述，针对中国图们江地区新型职业农民培育中遇到的问题，结合中国图们江地区农村、农业发展实际情况，通过拓展培训内容，提高农民文化水平，进而提高培育对象综合素质。并且，注重对农民主体性意识的培养，进而提高其参与培训积极性。另外，通过不断完善培育扶持政策与培育体系，解决中国图们江地区新型职业农民培育困境，促进中国图们江地区农村经济高质量发展，加快推进中国图们江地区农业现代化发展与乡村全面振兴进程。

[①] 姚文杰：《乡村振兴战略背景下新型职业农民技能培训体系建构》，《农业经济》2020 年第 10 期。

中国图们江地区乡村振兴实践路径选择

党的十八大以来，习近平总书记做出"精准扶贫、精准脱贫"等重要论断，并且在精准扶贫理念的指导下，我国展开力度空前的扶贫开发工作。习近平总书记通过对马克思主义以及中国化马克思主义理论的继承与发展，同时对我国当前"三农"问题的科学把握，在党的十九大正式提出乡村振兴战略。随后2018年的中央一号文件便正式提出实现乡村全面振兴的最终战略目标。中国图们江地区乡村通过脱贫攻坚战成果，为实施乡村振兴战略的历史阶段奠定物质与精神基础。虽然中国图们江地区乡村实现了全面建成小康社会的历史性成就，但同时应当清醒地认识到，距离实现乡村全面振兴仍存在一定的差距。因而在新时代背景下，中国图们江地区应乡村结合自身发展客观实际，不断探索适合中国图们江地区乡村振兴的实践路径，推进中国图们江地区乡村实现全面振兴，进一步促进城乡区域协调发展，维护国家边疆社会稳定，促进民族团结，使全国各族人民团结在党的领导下，推进实现中华民族伟大复兴。

一 经济维度：因地制宜推动中国图们江地区乡村特色产业发展

马克思曾指出："手推磨产生的是封建主的社会，蒸汽磨产生的是工业资本家的社会。"[1] 可见，生产力是推动社会进步的决定性因素，在生产力发展的同时也会推动生产关系的日臻完善，进而推动社会关系的稳定发展。构建现代化的"三大体系"，即农业产业体系、生产体系与经营体系是乡村振兴中产业兴旺的内在要求，而构建现代化乡村的"三大体

---

[1] 《马克思恩格斯选集》（第一卷），人民出版社1995年版。

系"关键在于"一二三"产业的发展。不断开发农业多种产业功能，形成乡村发展新业态、新模式，推进农村"一二三"产业融合，实现产业融合的乘数效应，形成产业发展合力，推动乡村经济发展。同时，要根据当前乡村发展的实际情况，促进小农户现代农业发展的有机衔接，促进农业生产经营主体多样化，充分解放农村生产力。如今已经进入第四次产业革命的时代，科学技术在生产生活中日益发挥着重要的作用。因而，应将农村生产力与科学技术紧密结合，转化为物质力量，实现较高的经济效益，缩小城乡之间经济差距。可见，产业兴旺对弥合城乡二元结构的经济鸿沟具有重要作用，为乡村经济持续发展提供内在动力。

随着我国社会主要矛盾发生变化，不平衡发展突出表现在城乡二元之间发展的不平衡，不充分则突出表现在乡村发展不充分。习近平总书记指出，"产业是经济之本"。[①] 但中国图们江地区乡村经济实力相对薄弱，因而欲实现全面振兴首先就是要产业兴旺、经济振兴。而经济振兴的关键是要依托产业发展持续推动乡村经济社会发展，产业发展要结合中国图们江地区乡村的具体实际情况，因地制宜发展具有中国图们江地域特色、民族特色的产业，使相关产业逐步本土化、民族化，将相关产业烙上中国图们江地区民族特色。中国图们江地区乡村发展仍然是要"固本培元"，即要以农业，也就是第一产业为主体，在此基础上充分结合中国图们江地区乡村特色开发农业的观光、休闲、疗养、体验等多种功能，通过形成具有中国图们江地区乡村特色的农业发展新业态、新模式、新方式，在促进游客对中国图们江地区农耕文化的认识与了解的同时实现经济效益，逐步拓宽农民增收渠道。同时，产业链、价值链的延长，会使第二、第三产业带来较高附加值。因此，中国图们江地区乡村发展不能仅依托第一产业，关键还是需依托第二、第三产业带动发展。随着中国图们江地区乡村产业链条的延长，产品附加值也会逐步增加，经济效益能够进一步提升，增加中国图们江地区乡村人民的收入。然而，中国图们江地区乡村产业发展不仅是实现完整的产业结构，即"1+2+3"的发展模式，而且还要推动中国图们江地区乡村三次产业融合发展，即"1×2×3"的发展模式。在融合发展过程中，应当秉承因地制宜的原则，进而实现精准发力，形成可持续性增长动力。在中国图们江地区乡村三

---

① 习近平：《习近平谈治国理政》（第二卷），外文出版社2017年版。

次产业融合发展中,要充分融入中国图们江地区民族因素,形成具有中国图们江地区特色的产品,打造民族特色品牌,推动民族特色产业发展,拓宽中国图们江地区乡村人民收入渠道,通过民族特色产业的稳步发展,逐步实现中国图们江地区乡村农业强、农村美、农民富。

二 文化维度:中国图们江地区乡村优秀传统文化与当代文化融合发展

中华文明的基本载体是乡村,中华文明的源头是农耕文化。[①] 文明是社会发展质量的重要标志,乡风文明充分表明乡村振兴战略所要实现的发展质量与程度的要求,而乡风文明在一定意义上就是乡村文化振兴。习近平总书记多次强调,"中华优秀传统文化是中华民族的'根'与'魂'"[②]。乡村文化全面振兴,必然要依靠乡村优秀传统文化提供精神滋养。通过乡村思想道德建设与公共文化供给,为乡风文明建设提供基础准备,而乡风文明的关键在于对乡村优秀传统文化,尤其是农耕文化的传承与发展。同时,中国自古以来就是农业国家,具有悠久的农耕文化,正是由于我国的文化依托于土地,才使得中华文明五千年历久弥新,而文明程度往往依靠文化水平不断提升而进一步加深。乡村文化是乡村发展的内在原动力和精神引领,将促进并引领乡村经济社会发展。而且乡村经济社会在发展的同时,也必将不断丰富乡村文化,为其赋予新内涵与新意义。缺少乡村文化振兴的乡村振兴是没有文化认同的乡村振兴、没有精神支柱的乡村振兴,如果到世界文化的大海中游泳,将会被湮没在世界文化交流、融合发展的潮流之中。因此,乡村振兴离不开乡村文化的振兴,在促进乡村文化振兴并逐步加深乡风文明程度的过程中,应当注重对乡村文化的批判性继承与创新性发展,使乡村优秀传统文化中所蕴含的精神追求与价值取向在新时代焕发新的活力,有序合理利用乡村优秀传统文化,并赋予乡村优秀传统文化以经济意义,在传承、保护与利用乡村优秀传统文化中实现共赢。

[①] 韩俊主编:《实施乡村振兴战略五十题》,人民出版社2018年版。
[②] 中共中央宣传部编:《习近平总书记系列重要讲话读本》,学习出版社、人民出版社2016年版。

习近平总书记反复强调："不忘本来才能开辟未来,善于继承才能更好创新。"① 中国图们江地区乡村具有悠久的农耕文明,具有深厚的乡村优秀传统文化基础,有待进一步开发激发中国图们江地区民族优秀传统文化发展活力。2018 年中央一号文件提出,支持乡村优秀少数民族文化传承发展。中国图们江地区乡村文化振兴的重要实现途径是坚定对自身民族乡村优秀传统文化的自信,而这也是中国特色社会主义文化自信的题中应有之义与具体的表现形式。新时代是我国发展新的历史方位,因此,中国图们江地区乡村优秀传统文化传承与发展具有了新的时代意义与内涵。中国图们江地区乡村优秀传统文化与当代文化融合发展,要注重对中国图们江地区乡村优秀传统文化,尤其是对民族特色饮食、民族特色服饰、民族特色节日活动等主要载体的保护与建设。在中国图们江地区乡村优秀传统文化融入当代文化元素、与时俱进的同时,应保留中国图们江地区乡村文化的"原汁原味"。一方面,使中国图们江地区乡村文化得以与时俱进;另一方面,使当代文化的一部分彰显出鲜明的中国图们江地区民族特色文化底蕴,使之更加具有生命活力、更加实现多样化。同时,推动中国图们江地区乡村优秀传统道德的传承与建设,注重中国图们江地区乡村优秀传统道德与社会主义核心价值观的融合发展,努力寻求二者之间的"最小公倍数",使二者在中国图们江地区乡村文化振兴过程中都能够充分发挥作用,共同为提升中国图们江地区乡村文明程度、推进乡村振兴提供深厚的、持久的内在动力。

三 社会维度:打造中国图们江地区特色共建共治共享的乡村治理格局

习近平总书记指出:"只有共建才能共享,共建的过程也是共享的过程。"② 共建共享主要是为了实现生活富裕的最终目标。生活富裕是乡村振兴的基本价值诉求,是社会主义本质的内在属性,是共享发展理念的

---

① 中共中央宣传部编:《习近平总书记系列重要讲话读本》,学习出版社、人民出版社 2016 年版。
② 中共中央宣传部编:《习近平总书记系列重要讲话读本》,学习出版社、人民出版社 2016 年版。

具体表现形式。实现生活富裕的基础，则是保障乡村人民合法权益不受侵害。而保障乡村人民各方面权益、实现生活富裕的关键手段则是要通过"共治"即共同治理的方式实现，确切地说是主要通过自治、法治、德治"三位一体"的共治模式实现乡村的有效治理，进一步保障共建共享的持续进行。自治是乡村治理格局中的基础环节，是中国特色社会主义民主政治的生动体现。在自治中充分发挥乡村人民主观能动性与创造性，共同推进乡村振兴。但自治要在法治的规范下进行，法治是实现乡村生活富裕、治理有效的重要保障，做到乡村治理有法可依，方能实现有效治理，保证生活富裕目标得以实现。然而，在治理过程中有部分领域法律无法覆盖，因而要将德治纳入乡村治理格局当中，德治是乡村治理的关键支撑，通过德治对村民形成内在约束力，培养道德底线意识。通过不断推进德治与法治的有效衔接，进而保证自治的水平与质量，实现乡村的有效治理，为乡村振兴提供坚实的体制机制保障。乡村振兴战略视域下的生活富裕具有多重内涵，即生活全面富裕，不仅仅局限于经济层面，即物质生活富裕，同时也包括政治、文化等层面，即精神生活富裕。为保障乡村人口生活富裕的基本要求，"两不愁、三保障"的基本目标应在脱贫攻坚阶段全部完成。随着我国成为中等收入国家，生活在乡村的人民对美好生活的向往，进一步要求社会不断提供更高质量的乡村基础教育、更加完善的乡村基础设施建设、更加健全的乡村基本公共卫生服务、更加公平的就业机会等。因而，农村社会配套设施面临新的更高水平的要求，要在体制机制的保驾护航下促进乡村振兴。

习近平总书记在党的十九大报告中指出："加强农村基层基础工作，健全自治、法治、德治相结合的乡村治理体系。"[①] 而稳定的中国图们江地区乡村基础治理体系有利于我国边疆社会稳定以及民族团结，同时也有利于保障中国图们江地区乡村振兴事业的纵深推进。中国图们江地区乡村社会治理必须要坚持党的领导"一根红线"贯穿始终，与此同时，第一，打造具有坚定理想信念的中国图们江地区干部队伍。乡村振兴，人才是第一资源。通过中国图们江地区干部深入少数民族群众当中，在干群之间形成强烈的民族认同、价值认同以及文化认同，为中国图们江地区乡村干部带领乡村人民推进乡村自治建设提供基础保障。第二，制

---

① 本书编写组：《党的十九大报告辅导读本》，学习出版社、人民出版社 2017 年版。

定中国图们江地区乡村治理的单行条例，构建中国图们江地区乡村法治规范体系，以保障中国图们江地区乡村建设有法可依。第三，推进中国图们江地区乡村村规民约的移风易俗，逐步实现规范化，更好地发挥德治在中国图们江地区乡村治理中对乡村人民的约束作用。实现中国图们江地区乡村生活富裕、全面振兴需要依托共治，而更多的是依靠中国图们江地区乡村人民的积极创新、共同建设。在共同建设中国图们江地区乡村的过程中，需要充分发挥每个人的主观能动性，发挥其聪明才智。而刺激中国图们江地区乡村人民才能的充分发挥，关键在于加大对乡村人员的教育资助。教育不仅能够阻断贫困的代际遗传，同时还能够切实解决乡村发展动力问题与发展效益问题。中国图们江地区乡村教育应当注重教师队伍建设，尤其是要具有充足数量的少数民族教师，进而保证生活在中国图们江地区乡村的人员及其子女能够接受良好教育。提升中国图们江地区乡村教育质量，不仅包括乡村义务教育，还包括技术教育、职业教育等多种教育模式。通过多种教育模式培育中国图们江地区农业新型经营主体，促进中国图们江地区乡村经济社会发展。与此同时，同步推进中国图们江地区乡村基础医疗、乡村社会保障等民生领域相关建设，保障共建人员能够充分享受到共建成果，为中国图们江地区乡村振兴提供坚实的基础保障，在追求治理有效、生活富裕的过程中，形成具有中国图们江地区特色的共建共治共享乡村发展格局。

四　生态维度：科学保护与合理开发中国图们江地区"绿水青山"

马克思认为，人是自然界的一部分，自然界相对于人具有逻辑先在性，同时人是一般的历史的存在，其具有自然属性与社会属性的二重性。正是由于其具有双重属性，因而人是无法摆脱自然界而独立生存的，同时由人构成的人类社会也无法脱离自然界而独立存在。劳动是人类生产物质生活资料的基本方式，也是人区别于动物的本质特征，同时劳动还是人与自然实现统一的手段方式。人与自然界是一种否定性的统一的关系，通过人的劳动不断改造世界，实现非现实向现实的转化。而在这一转化过程中应当注意到经济发展与自然即生态环境的关系，是辩证的、有机统一的关系。习近平总书记多次强调"保护生态环境就是保护生产力"[①]。乡村作为自然环境开发程度较浅的地区，应当在原有基础上保护和合理开发乡村自然资本，使自然资本得到充分积累，使自然资本在乡村经济社会发展中发挥重要作用。并借此逐步形成乡村绿色发展理念、绿色生产方式以及绿色生活方式。良好的生产环境有利于提升乡村生产力的可持续发展，使乡村经济发展迸发生机活力，进而推动乡村产业生态化发展。生态宜居的生活环境则有利于提升乡村人民生活的质量。从政治经济学角度来看，环境污染会导致劳动者身体受到一定程度的影响，进而影响劳动能力，导致生产力水平下降。因此，生态宜居的生态环境会保护现有生产力并发展生产力。与此同时应当明确，农业作为基础产业，为人类提供生活资料，也为第二产业、第三产业提供生产的原材料。然而，恶劣的生态环境不仅直接影响人的生活质量，而且还会在一定程度上影响农业产品的质量，进而影响人的生活质量与安全。由此可见，生态宜居是实现乡村永续发展、实现乡村全面振兴的重要外部因素。

中国图们江地区乡村经济实力相对滞后于其他地区，使得大部分中国图们江地区自然资源禀赋开发程度相对于其他地区落后。中国图们江地区乡村发展不是用"绿水青山"换"金山银山"，而中国图们江地区乡村应当把握住自身资源禀赋优势，合理利用保护和开发自然资源，充分发挥"绿水青山"生态生产力的作用，使自然资源禀赋在中国图们江地区乡村振兴过程中逐步转化为自然资本，在不破坏生态环境的前提下，在生态环境可承受的范围内充分利用中国图们江地区乡村自然资本，使自然资本保值增值，将自然资源转变为自然资本，让"绿色"资本带来"绿色"的经济效益，为中国图们江地区乡村经济社会发展带来永久性、可持续性经济效益。在保护的前提下适度开发中国图们江地区乡村生态资源，并且通过开发更好地保护中国图们江地区乡村生态环境。将中国图们江地区民族文化因素以及生态因素融入中国图们江地区乡村产业发展中，逐步形成具有中国图们江地区民族特色的生态产业链条，使外地游客在体验中国图们江地区民族文化以及感受大自然魅力的同时，推动中国图们江地区乡村经济发展。中国图们江地区乡村生态文明建设不仅

---

① 中共中央宣传部编：《习近平总书记系列重要讲话读本》，学习出版社、人民出版社2016年版。

是乡村全面振兴的题中应有之义，同时也是为中国图们江地区乡村经济社会发展提供永续动力与良好生产生活环境的必然要求。

总而言之，乡村振兴是乡村全面振兴。中国图们江地区乡村全面振兴需要系统规划、统筹发力。中国图们江地区乡村全面振兴要通过产业兴旺促进乡村经济振兴、乡村治理有效以及生活富裕实现社会民生领域振兴、乡风文明引领乡村文化振兴、生态宜居实现乡村生态振兴。通过乡村振兴战略在中国图们江地区的不断纵深推进，最终实现中国图们江地区乡村全面振兴，助力实现中华民族伟大复兴。

参考文献

一 专著

习近平：《摆脱贫困》，福建人民出版社1992年版。

习近平：《论"三农"工作》，中央文献出版社2022年版。

习近平：《习近平谈治国理政》（第二卷），外文出版社2017年版。

习近平：《习近平谈治国理政》（第四卷），外文出版社2022年版。

白选杰、谢长伟等编著：《农村发展策论》，西南交通大学出版社2010年版。

本书编写组编著：《党的十八届五中全会〈建议〉学习辅导百问》，党建读物出版社、学习出版社2015年版。

本书编写组编著：《解读"十二五"党员干部学习辅导》，人民日报出版社2010年版。

本书编写组编著：《〈中共中央关于制定国民经济和社会发展第十四个五年规划和二〇三五远景目标的建议〉辅导读本》，人民出版社2021年版。

本书编写组编著：《党的十八大报告辅导读本》，人民出版社2012年版。

本书编写组编著：《党的十八大报告学习辅导百问》，人民出版社、党建读物出版社2012年版。

本书编写组编著：《党的十八届三中全会〈决定〉学习辅导百问》，党建读物出版社、学习出版社2013年版。

本书编写组编著：《党的十九大报告辅导读本》，人民出版社2017年版。

本书编写组编著：《党的十九届四中全会〈决定〉学习辅导百问》，党建读物出版社、学习出版社2019年版。

本书编写组编著：《党的十六大报告辅导读本》，人民出版社2002

年版。

本书编写组编著：《党的十七大报告辅导读本》，人民出版社 2007 年版。

陈琳：《转型时期的外商直接投资技术外溢：企业层面的新视角》，复旦大学出版社 2012 年版。

崔龙鹤、沈万根：《图们江开发》，延边大学出版社 1993 年版。

丁冰等：《我国利用外资和对外贸易问题研究》，中国经济出版社 2006 年版。

丁士晟：《图们江地区开发》，吉林人民出版社 1993 年版。

方秀元主编：《2019 年延边经济社会形势分析与预测》，延边人民出版社 2018 年版。

方秀元主编：《延边经济社会形势分析与预测》，延边人民出版社 2014 年版。

方元秀主编：《2021 年延边经济社会形势分析与预测》，延边人民出版社 2021 年版。

郭翔宇等主编：《农业经济管理前沿问题研究》，中国财政经济出版社 2012 年版。

韩俊主编：《实施乡村振兴战略五十题》，人民出版社 2018 年版。

蒋和平、辛岭、尤飞等：《中国特色农业现代化建设研究》，经济科学出版社 2011 年版。

李铁：《吉林沿边开放问题研究》，吉林人民出版社 2014 年版。

李铁主编：《中国图们江区域（珲春）国际合作示范区发展报告》，吉林人民出版社 2014 年版。

李钟林、沈万根、林今淑：《延边外向型经济论》，延边大学出版社 2003 年版。

刘凤英、王朝武、傅莉辉主编：《新型农业经营主体带头人》，中国农业科学技术出版社 2019 年版。

刘坚主编：《新阶段扶贫开发的成就与挑战》，中国财政经济出版社 2006 年版。

卿定文：《中国共产党利用外资理论与实践研究》，中央民族大学出版社 2006 年版。

沈权平、沈万根：《延边朝鲜族自治州乡村发展研究》，延边大学出版社 2019 年版。

沈万根:《图们江地区开发中延边利用外资研究》,民族出版社 2006 年版。

沈万根:《延边州农村发展之路》,吉林大学出版社 2022 年版。

沈万根:《中国朝鲜族聚居边疆地区农村贫困问题研究》,延边大学出版社 2018 年版。

沈万根、李香喜:《延边地区经济发展理论与实践研究》,延边大学出版社 2019 年版。

沈万根、张晗:《东北边疆新农村》,社会科学文献出版社 2012 年版。

宋娟:《外商直接投资对中国制造业市场结构的影响》,中国社会科学出版社 2011 年版。

孙前进主编:《农村改革与农业现代化建设》,中国物资出版社 2012 年版。

陶一桃主编:《经济特区蓝皮书（2019）》,社会科学文献出版社 2020 年版。

陶一桃主编:《经济特区蓝皮书（2020）》,社会科学文献出版社 2021 年版。

陶一桃主编:《经济特区蓝皮书（2021）》,社会科学文献出版社 2022 年版。

王家华:《决战 2020 拒绝贫困》,中国民主法制出版社 2016 年版。

王胜今、于潇:《图们江地区跨国经济合作研究》,吉林人民出版社 2010 年版。

魏后凯、杜志雄主编:《中国农村发展报告》,中国社会科学出版社 2021 年版。

吴大付、王锐、李勇超:《现代农业》,中国农业科学技术出版社 2014 年版。

徐勇编:《中国农村资政报告》,中国社会科学出版社 2014 年版。

杨朝光:《图们江地区周边国家国际开发合作与投资环境研究》,吉林人民出版社 2000 年版。

俞昌根主编:《2012 年延边经济社会形势分析与预测》,延边人民出版社 2011 年版。

张国平：《外商直接投资的理论与实践》，法律出版社 2009 年版。

中共中央党史和文献研究院编：《习近平扶贫论述摘编》，中央文献出版社 2018 年版。

中共中央党史和文献研究院编：《习近平关于"三农"工作论述摘编》，中央文献出版社 2019 年版。

中共中央、国务院：《关于做好二〇二二年全面推进乡村振兴重点工作的意见》，人民出版社 2022 年版。

中共中央宣传部编：《习近平总书记系列重要讲话读本》，人民出版社 2016 年版。

二 期刊论文

安虎森：《区域经济学与空间经济学的相关理论》，《新经济地理学原理》2014 年第 4 期。

陈楠、黄宇琨：《农业高校主体式参与新型职业农民培育模式研究》，《家畜生态学》2018 年第 9 期。

陈玉梅、赵光远：《新时期大图们江地区开发与东北亚经济技术合作研究》，《社会科学战线》2010 年第 5 期。

笪志刚：《浅析东北亚区域旅游合作发展新机遇》，《东北亚经济研究》2018 年第 4 期。

邓国军：《马克思恩格斯关于农民思想政治教育的思想研究》，《毛泽东邓小平理论研究》2018 年第 7 期。

邓磊：《西部民族地区乡村振兴的核心是人》，《华中师范大学学报》（人文社会科学版）2019 年第 1 期。

丁军、陈标平：《构建可持续扶贫模式，治理农村返贫顽疾》，《社会科学》2010 年第 1 期。

豆书龙、叶敬忠：《乡村振兴与脱贫攻坚的有机衔接及其机制构建》，《改革》2019 年第 1 期。

段应碧：《中国农村扶贫开发：回顾与展望》，《农业经济问题》2009 年第 11 期。

冯丹丹：《民族地区农村实用人才激励机制的构建及路径选择》，《中南民族大学学报》（人文社会科学版）2018 年第 6 期。

冯丹丹、阎占定：《对农村实用人才思想政治教育的思考》，《学术论坛》2013 年第 6 期。

高辉清：《2000年我国外贸形势分析和2001年展望》，《世界经济研究》2001年第1期。

郭文君：《关于将图们江区域合作开发纳入"一带一路"战略的思考》，《东疆学刊》2016年第2期。

郭文君、毛洪梅：《关于加快图们江地区能源项目合作的思考》，《延边大学学报》2009年第1期。

韩广福：《中国扶贫开发基本经验国际化问题论析》，《社会科学战线》2009年第6期。

韩峥：《脆弱性与农村贫困》，《农业经济问题》2004年第10期。

黄守宏：《加快构建新发展格局 推动"十四五"时期高质量发展》，《行政管理改革》2021年第5期。

孔韬：《乡村振兴战略背景下新型职业农民培育的困境与出路》，《中国职业技术教育》2019年第6期。

孔祥智：《农业供给侧结构性改革的基本内涵与政策建议》，《改革》2016年第2期。

赖德胜、陈建伟：《人力资本与乡村振兴》，《中国高校社会科学》2018年第6期。

李国强：《"一带一路"倡议与图们江区域合作的新机遇》，《东疆学刊》2016年第4期。

李宁：《乡村振兴背景下推进人才强农战略路径研究》，《农业经济》2018年第10期。

李周：《乡村振兴战略的主要含义、实施策略和预期变化》，《求索》2017年第12期。

廉晓梅：《长吉图先导区扩大利用外商直接投资研究》，《东北亚论坛》2010年第6期。

梁爱文：《乡村振兴视域下西部民族地区美丽乡村建设新探》，《黑龙江民族丛刊》2018年第5期。

廖军华：《乡村振兴视域的传统村落保护与开发》，《改革》2018年第4期。

刘海洋、许丽萍：《基于RMP的边疆民族地区民俗旅游产品开发研究——以延边朝鲜族自治州为例》，《黑龙江民族丛刊》2017年第5期。

刘琦：《乡村振兴战略下新型职业农民精准培育策略研究》，《农业经济》2021年第2期。

刘远亮:《阿玛蒂亚·森的贫困理论研究》,《首都经济贸易大学》2013年第2期。

马宇:《我国吸收外商投资形势分析》,《国际贸易》2002年第1期。

潘文良、张国平:《云南民族地区分类规划乡村振兴战略初探》,《云南农业大学学报》(社会科学版)2018年第12期。

蒲实、孙文营:《实施乡村振兴战略背景下乡村人才建设政策研究》,《中国行政管理》2018年第11期。

权哲男、吴英娜:《入世后中国图们江地区对外贸易发展的现状及对策》,《延边大学学报》2009年第5期。

沈万根:《"入世"对延边地区利用外资的影响及对策》,《东北亚论坛》2003年第1期。

沈万根:《边疆朝鲜族聚居农村贫困人口问题及其脱贫对策》,《西南边疆民族研究》2015年第16辑。

沈万根:《长吉图规划下延边地区扩大利用外资规模的对策》,《东北亚研究》2013年第4期。

沈万根:《东北地区利用外商直接投资存在的问题及其对策》,《学术交流》2013年第4期。

沈万根:《韩国外贸发展的经验及其对中国的启示》,《韩国研究论丛》2012年第1期。

沈万根:《吉林省利用外商直接投资存在的问题及其对策》,《延边大学学报》2012年第10期。

沈万根:《加入WTO对延边对外经贸的影响及对策》,《东北亚论坛》2004年第3期。

沈万根:《论延边地区外派劳务人员现状及其问题》,《东北亚研究》2005年第2期。

沈万根:《论延边地区与日本经贸关系》,《东北亚研究》2004年第1期。

沈万根:《论中国图们江地区发展旅游业的策略》,《韩中社会科学研究》2006年第1期。

沈万根:《民族高校助推边疆民族贫困村精准脱贫困境及路径》,《民族高等教育研究》2021年第1期。

沈万根：《图们江地区对外招商项目形成的行业分析》，《学者论坛》1998年第8期。

沈万根：《图们江下游地区扩大利用外资规模的对策》，《延边大学学报》2001年第4期。

沈万根：《图们江下游地区利用外资基本现状的综合分析》，《延边大学学报》2001年第3期。

沈万根：《外商直接投资对延边地区经济增长的影响》，《东北亚研究》2012年第2期。

沈万根：《延边朝鲜族自治州边境农村贫困人口特征分析》，《延边大学学报》2014年第6期。

沈万根：《延边朝鲜族自治州边境贫困村休闲农业发展的路径选择》，《西南边疆民族研究》2016年第21辑。

沈万根：《延边朝鲜族自治州经济发展问题及其对策研究》，《东北史地》2013年第4期。

沈万根：《延边朝鲜族自治州农村贫困原因及脱贫对策》，《社会科学战线》2014年第9期。

沈万根：《延边地区对外经贸环境问题初探》，《延边大学学报》1997年第3期。

沈万根：《延边地区对外劳务合作的现状及发展前景》，《北方经贸》2003年第8期。

沈万根：《延边地区发展旅游产业的问题与对策》，《东北亚研究》2004年第2期。

沈万根：《延边地区利用外资与经济增长的关系》，《东北亚研究》2012年第4期。

沈万根：《延边地区农村发展问题及其对策》，《东北亚研究》2015年第6期。

沈万根：《延边地区农村贫困问题及其治理对策》，《延边大学学报》2011年第6期。

沈万根：《延边地区农村实用人才现状、问题及对策》，《中国人力资源开发》2010年第12期。

沈万根：《中国朝鲜族聚居边疆农村贫困人口的基本特征》，《东北亚研究》2014年第3期。

沈万根:《中国图们江地区对韩国贸易发展中的问题及对策》,《东北亚研究》2011年第2期。

沈万根:《中国图们江地区发展旅游产业的问题及对策》,《经济纵横》2007年第12期。

沈万根、马冀群:《延边地区农村发展面临的困难及解决途径——基于城乡发展一体化背景》,《延边大学学报》2015年第4期。

沈万根、赵宝星:《中国图们江地区外商投资面临的困难及发展新路径》,《东疆学刊》2018年第1期。

孙法臣:《当前我国农村扶贫开发面临的几个问题》,《中国发展观察》2013年第3期。

谈慧娟、罗家为:《乡村振兴战略:新时代"三农"问题的破解与发展路径》,《江西社会科学》2018年第9期。

谭贤楚、邓辉煌:《民族山区转型期间农村的实用人才及其成长机制——基于恩施州的实证研究》,《理论月刊》2015年第7期。

王朝阳:《资源型城市旅游资本运营的策略、路径及建议》,《中国社会科学》2016年第10期。

王乐君、寇广增:《促进农村一二三产业融合发展的若干思考》,《农业经济问题》2017年第6期。

王鹏程、王玉斌:《乡村管理服务型人才振兴:困境与选择》,《农林经济管理学报》2019年第3期。

吴晓萍:《论乡村振兴战略背景下民族地区的乡村建设与城乡协调发展》,《贵州师范大学学报》(社会科学版)2017年第6期。

邢成举、罗重谱:《乡村振兴:历史源流、当下讨论与实施路径——基于相关文献的综述》,《北京工业大学学报》(社会科学版)2018年第9期。

薛建良、朱守银、龚一飞:《培训与扶持并重的农村实用人才队伍建设研究》,《兰州学刊》2018年第5期。

姚文杰:《乡村振兴战略背景下新型职业农民技能培训体系建构》,《农业经济》2020年第10期。

叶兴庆:《新时代中国乡村振兴战略论纲》,《改革》2018年第1期。

于潇:《长吉图开发开放先导区与国际大通道建设研究》,《东北亚论坛》2010年第3期。

张军：《乡村价值定位与乡村振兴》，《中国农村经济》2018 年第 1 期。

张淑贤、刘海洋：《民族文化旅游开发研究——以延边朝鲜族为例》，《社会科学战线》2011 年第 6 期。

张祝平：《乡村振兴背景下文化旅游产业与生态农业融合发展创新建议》，《行政管理改革》2021 年第 5 期。

赵放、陈阵：《吉林省参与图们江地区路港合作开发的策略选择》，《延边大学学报》2009 年第 2 期。

赵飞：《吉林省外商直接投资经济效应的实证研究》，《东北亚论坛》2008 年第 1 期。

周锦、王廷信：《数字经济下城市文化旅游融合发展模式和路径研究》，《江苏社会科学》2021 年第 5 期。

周晓光：《实施乡村振兴战略的人才瓶颈及对策建议》，《世界农业》2019 年第 4 期。

朱洪启：《乡村振兴背景下的农民科技文化素质建设》，《科普研究》2021 年第 4 期。